종의 기원 vs. 신의 기원

도킨스의 『만들어진 신』에 대한
신학적 응답

종의 기원 VS 신의 기원

〈개정증보판〉

김기석 지음

동연

개정증보판에 부쳐

리처드 도킨스의 『만들어진 신』에 대한 신학자의 응답으로 『종의 기원 vs. 신의 기원』을 펴낸 지 어느 덧 9년이란 시간이 흘렀다. 당시만큼 도킨스의 책이 잘 나가는 것 같지는 않다. 하지만 "종교는 백해무익한 정신질환이다"라는 그의 목소리는 여전히 카랑카랑 들려온다. 최근에도 한 인터뷰에서 그는 이렇게 말했다. "종교는 천연두와 같다. 그런데 박멸하기는 더 어렵다." 그래서인지 인터넷에 '과학이나 종교' 관련 뉴스가 올라오면 종교에 대한 적대감이 표출된다. 예를 들어 케플러 망원경이 외계 행성을 추가로 발견하였다는 나사NASA의 발표 기사가 뜨면 예외 없이 기독교를 조롱하는 댓글이 무수히 달린다.

그런데 한편으로는 이런 몰지각한 반응이 이해가 간다. 심심하면 터지는 종교 지도자 스캔들이나, 우리나라의 대표적인 교단이 교회 목사직의 부자 세습을 정당화하는 것을 보면 종교 혹은 기독교에 대한 따가운 시선이 수긍이 간다. 그러고 보면 물의를 일으키는 일부 종교인들과 집단은 도킨스와 한편이 아닐까 의심이 간다. 극과 극은 통한다고, 겉보기에는 서로 원수지만 실상으로는 서로 돕는 결과를 만들기 때문이다. 성직자들의 스캔들은 도킨스의 주장에 힘을 실어주고, 도킨스의 무차별적 종교 비판은 오히려 단순한 신앙을 강화시켜 주고 있다.

그러는 와중에 지구의 곳곳에서는 여전히 종교의 이름을 내건 폭탄테러가 계속 자행되고 있고, 전 지구적 기후변화로 인한 불길한 징조는 점점 자주 그 모습을 드러내고 있다. 국가와 국가, 개인과 개인 사이에 부의 양극화는 점점 더 심해졌고, 과거보다 더 많은 이주민과 난민들이 육로와 해상을 통해 목숨을 건 탈주의 행렬을 잇고 있다. 우리나라에서는 천문학적 예산을 쏟아 부으며 생태계를 파괴하는 4대강 사업이 완공되었고, 마트에는 전보다 더 많은 GMO 식품이 진열장을 가득 채우고 있다. 안타까운 세월호 참사가 일어났고, 촛불집회를 통해 국민의 생명 보호에 무관심한 정권이 교체되었다.

이런 상황을 반영하여 개정증보판을 내면서 네 꼭지의 글을 추가하였다. 세월호, 4대강 사업, GMO에 관한 신학적 성찰 그리고 촛불혁명 이후 우리 사회와 교회가 나아가야 할 바를 제안한 글 등이다. 모두 과학신학자로서 본 이 땅의 현실에 대한 성찰이자 실천적 삶의 이야기들이다.

개정증보판에 대한 논의는 오래 전부터 있었지만, 그 결정을 내리고 작업을 마무리 할 시점에 성공회대학교 제8대 총장으로 부름을 받았다. 고 신영복 선생님께서 '더불어숲'이라는 귀한 구절을 우리에게 남겨 주셨다. 보잘것없는 사람들이 손을 잡고 소중한 가치를 가꾸고 지켜나가는 연대를 뜻하는 말씀이리라! 예수께서 보여

주신 가르침과 상통한다고 생각한다. 이러한 가르침을 가슴에 새겨 이 시대에 꼭 필요한 생태적 감수성과 평화의 영성이 깃든 학교로 가꾸고 싶은 마음이 간절하다.

끝으로 이 기회를 빌려 개정증보판을 결정해주신 도서출판 동연 김영호 대표님과 직원 여러분께 깊이 감사를 드린다. 이분은 신학의 도반이자, 생명평화 운동의 동지이기도 하다. 우리는 모두 '더불어숲'의 한 그루 나무들이다. 고 신영복 선생님의 말씀이다. "우리 더불어 숲이 되어 지키자!"

2018. 8.
항동골에서 김기석 씀

책을 펴내며

　리처드 도킨스의 『만들어진 신』(*The God Delusion*)은 세계적으로 큰 반향을 불러일으켰으며 번역서가 나오자마자 국내에서도 베스트셀러가 되었다. 그는 종교가 무익할 뿐만 아니라 아주 유해한 망상으로서 하루 속히 폐기되어야할 구시대의 유물이라고 설파한다. 주로 아브라함 종교, 즉 유대교, 기독교, 이슬람교에 공격의 초점을 맞추고 있지만, 그 외의 힌두교나 불교 같은 동양 종교라고 봐주는 것은 아니다. 다만 불교나 유교 등이 종교성을 덜 내세우는 듯하고 윤리나 삶의 지침 정도로 봐도 무방하다고 생각하기 때문에 제1차의 집중적인 공격 대상에서 유보한 것으로 보인다.

　도킨스는 위대한 생물학자이다. 그는 일찍이 『이기적 유전자』 (*The Selfish Gene*)를 통해서 세계적인 명성을 얻었다. 그는 현대생물학의 어려운 내용을 대중들이 알기 쉽게 풀어 쓰는 탁월한 재능의 소유자이다. 뉴욕 타임즈는 『이기적 유전자』에 대한 서평에서 "독자를 천재라고 느끼게 하는 대중 과학서"라고 소개하였다. 현대 생물학에 대한 기초 지식이 없는 독자라도 흥미진진한 긴장감 속에서 그 요점에 다가갈 수 있는 기쁨을 맛보도록 기막히게 잘 설명하고 있기 때문이다. 이러한 재능은 오직 한 분야의 대가 중에서도 특별히 선택된 자만이 지닌 것이다. 도킨스는 1996년에 옥스퍼드 대학의 '과학의 대중적 이해를 위한 교수'직을 수여받았고, 2001년에는 영국 과학자에게 최고의 영예로 간주되는 왕립학회 회원이 되었다. 이 시대의 가장 대표적인 생물학자 중 한 사람이며, 동시에 대중들에게 가장 영향력 있는 과학자이기도 하다.

이러한 명성을 지닌 그가 『만들어진 신』(신이라는 망상) '들어가는 글'에 누군가의 견해를 빌려 이렇게 말한다. "누군가 망상에 시달리면 정신 이상이라고 한다. 다수가 망상에 시달리면 종교라고 한다." 망상이란 무엇인가? 망상이란 "정신장애의 한 증상으로서 모순되는 강력한 증거에도 불구하고 잘못된 믿음을 고집하는 것"이라고 사전에 나와 있다면서, 그는 이 정의가 종교의 특성을 완벽하게 포착하고 있다고 말한다. 그는 "이 책을 펼칠 때 종교를 가졌던 독자들이 책을 덮을 때 무신론자가 되는 것"이라고 자신의 집필 의도를 숨기지 않는다.

나는 신학자로서 도킨스의 과학적 견해를 두고 논쟁할만한 자격이 없다. 비록 내가 한 번도 과학에 대한 관심의 끈을 놓아 본 적이 없으며 되는 대로 대중적인 과학서적을 통하여 개략적인 현대 과학의 내용을 이해하려 노력하고 있지만 말이다. 그 분야의 비전문가가 어찌 세계적인 생물학자의 학문에 대하여 이러쿵저러쿵 말할 수 있단 말인가? 물론 도킨스는 그렇게 하고 있다. 나는 비전문가로서 다만 현대 과학이 설명하는 자연과 우주에 관한 흥미로운 내용을 접하면서 어떤 부분은 더 재미있고 어떤 부분은 덜 재미있다는 느낌 정도 밖에 말할 수 없다고 생각한다. 그러나 반대로 어떤 과학자가 종교 또는 신학의 내용에 대해서 단순한 견해 표명이 아니라 완전히 단정적인 판정을 내린 것을 보면서, 비록 신학의 고수는 아닐지라도 일정 부분 응답하는 것이 크게 주제 넘는 짓은 아닐 것이다. 도킨스가 『이기적 유전자』에서 밈^{meme} 개념을 통하여 신앙 현상을 설명하는 것은 아주 흥미롭지만, 『만들어진 신』에서 종교 전반에 대하여 최종 심판자를 자처하면서 종교에 대한 사형 언도를 내린 것에 대해서는 무언가 응답할 필요를 느끼게 되었다.

내가 신학자라고 해서 도킨스가 언급한 모든 주제들에 대하여 모두 응답할 정도의 신학적 전문성이 내게 있는 것은 아니다. 다행히도 알리스터 맥그라스 같은 신학자들이 『도킨스의 신』, 『도킨스의 망상』에서 이미 상당 부분 응답했기 때문에 내가 그럴 필요도 없다. 그리고 맥그라스가 이미 적절히 지적했듯이, 『만들어진 신』의 상당 부분은 도킨스의 고유한 다윈주의에 내포된 철학적, 신학적 함의와는 무관한, 오랜 역사를 지닌 무신론의 논점들을 이것저것 끌어 모은 것이기 때문에 일일이 논쟁을 하게 되면 글을 쓰는 사람이나 읽는 사람이나 모두 짜증이 날 것이 분명하다.

그러므로 여기서는 내가 신학적 신념과 경험에 관련되는 몇 가지 주제에 한해서만 나의 견해를 밝히고자 한다. 그 주제들은 종교가 추구하는 본질, 과학과 종교의 관계, 신에 관한 이해, 우주와 인간의 존재에 대한 의미 등이다. 이런 주제들에 대해서 어떤 점에서 도킨스의 견해에 동의하고 어떤 점에서 동의하지 않는지, 그 이유는 무엇이며 도킨스가 놓치고 있거나 무시하고 있는 내용이 무엇인지 지적할 것이다.

아마도 내가 몸담고 있는 기독교 신앙을 가진 독자들은 도킨스의 무신론에 대한 반증을 제시하고 보다 확고하게 신앙을 지켜야할 논증을 기대할지도 모르겠다. 그들이 실망하거나 오해할지도 모르는 두 가지 점을 미리 밝혀 두고자 한다.

첫째, 도킨스의 종교에 대한 비판은 나도 상당 부분 수긍한다. 그러나 그것은 현실에서 나타나는 현상적인 종교 행태에 대한 비판에 한하여 그렇다. 종교의 본질에 대해서는 수긍하지 않는다. 어찌 보면 나의 종교관이 도킨스보다도 더 급진적인지도 모르겠다. 다만 나는 신앙 공동체에 속한 일원으로서 종교(신앙)의 수사적 표현을 관용적으로 받아들인다는 점이 현실적으로는 도킨스와 정반대 진영에 선 것처럼 보이게 할지는 모르겠다.

둘째, 나는 신학자이지만 진화론을 생명 현상에 대한 올바른 과학적 설명으로 받아들인다. 성서를 문자주의로 해석하여 과학의 영역에 도전하는 창조과학회의 논지는 명백히 동의하지 않는다. 그 이유는 4장에서 자세히 밝힐 것이다. 진화론을 받아들이지만 그것은 과학적 설명에 한해서이다. 다윈주의의 신학적 함의에 대해서는 특정한 결론을 따르기보다는 여러 가지 가능성을 열어 두고 토론을 즐기는 상태이다. 다윈주의를 명백한 무신론적 귀결로 해석하는 도킨스의 견해에는 동의하지 않는다.

내가 진심으로 존경하는 어떤 고명한 스님께서 자비로 도킨스의 책 수십 권을 구입해서 지인들에게 나누어 주었다는 얘기를 들었다. 사실 나는 불교의 여러 스님들과 얘기를 나누다 보면 종교관에 있어서는 가슴이 탁 트이는 시원한 일치감을 느끼곤 한다(그렇다고 해서 아직 불상에 엎드려 기도할 정도로 도가 높지는 않다). 나는 도킨스도 현실 세계에 나타난 종교의 피상적인 모습에 집착하지 말고, 사물의 현상 저편에 감추어진 진리를 탐구하는 과학자답게 종교의 내면에 깃들은 참모습을 발견하고 함께 염화시중拈花示衆의 미소를 지으며 손뼉을 마주치는 도반이 되었으면 좋겠다는 순진한 바람을 가지고 있다. 그가 복잡해 보이는 생명 현상에서 개체 너머 저편에 존재하는 보다 본질적인 생명의 요소로서 유전자를 찾아 우리에게 보여 준 것처럼 말이다. 지금으로서는 불가능한 바람일 것이다. 혹시 알겠는가? 인연이 닿으면 언젠가 그리될지도…

이 글의 문체에 대하여 밝혀 두고자 한다. 나는 『만들어진 신』에 대한 신학적 응답을 쓰면서 학술 논문에 요구되는 엄밀한 학문적 형식을 벗어나 자유로운 형식으로 쓰고자 한다. 그 주된 이유는 두 가지 때문인데, 첫째는 도킨스의 책이 그러하기 때문이다. 도킨스의 문체는 자유롭고 신랄하다. 이에 상응하는 방식으로 토론을 벌이는 것이 예의이기도 하고 효과적일 것이다. 둘째는 이 글은 어쩔 수 없이 책으로 만들어지도록 되어 있는데, 나는 좀 더 많은 독자들에게 다가가는 책을 쓰고 싶은 욕심 때문이다. 그러나 이 책의 2부에 실린 글들은 이 주제와 관련된 과거의 논문을 일부만 다듬은 것이기 때문에 학술 논문의 형식을 띠고 있다. 1부의 내용을 편하게 읽은 독자가 보다 엄밀한 자료를 바탕으로 한 논문도 읽을 준비가 되었다면 도움이 될 것이다.

끝으로 나의 희망을 도킨스의 수사를 빌려 표현하는 것을 용서

하시길…. 이 책을 펼칠 때 과학과 종교가 적대적이라는 선입견을 가진 독자가 책을 덮을 때면, 양자가 하나의 진리를 향한 인간 정신의 두 갈래의 여정임을 인정하게 되었으면 좋겠다. 마침내 진리의 산정에서 기쁘게 만날 것이라는 희망을 품고 열심히 올라갈 수 있도록….

부족한 글이 책으로 세상에 나올 수 있도록 도와준 이들에게 감사드린다. 이 책은 2007년 기독교공동학회에 제출한 "도킨스의 『만들어진 신』에 대한 신학적 응답"이란 나의 논문 계획서를 소망학술상으로 선정해 주었기에 출간할 수 있었다. 소망학술상 관계자 분들게 감사를 드린다. 김용준 선생님을 비롯한 '종교와 과학' 연구모임의 회원들의 넓은 지식과 탁월한 식견은 내게 큰 도움이 되었다. 강촌 성 프란시스 수도원에서 원고를 쓰면서 힘든 씨름을 하는 동안 로렌스 수사와 라파엘 수사는 깊은 영성 어린 기도를 바치며 바위처럼 묵묵히 나의 곁을 지켜 주었다. 출판을 결정해 주신 도서출판 동연의 김영호 사장님과 직원 여러분께도 감사의 마음을 전한다. 학교 동료들을 비롯한 나를 아껴주시는 지인들 모두에게 각별한 마음을 전하고, 마지막으로 항상 변함없는 지지자인 아내와 자녀에게 이 기회를 빌려 고마움을 표하고 싶다.

2009. 9.
강촌 성 프란시스 수도원에서
김기석

차 례

프롤로그

　　지금 여기 육체와 정신을 지닌 존재로서의 나를 있게 한 세 가지
중요한 사건이 있었다.

There were three significant events that enabled me to be here
as body and mind.

　　1. 약 130억 년 전, 무한대의 온도와 밀도를 지닌 한 점이 있었
다. 거대한 폭발이 있어 시간과 공간이 처음 생겼는데 그것은 우주
의 탄생이었다. 빅뱅으로부터 약 10^{-43}초 후에 우주의 전체 크기는
원자 하나 정도에 불과했고, 온도는 10^{32}도에 달하였다. 중력이 생
겨 우주의 하나의 근본적인 힘이 되었다. 약 10^{-35}초 후에 온도는
10^{28}도로 내려갔고, 강한 핵력이 중력으로부터 분리되었다. 10^{-10}
초 후에 쿼크가 형성되었고 약한 핵력과 전자기력이 분리되었다.
약 10^{-4}초 후에는 양성자와 중성자가 생겼다. 그 후에 수소와 헬륨
원자들이 네 가지 근본적인 힘에 따라 별과 은하가 만들어졌다. 무
거운 별들이 폭발하여 무거운 원소들이 먼지가 되어 흩어졌다가 다

시 뭉쳐 새로운 별들이 탄생하였다. 태양계에 한 행성, 지구가 형성되었고 우주의 먼지들은 마침내 생명의 재료가 되었다.

2. 약 36억 년 전, 대양의 깊은 곳 화산의 분출로 솟아난 뜨거운 해저 기둥 근처였는지, 혹은 파도가 찰싹거리던 해안의 말라붙은 거품 찌꺼기 속이었는지 정확히는 알 수 없지만, 원시 수프[primeval soup]라고 불리는 유기물 덩어리가 농축되고 있었다. 그것들은 화산의 열기, 혹은 태양과 우주로부터 날아오는 자외선과 같은 에너지의 영향을 받아 점점 큰 화합물로 만들어졌다. 거대 유기 분자 덩어리 속에서 우연히 특별한 구조를 가진 분자가 만들어졌다. 자기 복제의 엉성한 기능을 가진 이 거대 분자는 점차 자기와 똑같은 구조를 가진 또 다른 유기물을 만들 수 있는 유전자로 발전하였다. 유전자는 오랜 세월을 거치면서 복제에 복제를 거듭하면서 돌연변이와 자연선택이라는 과정을 통해 조금씩 몸의 형태를 달리 하여 오늘날 우리가 바라보는 풍성한 생명 세계를 만들었다.

3. 약 5백만 년 전, 영장류 무리 중에서 보다 큰 뇌 용량과 언어기능이 발달된 돌연변이 유전자를 지닌 한 종이 나타나 원시 호미니드가 출현했다. 오스트랄로피테쿠스라든지 호모 에렉투스라고 불리는 이들의 후손 중 일부는 생각이라는 것을 하기 시작했다. 어떤 강렬한 느낌과 감정을 경험하면 그것에 대해 생각하기 시작했다. 광대한 들판과 높은 산봉우리를 바라보며 무언가를 생각했고, 밤하늘에 총총한 별들을 보며 무언가를 생각했다. 어둠에 덮인 숲을 바

라보며, 솟아오르는 태양을 바라보며, 계절마다 맺는 열매들을 바라보며 생각했다. 새로운 생명이 태어나는 것을 보면서 사람이 어디서 오는지에 대해 생각하기 시작했고, 가족과 동료의 죽음을 겪으면서 이들이 어디로 가는지에 대해 생각하기 시작했다. 그리고 눈에 보이는 것 너머를, 나아가 생각할 수 있는 것 너머를 생각하기 시작했다. 정신이 출현한 것이다.

첫째 이야기는 나의 존재를 가능하게 한 물리적 조건을, 둘째 이야기는 생물학적 조건을, 셋째 이야기는 정신적 조건을 형성하였다. 이 책의 제목은 둘째 이야기와 셋째 이야기를 반영한다. 둘째 이야기가 진화론을 제창한 다윈의 책 제목인 『종의 기원』을 반영한다는 점에는 이의가 없겠지만, 셋째 이야기가 '신의 기원'이란 개념과 무슨 상관이 있는지 의문을 품을 수 있기에 부연하여 설명하고자 한다.

첫째와 둘째 이야기는 볼 수 있는 증거가 우리 곁에 있다. 머리위 별들과 주위의 생명체가 그것이다. 그러나 셋째 이야기는 우리자신 외에는 보여 줄 증거가 없다. 정신의 특성상 과연 우리의 선조들이 어떻게 생각을 시작하게 되었는지 기록이 남아 있지 않은 것이다. 그러나 아무런 증거가 없는 것은 아니다. 고대인의 옛 무덤에서 발견되는 장례 흔적과 장신구, 벽화들이 있는데 이것들은 인간정신의 흔적들을 보여 준다. 정신의 흔적을 찾아볼 수 있는 또 다른장소가 하나 더 있다. 옛날이야기이다. 비록 최초의 기억은 햇빛에 바래 전설이 되었고, 전설은 달빛에 삭아 신화가 되었지만, 옛 이야기들 속에는 우리 선조들이 정신을 소유하기 시작했을 때 겪었음직한 갈등의 흔적이 희미하게나마 남아 있다.

> 하느님께서 이렇게 이르셨다. '이 동산에 있는 나무 열매를 무엇이든지 마음대로 따 먹어라. 그러나 선과 악을 알게 하는 나무 열매만은 따 먹지 말아라.' … 날이 저물어서 선들바람이 불 때 야훼 하느님께서 동산을 거니시는 소리를 듣고 아담과 그의 아내는 야훼 하느님 눈에 뜨이지 않게 동산 나무 사이에 숨었다. … '네가 알몸이라고 누가 일러 주더냐? 내가 따 먹지 말라고 일러 둔 나무 열매를 네가 따 먹었구나!' … '너는 죽도록 고생해야 먹고 살리라. 들에서 나는 곡식을 먹어야 할 터인데, 땅은 가시덤불과 엉겅퀴를 내리라. 너는 흙에서 난 몸이니 흙으로 돌아가기까지 이마에 땀을 흘려야 낟알을 얻어먹으리라! 너는 먼지이니 먼지로 돌아가리라!'(창세 3장).

창세기에 나오는 이 이야기를 읽으면서 많은 설교자들은 흔히 악마의 유혹에 넘어간 여성에 의해 인류에게 원죄가 시작되었다고 말한다. 그런 식의 해석은 너무도 단순하며, 나아가 터무니없이 뱀에 대한 적개심과 여성의 죄의식과 성차별주의를 조장하는 도그마로 오용된다. 그러나 이 설화가 함축하고 있는 보다 깊은 의미는, 인간이 처음으로 자의식을 갖기 시작했던 때에 겪었던 고통스런 내면의 갈등을 반영하는 이야기로 읽을 때 비로소 파악될 수 있을 것이다. 자의식의 여명이 동터오자마자 인간은 대자연 앞에서 자신이 얼마나 왜소한 존재인지, 삶은 왜 고통스러운 노동 아니면 굶주림의 연속인지 그리고 왜 새로운 생명의 탄생은 죽음을 무릅쓴 출산이라는 위험한 동굴을 반드시 통과해야만 하는지를 깊은 탄식 속에 부르짖었던 것이다.

최초의 호미니드들을 생각하기 시작하도록 만든 원초적 느낌과 사건은 아마도 그들이 직면한 생명의 고통과 죽음의 경험이었으리라. 메마른 아프리카 사바나의 지독한 먼지를 뚫고 물을 찾아 여행하는 어미 코끼리는, 끝내 갈증과 허기에 지쳐 쓰러진 새끼 코끼리를 아무리 자신의 코로 일으켜 세워도 다시 쓰러지자 큰 울음을 한 번 울고 제 갈 길로 떠난다. 어미는 새끼를 얼마 동안은 기억할지 모르지만 기념할 줄은 모른다. 원시 호미니드들도 마찬가지였을 것이다. 그러나 무리 중 누군가, 하나 또는 다수가 자식과 동료의 죽음을 기억하고 기념하기 시작했다. 죽음의 의미를 생각하기 시작했다. 드디어 정신이 출현한 것이다. 때때로 겪는 기근과 굶주림의 경험을 통해 왜 삶은 고통스러운지 생각하게 되었고, 나아가 특별하고도 강렬한 경외의 체험을 통해 자신의 왜소함과 부끄러움을 깨닫는 동시에 초월적인 어떤 성스러운 존재를 어렴풋이 감지하게 되었다. 하느님, 또는 영원한 실재에 대해 생각하기 시작한 것이다.

최초의 한 특이점이 광대한 우주의 기원이듯이, 최초의 자기 복제 분자가 다양한 생명의 기원이듯이, 나는 이 최초의 초월적이고 성스러운 존재에 대한 깨달음이 신의 기원이라고 생각한다. 그를 인정하든지 하지 않든지, 그를 좋아하든지 싫어하든지, 그의 존재를 증명하든지 비존재를 증명하든지 그리고 그를 무엇이라고 부르든지 신은 우리의 정신과 함께 우리와 동행하였고 앞으로도 동행할 것이라 믿는다.

* * * * *

모든 것은 말씀을 통하여 생겨났고, 이 말씀 없이 생겨난 것은 하나도 없다. 생겨난 모든 것이 그에게서 생명을 얻었으며 그 생명은 사람들의 빛이었다(요한 1:3).

말씀이 사람이 되셔서 우리와 함께 계셨는데 우리는 그분의 영광을 보았다. 그분에게는 은총과 진리가 충만하였다(요한 1:14).

I부
신의 기원

종교 없는 세상, 존 레넌과 예수
아인슈타인은 신을 믿었는가?
오래된 신: 폭군인가, 해방자인가?
— 도킨스의 유신론 비판에 대하여
과학과 종교: 적인가, 동지인가?
신은 불변의 존재인가?

종교 없는 세상, 존 레넌과 예수

『이기적 유전자』를 비롯한 도킨스의 여러 저작에 나타난 종교 비판의 내용은 다음의 네 가지 요점으로 정리할 수 있다.

첫째, 전통적인 유신론은 신비롭고 정교한 생명 현상을 보면서 설계자인 신을 유추하게 하였지만, 다윈주의가 제공하는 설명은 그러한 설계자가 불필요하거나 불가능하게 만든다.

둘째, 종교는 증거가 아닌 신념에 근거하여 존속하는데, 이는 엄격한 증거에 토대를 둔 과학 정신과 상반된다. 진리는 신념에 의해서가 아니라 증거에 의해서 입증되어야 하며, 과학이 옳다면 종교는 폐기되어야 마땅하다.

셋째, 종교는 시대적, 문화적 편견에 사로 잡혀 세계에 대해 빈약하고 제한적인 모습밖에 설명하지 못하는 반면, 과학이 설명하는 세계는 보편적이고 장엄하며 제한이 없다.

넷째, 종교는 결국 악에 이른다. 그것은 마치 악성 바이러스와 같이 인간의 마음을 전염시켜서 서로 미워하게 하고 전쟁을 일으켜 인류를 살상에 이르게 한다.

도킨스는 자신의 책 제목 『만들어진 신』(The God Delusion)에 망상이라는 단어를 채택한 이유를 이렇게 설명하고 있다. 그는 또 앞선 저작들에 실린 반종교 논쟁을 종합하고 첨예화하여 쓴 책 『만들어진 신』을 펴내면서 그의 목적을 이렇게 말하고 있다.

어린 시절의 교화가 그다지 치밀하지 않았거나, 그것을 극복할 정도로 강한 지성을 타고난 사람들이 있다. 그런 자유로운 정신의 소유자들은 약간만 도와주면 종교라는 악덕에서 벗어날 수 있다.

존 레넌의 노랫말처럼 '상상해보라, 종교 없는 세상을'. 자살 폭파범도 없고, 9·11도, 런던폭탄 테러도, 십자군도, 마녀사냥도, 화약음모 사건도, 인도 분할도, 이스라엘과 팔레스타인의 전쟁도, 세르비아와 크로아티아와 보스니아에서 벌어진 대량 학살도, 유대인을 '예수 살인자'라고 박해하는 것도, 북아일랜드 분쟁도, 명예 살인도, 머리에 기름을 바르고 번들거리는 양복을 빼입은 채 텔레비전에 나와서 순진한 사람들의 돈을 우려먹는 복음 전도사도 없다고 상상해 보라. 고대 석상을 폭파하는 탈레반도, 신성 모독자에 대한 공개처형도, 속살을 살짝 보였다는 죄로 여성에게 채찍질을 가하는 행위도 없다고 상상해보라(7쪽).

이라크와 아프가니스탄의 자살 폭파 테러, 9·11, 런던폭탄 테러, 십자군 전쟁, 마녀사냥, 인도·파키스탄 분쟁, 이스라엘·팔레스타인 갈등, 이 모두 종교의 이름으로 저질러진 사악한 행위들이다. 어디 이뿐이랴? 인류 역사에 있어 종교의 옷을 입고 행해진 끔찍한 일들을 일일이 열거하자면 끝도 없을 것이다. 그렇다. 우리는 종교의 이름으로 결코 해서는 안 될 일들을 저질러왔다. 그렇다면 정말 종교는 사악한 것일까? 즉답을 잠시 유보하자. 한 가지 생각에만 몰두하다 보면 진실을 놓치기 쉽다. 일리는 있되 이리, 삼리, 즉 보편적 진리와는 멀어진다는 얘기다. 어리석은 일로 서로 피터지게 싸우는 사람들을 보면 대부분 각자 자신만이 확신하는 일리를 주장하며 싸운다. 삼자 입장에서 보면 '자신만의 진실'에 불과하다.

종교의 사악성을 드러내는 역사적 증거들을 잠시 젖혀두고 종교의 본질에 대해서 생각해보자. 나도 존 레넌의 노래 '이매진Imagine'을 무척 좋아한다. 영국 유학시절 인도네시아 출신으로서 영어학교의 신입학생을 위한 생활 안내를 맡은 벤이라는 친구는 우리들을 데리고 노래를 할 수 있는 펍(선술집)에 데려가곤 했다. 우리나라야 노래방 천지지만 영국에는 노래방이 없었다. 벤은 버밍엄 시내의 한 펍에서 일주일에 한 번씩 노래방 기계를 가지고 순회하는 아저씨가 와서 노래방 이벤트를 여는 것을 알고는 우리를 그곳으로 데리고 갔다. 영국 사람들 앞에서 콩글리시 발음으로 용감하고도 무모하게 처음 불렀던 노래가 바로 '이매진'이었다. 그때는 그 노래를 부르다가 '종교 없는 세상을 상상해보라'라는 대목에서는 멈칫하며 얼버무렸다. 성공회 사제로서 '종교 없는 세상을 찬양'하기에는 좀 쑥스러웠기 때문이다. 그러나 지금은 아무 거리낌 없이 부를 수 있다. 그전처럼 순박하지 않기 때문이다. 아니 보다 정확하게는 존 레넌이 노래하는 그 '종교 없는 세상'이 참다운 '종교적인' 세상일 수 있다는 것을 깨달았기 때문이다. 이는 보다 깊은 신학공부가 내게 가져다 준 선물이다.

1. 종교는 전쟁을 부추기는가?

다시 처음에 도킨스가 제시한 종교의 사악한 행위들의 목록으로 돌아가자. 일리를 넘어선 진리를 이해하기 위해 이런 질문을 던져보는 것은 어떨까? 20세기에 인류가 저지른 가장 끔찍한 사건은 무엇인가? 인간은 만물의 영장이라는 신념과 인류의 역사는 발전한다는 신념이 있다. 이 두 신념은 모두 뿌리가 깊어 반박하기 쉽지 않은데, 아이러니하게도 20세기는 인류에 의해 가장 끔찍한 대량학살이 그 어느 때보다도 많이 저질러진 시기였다. 그중에서도 가장 지독한 것은 히틀러와 스탈린에 의해 수행되었다. 히틀러에 의해서는 6백만 명 이상의 유대인과 집시 등 사회적 약자들이 희생되었고, 스탈린 치하에서는 대략 2~3천만 명이 목숨을 잃은 것으로 알려진다. 이 악마적인 행위들은 과연 종교적 동기에 의해서 저질러졌는가? 종교가 완전히 무관하다고 할 수는 없지만 주요 동기는 명백히 다른 것에 있다. 양자 모두 공통적으로 파시즘을 수단으로 하였으나, 전자는 인종주의를, 후자는 공산주의라는 이데올로기를 동력으로 사용하였다. 이러한 상황 속에서 종교는 그 이데올로기에 동조하거나 반대함에 따라서 각각 지지, 혹은 탄압을 받았다. 하지만 어디까지나 종속변수였다. 그 외에 제1차 세계대전, 유대인 학살을 제외한 제2차 세계대전, 한국전쟁, 베트남 전쟁, 캄보디아의 킬링필드, 르완다 내전 등이 최소한 1백만 명 이상의 희생을 가져온 끔찍한 사건들이다.

나는 왜 도킨스가 앞서 열거한 인류의 사악한 행위의 목록에 이 사건들을 빼놓았는지 궁금하다. 가장 최근에 일어난 가장 최악의 사건들을 말이다. 두 가지 가능성이 있는데, 하나는 그가 인류의 사악한 행위들의 목록을 작성하고서 종교적 연관성이 없는 이 사건들을 의도적으로 빼놓지 않았나 하는 것이고, 두 번째 가능성은 별다른 의도 없이 목록을 작성하다보니 그렇게 된 것이라고 생각할 수 있다. 전자라면 도킨스에게는 인류의 사악한 행위에 반대하는 것보다 오직 종교에 반대하는 것이 더 우선적인 관심사일지 모른다고 가정할 수 있다. 만일 후자라면 이러한 대규모 살상과 불행한 사건이 바로 우리의 부모와 조부모 세대가 가해자거나 피해자로서 겪은 일이며 앞으로도 얼마든지 반복될 수 있다는 점에서 도킨스는 역사적 의식이 없는 사람일 것이다. 그러나 후자의 경우는 아닐 것이다. 사실 『만들어진 신』 4장, '신이 없는 것이 거의 확실한 이유'에는 히틀러와 스탈린에 대한 언급이 나온다. 도킨스는 프리만 다이슨의 '과학과 종교 간 상호 이해를 증진'시키는 공헌자에게 수여하는 템플턴 상 수상을 비아냥대면서, 그의 수락 연설문을 인용하여 다이슨과 템플턴 재단 임원과의 가상의 대화를 상상으로 꾸며 보인다. 여기서 다이슨은 그가 전형적인 기독교 신자의 범주에 속하지 않는다는 점을 지적 받고는 "이 시대의 악을 대변하는 두 사람으로서 히틀러와 스탈린이 둘 다 공공연한 무신론자"였음을 지적하는 것으로 대화를 마무리한다. 그러므로 도킨스는 이 두 악인에 의해 자행된 최대의 살상 행위를 잘 의식하고 있는 것이다. 그럼에도 불구하고 그는 의도적으로 사악한 행위의 목록에 포함시키지 않은 것이다. 사악을 종식시키는 것보다 종교를 끝장내는 것이 우선적인 관심사이기 때문이다. 그의 종교에 대한 신경강박증이 어디에서 연유한 것인지 궁금해진다.

나아가 도킨스는 그의 책 7장 '선한 책과 변화하는 시대정신'에서는 마지막 절을 할애하여 "히틀러와 스탈린은 무신론자였을까?"라는 제목으로 본격적으로 두 악인의 신앙 문제를 다룬다. 별로 중요한 내용이 보이지 않는 이 수고를 통하여 도킨스는 히틀러는 기독교인이었거나 아니면 대중들의 기독교 신앙을 이용한 무신론자였고, 스탈린은 완전한 무신론자라고 정리한다. 그리고 말미에 이르러 무신론자는 악한 짓을 할지 모르지만 그 때에도 무신론을 들먹이지는 않는다는 다소 우스꽝스러운 결론을 내린다.

종교 전쟁은 실제로 종교의 이름으로 하며, 역사적으로 끔찍할 만큼 빈번하게 일어났다. 그러나 나는 무신론의 이름으로 벌어진 전쟁이 있었다는 소리는 못 들었다. 일어날 이유가 어디 있단 말인가? 전쟁은 경제적 탐욕, 정치적 야심, 윤리적이거나 인종적 편견, 깊은 슬픔이나 복수, 국가의 운명에 관한 애국심에서 비롯된 신념 등이 동기가 될 수 있다. 전쟁의 동기로 더 설득력이 있는 것은 자신의 종교가 유일하게 참된 종교이고, 모든 이단자들과 경쟁 종교의 추종자들은 죽어야 한다고 노골적으로 비난하며, 신의 병사들은 순교자의 천국으로 직행한다고 명확히 약속하는 경전의 뒷받침을 받는 흔들림 없는 신앙이다(420쪽).

그렇다. 전쟁의 원인은 여러 가지가 있지만 근본적으로 따져보면 한 집단이 다른 집단에 대한 왜곡된 미움과 편견 내지는 남의 것을 빼앗으려는 탐욕에 기인한다. 역사적으로 볼 때 어떤 집단의 지배 권력과 결탁한 종교는 종종 전쟁을 위해 봉사했다. 십자군전쟁처럼 때로는 경제적 탐욕을 신성한 신앙적 동기로 포장한 적도 있었다. 그러나 이 문제는 유신론자 대 무신론자의 구도에서 접근할 문제가 아니라는 점은 명백하다. 대개 지배 권력은 겉으로 드러내기에 부끄러운 욕망을 적절한 명분으로 포장하는데 명수이기 때문이다. 종교를 가장한 북아일랜드 분쟁만도 그렇다. "당신은 가톨릭 무신론자요, 아니면 프로테스탄트 무신론자요?"라는 북아일랜드의 오래된 농담처럼 모든 어른과 아이, 심지어 동물과 사물조차 가톨릭과 프로테스탄트로 나누어야 하는 상황은 과연 종교가 그 근본 원인인가? 그것은 잘 알려져 있다시피 영국의 아일랜드 침략과 지배의 불행한 유산일 따름이며, 그 동기는 종교가 아니라 경제적 탐욕이었다.

인간에 대한 연민의 시각으로 지금 우리 주위를 둘러보면 인간의 사악한 행위는 이와 같은 가시적인 대규모의 사악한 사건처럼 반드시 멀리 있는 것만은 아니다. 바로 우리 가까이에서, 아니 우리 자신의 삶의 방식에 의해서 지금도 일어나고 있다. 선진국의 시민들이 과도한 영양섭취로 인해 비만과 성인병으로 건강을 잃는 반면 가난한 나라에서는 아이들이 매일 기아로 1만 명 이상 목숨을 잃고 있다.[1] 우리나라에서도 의대생이 제일 선호하는 분야가 성형외과이며 엄청난 의료진과 비용이 보다 아름다움을 가꾸는데 사용되고 있는 반면, 저편 아프리카에서는 아주 기초적인 의약품이 없어 에이즈 감염과 말라리아 등으로 300만 명 이상이 목숨을 잃고 있다.[2]

이런 비극들은 도킨스가 제시한 종교에 의해 저질러진 사악한 행위의 목록들에 비해 어떠한가? 뉴욕의 9·11 희생자들의 고통을 폄하하려는 의도가 절대 아니다. 아프가니스탄과 이라크에서 계속 진행되는 종교적 동기가 개입된 자살폭탄 테러가 참을만한 온건한 폭력이라고 주장하는 것도 절대 아니다. 하지만 이러한 현실도 도킨스가 열거한 사건들보다 강도와 숫자에 있어서 결코 덜 지독하거나 덜 끔찍하지 않다고 말할 수 없다.

한 가지 더 인류의 사악한 행위가 있다. 자원 남용과 에너지 과소비로 인한 생태계 파괴와 지구온난화의 진행이 그것이다. 지금 우리의 생활 패턴으로 인하여 매일매일 무려 100종이나 되는 동식물이 멸종하고 있고, 열대우림 5만 헥타르가 사라진다. 전 세계적으

---

1 『식량전쟁: 배 부른 제국, 굶주리는 세계』(영림 카디널, 2008) 저자 라즈 파텔은 이제 인류 역사 최초로 과체중으로 인해 곤란을 겪는 인구가 기아로 인해 고통 받는 인구를 넘어섰다고 지적한다. 또한 유엔 산하 식량농업기구(FAO) 보고서에 따르면 2008년 전 세계 식량 생산량은 5.4% 증가하였음에도 불구하고 기아로 고통 받는 인구는 새로 1억 명이 증가하여 10억 2천만 명이 되었다. 인류 6명 당 한명 꼴로 굶주리고 있는 셈이다. 우리는 매 6초마다 한 명의 어린이가, 매일 1만 명이 굶주림으로 죽어 가고 있는 사악한 현실에서 살아가고 있다.

2 2005년 기준으로 전 세계 에이즈(HIV/AIDS)에 감염된 환자는 2500만 명이고, 한 해 희생자 수는 310만 명이다. 2005년 한 해에만 새로 감염된 환자가 490만 명으로 해마다 계속 증가하고 있다.

로 사막이 2만 헥타르나 넓어지고 있으며, 오늘 하루에만 세계 경제는 2,200만 톤에 해당하는 석유를 소비하고 있으며, 24시간 동안 온실가스 1억 톤을 대기 중으로 방출하고 있다. 탄소 배출 절감 정책을 통해 지구 온난화를 저지하기 위한 국제적 협력이 미국과 호주 등의 노골적인 방해로 지지부진한 사이, 지구형 행성 간의 기후 차이를 연구하다가 지구 환경을 하나의 유기체로 간주할 수 있다는 '가이아' 개념을 처음 제안한 제임스 러브록은 최근 이미 지구 온난화를 되돌리기에는 너무 늦었다고 경고했다. 파국이 눈앞에 기다리고 있다는 것이다.

우리는 이러한 사악하고 몽매하고 암울한 인간의 행위를 열거한 목록을 대하면서 비참한 심경에 빠져든다. 왜 인간은 이토록 동족 살상의 고약한 행위를 저지를 수 있단 말인가? 우리는 왜 국가나 종족이나 피부색이나 성^性이나 취향이 다르다는 이유로 타인을 차별하고 억압하는가? 우리는 왜 착취와 독점의 욕망을 누르지 못하는가? 우리는 왜 파멸에 이르는 것이 예상되는데도 과도한 에너지 소비와 자원남용의 생활 방식에서 벗어나지 못하는가? 현재의 자본주의 소비 문명이 다른 생물종들의 멸종과 생태계 파괴, 지구 온난화를 걷잡을 수 없도록 가속화하여 수십억 년 간 유일하게 진행된 생명 진화의 소중한 유산을 단 하나뿐인 이 푸른 별 지구에서 다시는 볼 수 없도록 파괴하는데도, 우리는 왜 이것을 저지할만한 뚜렷한 대책을 세우지 못하는 것일까? 인간의 이러한 본성은 어디에서 연유하며, 우리는 이것을 어떻게 치유하고 재발하지 않도록 해결해 나갈 것인가? 이를 위해 내가, 우리가 할 수 있는 일은 무엇인가?

이런 질문이 사악한 행위를 종식시키기 위한 마땅한 질문들이다. 인간을 사악한 행위로 인한 고통으로부터 구원하는 길은 근대 시민혁명의 가치와 상당 부분 공유하는 자유, 박애, 지성, 관용 그리고 아름다움과 다양성의 추구에 있다. 인간의 자유를 확대하기 위한 노력, 지성을 통한 진리를 향한 추구, 아름다움을 향한 길은 종교 때문에 나아갈 수 없는 것이 아니라 종교와 과학이 더불어 손잡고 나갈 길이다. 과학과 종교가 함께 해결책을 찾아내어 모든 지구인이 함께 실천할 수 있도록 연대해야 하는 것이 옳지 않은가? 종교가 마치 인류의 모든 사악한 행위의 원흉이라고 말하는 것은 해결책을 제시하지 못한다. 일리는 있으나 진리는 아니다. 물론 종교도 책임이 있다. 과학이 그러하듯이. 프리초프 카프라가 『새로운 과학과 문명의 전환』(*The Turning Point*)에서 주장한 바에 따르면 전 세계 과학자의 40% 정도가 무기를 만드는 등 전쟁 관련 산업에 종사하고 있다고 한다. 종교를 없애야 좋은 세상이 오는 것이 아니라 참된 종교를 세워야하고, 참된 과학을 세워야 한다.

종교와 사상을 막론하고 폭력은 어디서든지 독버섯처럼 싹틀 수 있다. 2009년에 개봉되었던 영화 〈더 리더〉(책 읽어주는 남자)는 성실하고 무색무취하며 어찌 보면 선량하기까지 한 한 독일 여성이 어떻게 나치의 유대인 학살에 동조한 전범자가 되는지를 차분한 시각으로 관객들에게 보여 준다. 끔찍한 폭력은 가까운 곳에서도 자주 모습을 드러냈다. 그것은 국가, 군대, 공장, 학원 그리고 가정에서도 자라날 수 있다. 한 가지 예를 들어보자.

1960년대 말, 독일을 방문한 당시 이란의 독재자 국왕 부부의 독일 방문을 반대하던 군중집회에서 한 학생이 경찰의 총격에 사망하는 불행한 사건이 발생했다. 문제는 이 사건이 기화가 되어 극단적 폭력 투쟁을 마다하지 않는 대학생 무장투쟁 조직이 생겼다는 것이다. 이들은 관공서 및 백화점 방화와 폭파, 은행 강도, 주요 인사 납치 살해를 넘어 최후에는 비행기 납치까지 결행하게 된다. 그들이 평범한 대학생들이었으며, 그들의 운동의 첫 동기가 평화주의적 동기에 입각한 베트남 전쟁 반대와 보다 평등한 사회를 향한 관심이었던 점을 생각하면, 폭력이란 그야말로 언제든지 솟아날 수 있는 독버섯과도 같다. 공기 중에 포자를 날리는 버섯처럼 폭력의 씨앗은 다름 아닌 우리 일상적인 정신 내부에 숨겨져 있다. 종교 유무가 문제가 되는 것이 아니란 말이다. 교도소 내 집단 자살로 최후를 마친 이들의 이야기는 그 조직의 리더였던 두 사람의 이름을 딴 제목의 〈바더 마인호프 콤플렉스^{Der Baader Meinhof Komplex}〉라는 영화로 만들어졌다.

대량학살을 주도한 히틀러나 스탈린 모두 뛰어난 선동가였다는 것은 주지의 사실이다. 선동은 대중들의 합리적 지성을 마비시키는 효과적인 판단력 마취제이다. 역사적 혼란을 틈탄 위대한(!) 악인들은 선동을 통하여 무수한 선량한 개인들을 사악한 행위에 동참하도록 내몰았다. 나도 민주화 투쟁의 와중에서 선전선동술까지 교육받은 적이 있었음을 쑥스럽게 고백하지 않을 수 없다. 비록 당시는 불의한 권력에 맞선 선한 싸움을 위한 선동은 역사 발전의 효과적인 수단이라고 치부하였지만, 그것이 언제나 합리적 지성 안에서 통제되어 적실하게 사용될 수 있다고는 믿지 않는다.

선동이 권력을 지닌 자들의 것이 될 때는 최악의 상황이다. 악마의 창검이 되기란 불 보듯 뻔하기 때문이다. 서울의 지하철에서 종종 마주치는 열성 기독교 신자의 의擬선동(그들은 전도라 한다)은 무신론자와 다른 종교인, 심지어 벌써 기독교인이 된 사람들을 가리지 않고 '예수천당 불신지옥'을 강요한다. 승객들이 느끼는 불쾌감은 아랑곳하지 않는다. 제발 이런 광신도들의 선동만큼은 당장 중단되었으면 좋겠다.

나는 도킨스가 『만들어진 신』 곳곳에서 지극히 선동적인 수사법을 구사하는 점에 대해서 염려한다. 미국 같은 나라에서 무신론자들이 아주 억울한 대우를 받고 있는 점은 인정하지만, 도킨스 자신은 세계적으로 대단히 영향력 있는 학자이다. 번뜩이는 재치, 적절한 비유와 예시가 풍부한 그의 생물학에 대한 설명은 정말로 매력적이다. 그런데 선동적인 수사법을 동원한 설교는 그의 저작의 가치를 손상케 한다. 나는 정직하게 말하건대 그것이 반대로 유신론을 위한 것이라도 마찬가지일 것이다. 유신론이든 무신론이든, 전체주의든 민주주의든, 제국주의든 민족주의든, 그 어떤 가치를 위한 것일지라도 선동은 언제든지 지성을 갉아 먹을 수 있는 위험한 바이러스다. 선동은 지성의 세계에 상호존중과 겸손을 통해 이룩되는 평화를 깨뜨리고, 나와 다른 세계를 향해 돌격하라는 전쟁의 뿔고동 소리이다.

도킨스가 열거한 목록 중에는 종교적인 동기에 의해서가 아니라 영국을 비롯한 제1세계의 탐욕스런 식민지 지배와 세계 패권을 향한 야욕이 바로 비극의 씨앗을 제공한 일들이 여러 가지 있다. 예컨대 인도-파키스탄 분리, 이스라엘과 팔레스타인 전쟁, 북아일랜드 분쟁 모두 대영제국의 식민지 통치와 직간접적으로 연관되어 있다. 이러한 사건들이 단지 대영제국 내의 종교인들만의 잘못이란 말인가? 그렇지 않다. 대영제국의 식민지 지배는 퀘이커교도들과 같은 아주 일부 급진적 종교개혁 공동체들과 무정부주의자들과 같은 소수파를 제외한 영국이라는 국가와 시민 전체의 이익을 위한 기획이었다. 그렇다면 도킨스는 과거 대영제국의 식민지 지배 유산의 혜택을 음으로 양으로 입은 제 1세계에 속한 학자로서 그리고 이성을 가장 최우선의 가치로 여기는 지성인으로서 자신이 열거한 불행한 사건들의 원인을 언급하려면 자신이 속한 공동체(국가, 지식인 사회)가 연루된 점에 대하여 일말의 반성이라도 표현해야 한다. 그가 이 시대의 가장 영향력 있는 과학자의 한 사람으로서 모든 억압으로부터 인간의 자유를 외치고 있기 때문에 더욱 그러하다. 일부 제1세계의 교회와 신학자들은 탈식민주의Post-Colonialism 비판 담론을 통해 식민지 선교의 잘못을 진지하게 반성하는 작업을 주요한 선교적, 신학적 과제로 받아들이고 있다.

2. 예수는 종교적이었는가?

나는 예수가 선포했던 '하늘나라'와 존 레넌이 그리는 인종 간 차별도, 전쟁도, 국가도, 착취도, 울부짖음도, 종교도 없는 세상은 그리 다르지 않은 세상이라고 생각한다. 나의 이런 생각에 많은 '자칭' 독실한 그리스도교 신자들은 불경스럽다고 펄쩍 뛸지도 모른다. 동시에 도킨스가 그러하듯이 그 반대편에 속한 기독교에 비판적인 사람들 역시 선뜻 동의하지 못할 것이다. 그렇다면 예수가 공생애를 시작하면서 무어라고 외쳤는지 한번 들어보자.

> 주님의 성령이 나에게 내리셨다.
> 주께서 나에게 기름을 부으시어 가난한 이들에게
> 복음을 전하게 하셨다.
> 주께서 나를 보내시어
> 묶인 사람들에게는 해방을 알려 주고
> 눈먼 사람들은 보게 하고,
> 억눌린 사람들에게는 자유를 주며
> 주님의 은총의 해를 선포하게 하셨다.

이는 루가복음 4장에 나온 기록이다. 예수가 광야에 나가 유혹을 받고 나서 전도를 시작할 때에 고향의 회당에 가서 읽은 대목이다. 원래는 이사야서 61장에 나오는 구절로서 강대국에 짓밟히고 포로로 끌려간 약소국 이스라엘의 백성들에게 야훼가 전하는 해방의 메시지이다. 그런데 예수는 이 대목을 단순히 읽은 것이 아니다. 그는 "이 성서의 말씀이 오늘 여러분이 들은 이 자리에서 이루어졌다"라고 선언하였다. 이는 그가 전도를 시작하면서 사람들에게 전하려는 하늘나라의 구체적인 내용이 무엇인지를 분명히 드러낸 것이다.

여기서 '은총의 해'란 50년에 한 번씩 돌아오는 희년을 말한다. 희년은 7년에 한 번씩 오는 안식년이 일곱 번 지난 후, 다음 해로서 모든 빚이 탕감되고, 모든 노예들도 풀려나 집으로 돌아가며, 모든 저당 잡힌 땅도 원주인에게 되돌아가는 기쁨의 해를 말한다. 사실 구약의 사회정의법에 따르면 땅을 사고팔 수는 없다. 왜냐하면 땅의 궁극적 소유권은 하느님에게 있기 때문이다. 가나안 정착 이후 열두지파의 모든 가문들에게 분할되어 주어진 땅은 소유권이 아니라 관리권이다.

1854년에 북미 대륙의 토착민 추장 시애틀은 땅을 사고 싶다는 편지를 보낸 백인 대표에게 이렇게 연설했다고 전해진다. "어떻게 당신은 하늘과 대지의 따스함을 사고팔 수가 있다고 생각하는가? 그런 생각은 우리에게 낯선 것이다. 우리가 공기의 신선함과 물보라의 반짝임을 소유하는 것이 아닌데, 어떻게 당신이 그것을 살 수 있단 말인가? … 우리는 알고 있다. 대지가 인간에게 속한 것이 아니라, 인간이 대지에 속해 있다는 것을." 아메리카 원주민들이 인간이 땅을 사고팔 수 있다는 것을 인정하지 않은 것처럼, 이스라엘의 율법의 근본정신 역시 땅의 거래를 허용하지 않았다. 사람은 잠시 땅을 관리하면서 거기서 얻은 소출을 가지고 생명을 이어가도록 허락받은 것뿐이다.

사실 이러한 땅에 대한 이해가 더 자연스럽고 더 과학적이기도 하다. 왜냐하면 우리는 죽을 때 어느 누구도 땅을 가지고 갈 수 없기 때문이다. 그런데 이러한 관점을 전복시키고 개인의 땅 소유를 인정하는 반자연적인 법이 등장하여 바로 인류가 갖은 비극과 참상을 겪게 되었다고 말한다면 지나친 주장일까? 개인만이 문제가 아니다. 땅을 소유할 수 있는 모든 주체, 즉 가문, 종족, 법인, 계급, 국가 모두에게 적용된다. 인류의 전쟁사는 결국 땅 뺏기 놀이였다. 즐거운 놀이가 아닌 피 흘리는 놀이 말이다. 국회의 인사청문회 때마다 총리, 장차관 지명자들이 나와서 위장전입과 투기, 다운 계약서 등에 대해 땀 뻘뻘 흘리며 말도 안 되는 변명을 늘어놓는 이유도 모두 인간의 땅에 대한 권리를 임시적인 관리자가 아니라 영구적인 소유가 가능하도록 허락했기 때문이다.

희년, 즉 은총의 해는 모든 것이 창조주가 최초에 허락했던 원래의 질서로 되돌아가는 해방의 시간이다. 사람은 사회를 이루며 살아가면서 여러 가지 제도를 만들어 질서를 세워 나간다. 이 질서는 본래 선량한 사람들을 보호하기 위한 것이지만, 다른 한편으로는 속박이 되기도 한다. 처음 의도와는 달리 결국에는 권력을 지닌 통치자와 부자들을 위해 민중을 억압하는 도구가 되는 것이다. 이렇게 하여 사람을 묶어 놓고, 눈멀게 하고, 억압한다. 구약성서에 나오는 희년 사상은 이러한 인간 사회에 의한 억압적인 제도를 오십 년에 한 번씩 완전히 소멸시키고 원래의 창조질서로 되돌리자는 급진적 사상이다. 예수가 선포한 하늘나라는 이러한 족쇄들로부터 해방되고 자유로워지는 세상이다. 예수가 고향의 회당에서 읽은 선언문의 내용만으로는 믿지 못하겠거든 예수를 잉태한 후 마리아가 불렀던 노랫말을 되새겨 보라.

주님은 전능하신 팔을 펼치시어

마음이 교만한 자를 흩으셨습니다.

권세 있는 자들을 그 자리에서 내치시고

보잘 것 없는 이들을 높이셨으며

배고픈 사람은 좋은 것으로 배불리시고

부요한 사람은 빈손으로 돌려 보내셨습니다(루가 1장).

여기에 "어떤 종교를 믿어야 하는지, 신앙이 얼마나 독실한지, 헌금을 얼마나 잘 내야 하는지"는 전혀 나오지 않는다. 그런 것은 조금도 중요하지 않다. 각자가 처한 상황, 그것도 주로 사회-경제적 상황에 의하여 주님의 복을 받는지, 혹은 아닌지 판단되는 것이다. 그러나 대부분의 교회에서 강조하는 신앙 내용은 예수를 잘 믿고 천당 가는 것 그리고 그 전에 이 세상에서 만사에 형통하고 건강의 축복을 받는 것이다. 하지만 그러한 내용은 예수의 가르침에서 거의 찾아보기 어렵다. 이 시대의 교회와 성직자들이 예수의 본래 가르침을 얼마나 왜곡하고 있는지 놀라울 따름이다. 실상 성직자만의 잘못도 아니다. 많은 한국교회에서는 영향력 있는 평신도들이 성직자들에게 유형무형의 압박을 가하여 예수가 선포한 하늘나라의 사회적 의미를 말하지 못하게 만든다. 은혜로운 말씀만 해달라고 정중하게 요청하는데, 사실은 은근하거나 노골적인 협박이다. 그들은 목회자에게 월급을 주는 위치에 있으며 심한 경우에는 말 안 듣는 목회자를 쫓아낼 수도 있기 때문이다.

그렇게 하여 예수의 가르침과 예수의 십자가 사건의 본래 의미와 전혀 동떨어진 내용이 매주일 교회에서 선포되고 있다. 다 예수에 관한 거짓 교설이다. 이러한 거짓 교설이 활개를 치고 있는 것이 오늘날 한국교회의 현실이다. 아마도 이들은 이 시대에 예수가 온다면 예수를 잡아들여 처형할 무리들이다. 내친 김에 간디가 이 구절대로라면 자신도 힌두교도이며 동시에 기독교도가 기꺼이 되겠노라고 말할 수 있게 한 예수의 가르침 한 대목만 더 예를 들어보자.

마음이 가난한 자는 행복하다.

하늘나라가 그들의 것이다.

슬퍼하는 자는 행복하다.

그들은 위로를 받을 것이다.

온유한 사람은 행복하다.

그들은 땅을 차지할 것이다.

옳은 일에 주리고 목마른 사람은 행복하다.

그들은 만족할 것이다.

자비를 베푸는 사람은 행복하다.

그들은 자비를 입을 것이다.

마음이 깨끗한 사람은 행복하다.

그들은 하느님을 뵙게 될 것이다.

평화를 위하여 일하는 사람은 행복하다.

그들은 하느님의 아들이 될 것이다.

옳은 일을 하다가 박해를 받는 사람은 행복하다.

하늘나라가 그들의 것이다(마태 5장).

그리스도교 신자가 아니더라도 잘 아는 성서의 구절이다. 강조하건대 역시 어떤 특정 종교에 충성을 다하라는 내용도 없고, 어떠한 교회만을 위해 모든 것을 바치라는 내용과도 거리가 멀다. 누구의 가르침인가? 바로 예수의 가르침이다. 이는 존 레넌이 노래한 아름다운 세상과 크게 다르지 않다. 존 레넌의 노래에서 '종교 없는 세상'의 종교는 다만 도그마로서의 종교, 즉 종교 이데올로기만을 강요하는 편협한 종교이다. 그것은 궁극적으로 거짓 종교이다. 예수 역시 종교를 위한 편협한 종교, 거짓 종교를 뒤엎었다. 그래서 당시의 종교 지도자들에게 신성 모독의 죄를 쓰고 십자가형을 받았다.

예수가 종교적인 인물이 아니었다고 보는 신학자들도 다수 있다. 종교란 어찌 보면 상당 부분 수사학적 표현에 크게 의존하는 행위이다. "길에서 부처를 만나면 부처를 죽여라"는 불교의 화두는 불교적인가 반불교적인가? 이 화두는 너무 유명해서 오해할 사람은 없지만, 실제 신앙의 세계에서는 내공이 깊은 선각자의 종교적 언행이, 그렇지 않은 자들에게 오해받는 경우가 수없이 많다. 예수의 언행은 기득권을 가진 제도적 종교인의 입장에서 보면 반종교적일 수 있지만 순수한 추종자의 관점에서 보면 완전한 종교적 인물, 즉 하느님의 아들로 여겨질 수 있다. 나는 예수가 종교적 인물이었느냐, 아니냐가 중요한 것이 아니라, 그가 꿈꾸고 설파했던 세상이 어떤 세상인가가 더욱 중요하다고 생각한다.

3. 결론

현대 우주론 분야에서 천체물리학자로서, 생물학계의 도킨스에 필적하는 명성을 지닌 스티븐 호킹은 과학의 역사는 인간이 우주 안에서 중심적인 위치에 있지 못하다는 것을 발견해 온 과정이라고 말했다. 코페르니쿠스는 지구가 천체의 중심이 아닌 것을 발견했고, 이후 은하와 은하단 등 거대 우주 규모를 발견하면서 정말로 우리는 쓸쓸한 우주의 한 변두리에서 살고 있음이 밝혀졌다. 다윈의 진화론은 인간의 위치를 만물의 영장이라는 위치에서 생태계의 한 변두리로 밀어 내었다. 그런데 오늘날 빅뱅 우주론에서는 중심과 변두리가 따로 없다. 150억 년 전에 한 점에서 거대한 폭발로 시작된 우주는 어느 지점이든지 중심이며 동시에 변두리이다. 마치 풍선 위의 한 점이 풍선의 표면에 대해서 어떤 특별한 위치를 지니지 않듯이 말이다. 우리는 우주의 중심에 서 있으며 동시에 가장 끝자락에 서 있다.

서구 사람들은 우리를 변두리로 취급한다. 우린 그냥 아시아가 아니라 '파 이스트 아시아'이다. 그들의 눈에 우리는 '오리엔탈리즘'의 대상인 아시아에서도 또 한참 떨어진 멀고 먼 변두리 아시아인 것이다. 실은 서구 사람 말할 것도 없다. 우리 이웃인 중국도 자신들을 세계의 중심인 중화라고, 우리를 동쪽 오랑캐라고 일컫지 않았는가? 우린 그들에게 국호를 얻어왔고 옥새를 새겨왔다. 우린 세계 역사에서 변두리로 살아왔다. 월드컵 때 축구를 전혀 모르던 늙은 아낙네들까지 포함하여 온 겨레가 그토록 열광한 것은 우리 변두리

출신들이 처음으로 세계의 중심에 한번 서보았다는 감격 때문이리라! 다음에는 축구 아닌 다른 것으로 세계의 중심에 서보고 싶다. 예컨대 생명-평화사상 같은 것으로 말이다.

성서는 이러한 변두리 사람들의 이야기이다. 성서에서 역사적으로 확인 가능한 가장 오래된 이야기는 출애굽 사건이다. 여기에 나오는 히브리 백성들은 제국의 변두리에 속한 노예 신세였다. 어떤 학자는 히브리 사람들을 종족의 개념으로 보지 않고 포로, 몰락한 농민, 용병, 노예, 난민 등 고대국가에서의 하층계급, 즉 사회적 집단으로 보았다. 어쨌든 보잘것없는 이들이 당대의 중심에 서있던 이집트의 통치자 파라오와 대적했고, 마침내 그들은 파라오의 병거와 기병의 추격을 극적으로 뿌리치고 새 삶을 펼칠 보금자리를 얻었다. 예수를 따르던 무리들은 어떠했는가? 그들 역시 별 볼일 없던 갈릴래아의 촌놈들이었다. 그런데 이들이 사고를 쳤다. 세계 최강의 창검으로 이룬 팍스로마나^{Pax Romana}의 심장부에 들어가 엉뚱하게도 사랑을 외쳤던 것이다. 남의 것을 빼앗기 잘하는 힘센 놈이 최고수가 되는 게임의 법칙에서 남에게 내어주는 나눔과 희생이 그보다 한수 위임을 보여주었던 것이다.

예수의 삶 자체가 바로 나눔이었다. 그는 가난한 이들과 말씀을 나누었고, 빵을 나누었다. 민중들과 함께 하느님 나라의 소망을 나누었고, 고통도 함께 나누었다. 그러다가 마침내 자신의 몸과 피를 나누기까지 하였다. 그리스도는 나눔으로써 부활하신 것이었다. 나눔은 생명이었다. 가진 자의 것을 빼앗아 나누어 주는 것이 아니라, 없는 자들이 먼저 자발적으로 나눔으로써 승리하는 길을 성서는 제시해 주고 있다는 것을 깨달았다.

　오늘날 우리는 장밋빛 미래에 대한 환상보다는 종말론적 징후를 보여주는 어두운 그림자가 지구를 덮쳐 오고 있음을 예감한다. 지구 온난화로 인한 기후 격변은 지구 생명 전체에게 대재앙을 몰고 올지 모른다는 위기를 느끼게 한다. 생명을 보듬어야 할 때이다. 과거의 나눔이 인간과 인간 사이의 문제였다면, 보다 다양한 형태와 구조 속에서 수많은 뭇 생명들의 신음소리가 들리는 지금은 인간과 생태계 사이의 나눔으로 확장해야 할 때이다. 우주적 사건으로 출현한 생명이 절체절명의 위기를 맞고 있다. 우주 안의 모든 존재가 서로 연결되어 있으며, 모든 생명이 서로 의존하고 있음을 몸으로 느끼고 실천하는 영성을 보듬어야 할 때이다. 평화의 씨앗을 뿌리고 가꾸어야 할 때이다. 나눔과 생명과 평화! 성서에 나타난 예수의 삶이 여전히 이 과학의 시대에 우리가 어떻게 생명의 길을 찾아가야 할지를 알려주는 나침판이라고 믿어 의심치 않는다. 예수의 삶은 이제 우주론적 지평으로 확장될 것을 요구하고 있다. 만일 존 레넌이 지금 우리와 함께 있다면 위기에 처한 지구 생명을 노래하지 않을까 상상해본다.

아인슈타인은 신을 믿었는가?

　도킨스는 『만들어진 신』의 첫 장인 '대단히 종교적인 불신자'에서 종교의 범위를 초자연적 신을 믿는 경우로만 국한하려 시도한다. 그는 학생이었던 시절에 학교에서 만난 교목 선생님의 이야기를 소개한다. 그 선생님은 어릴 적에 자연 속에서 겪은 황홀경의 체험을 종교적으로 해석하여 성공회 사제가 되었다고 한다. 그러나 도킨스는 이러한 자연에서 받은 신비한 감동이 반드시 종교적인 경험으로 간주할 이유는 하등 없다고 주장한다. 그는 칼 세이건이 품었던 희망, 즉 현대 과학이 밝혀낸 우주의 장엄함을 통해 느낄 수 있는 새로운 차원의 존경과 경이를 언급한다. 그는 이러한 경험을 종교적 범주에 포함시키지 말아야 한다고 주장한다.

1. 아인슈타인의 종교

아인슈타인은 우주의 물리적 본성을 설명하면서 '신'이라는 단어를 종종 사용했다. 그가 원자핵 주위를 회전하는 전자들이 특정한 위치에서의 존재 여부가 확률적 개연성에 의존한다는 양자역학의 결론을 거부하면서 "신은 주사위 놀이를 하지 않는다"라고 한 말은 유명하다. 아인슈타인은 종교에 대한 질문을 받고 그의 생각을 이렇게 요약했다. "경험할 수 있는 무언가의 배후에 우리 마음이 파악할 수 없는 무언가가 있으며, 그 아름다움과 숭고함이 오직 간접적으로만 그리고 희미하게만 우리에게 도달한다고 느낄 때, 그것이 바로 종교다. 그런 의미에서 나는 종교적이다." 도킨스는 아인슈타인의 이러한 말이 일반인들에게 오해를 불러일으켰다고 주장하면서, 그 오해는 파괴적이라고 말한다. 아인슈타인의 신은 비유적인 또는 범신론적 신으로서, 성서에 나오는 그리고 사제와 이맘과 랍비가 말하는 신 즉, 인간사에 간섭하고 기적을 일으키고 우리의 생각을 읽고 죄를 벌하고 기도에 답하는 신과 아득히 멀다고 주장한다. 둘을 혼동시키는 것은 지적인 반역행위라고 강조한다(35쪽). 도킨스는 아인슈타인의 다른 말을 인용하여 그가 말하는 신이 결코 기성 종교의 초자연적 신과 혼동되어서는 안 된다고 지적한다.

나는 지극히 종교적인 불신자다. 이것은 다소 새로운 종류의 종교다. 나는 자연에 목적이나 목표 혹은 의인화라고 이해될 만한 것을 전혀 갖다 붙인 적이 없다. 우리는 자연을 매우 불완전하게만 이해할 수 있고, 이는 생각하는 인간이 겸손으로 채워야 하는 장엄한 구조다. 그것은 신비주의와는 아무런 관련이 없는, 진정으로 종교적인 감정이다. 인격신이라는 개념은 내게 아주 이질적이며 심지어 소박하게까지 보인다(29쪽).

아인슈타인 이외에도 스티븐 호킹 그리고 폴 데이비스와 같은 물리학자들이 사용한 신이라는 단어는 위대한 과학자들이 자신들의 편이기를 바라는 종교인들이 오해를 불러 왔다고 지적한다. 이런 경우는 결코 종교적인 범주에 포함시키지 말아야 한다고 주장한다. 우주 혹은 자연을 통해 느끼는 인간의 황홀경을 종교적 경험과 동일시해서는 안 된다는 것이다. 즉 종교적 체험이란 초자연적이고 인격적인 신과 관련된 경험에만 한정되어야 하고, 현대 과학에 힘입어 새롭게 접하게 된 자연과 우주의 경이로운 감정은 종교적 경험이 아니라는 것이다. 도킨스는 자신이 망상이라고 부르는 것은 오직 '초자연적인 신'만을 대상으로 국한한다고 밝히면서, "과학자들과 합리주의자들도 흔히 자연과 우주를 접할 때 신비적이라고 할 만한 감정을 경험하는데, 그것은 초자연적인 믿음과 아무런 관계도 없다"라고 잘라 말한다.

하지만 이렇게 단언할 수 있는 근거는 무엇인가? 자연과 우주를 통한 신비 체험과 초자연적 믿음과 아무런 상관이 없다는 그의 주장은 '초자연적 믿음'이라는 개념을 스스로 고리타분하고 멍청한 신념체계라고 규정했기 때문이다. 윌리엄 제임스^{William James}는 오래전 영국 에딘버러 대학의 기포드 강연에서 종교적 삶의 특성에서 나타나는 신념들을 이렇게 요약했다.

첫째, 보이는 세계는 영적인 우주의 일부에 불과하다. 보이는 세계는 이 영적인 우주로부터 자신의 의미를 부여 받는다. 둘째, 우리의 진정한 목적은 더 높은 우주와의 연합이나 조화에 있다. 셋째, 영적인 존재

―그 영이 '신'이든 '법칙'이든 간에―와의 내적 연합이나 기도는 실제로 무엇인가가 이루어지며, 영적인 에너지가 흘러들어 오거나 이 에너지가 현상적인 세계 내에서 심리학적이거나 물질적인 결과들을 창출해 내는 과정이다. 넷째, 선물과 같이 삶에 부여되면서 영웅적인 인간이 되라는 호소나 서정적인 매혹의 형태를 취하는 새로운 열정, 다섯째, 안정과 평안에 대한 확신 그리고 타자에 대해서는 사랑하는 마음을 갖게 되는 것이다.[1]

이와 같이 종교적 신념의 특성에 대한 제임스의 정의에 따르면 아인슈타인이 우주를 탐구하면서 느낀 감정과, 그가 사용한 '신'이라는 단어는 당연히 종교적인 범주에 포함되어야 마땅하다.

20세기 종교학의 거장이었던 미르체아 엘리야데는 인간의 본질을 '호모 렐리기오수스Homo religiosus'로 정의하고 성스러움과의 관계 속에서 의미를 찾는 존재로 보았다. 인간에게 성스러운 실재와의 만남이 그 어떤 경험보다도 가장 강렬하고 본질적인 경험으로서 삶의 의미와 역동성을 부여하는 근원적인 원동력이라는 것이다.

루돌프 오토Rudolf Otto는 종교현상의 본질을 초월적인 성스러움 numinous에 대한 경험이라고 『성스러움의 의미』(*The Idea of Holy*)에서 기술하고 있다.

여기서 잠깐 종교에 관한 어원적 의미를 살펴보자. 서양에서 종교religion라는 말은 라틴어 릴리기오religio에서 기원했다. 이 단어에

---

1 윌리엄 제임스/김성미·정지련 옮김, 『종교체험의 여러 모습들: 인간 본성에 관한 연구』(서울: 대한기독교서회, 1997), 507-508.

대한 해석은 여러 가지가 있는데, 로마 공화정 시대의 정치가이자 웅변가인 키케로(Cicero, BC 106~43)는 '다시 읽는다^{Relegere}'는 의미로 풀이했다. 종교의례 때 신들에 관한 이야기를 반복해서 읽는데서 종교란 말이 생겼다는 해석이다. 그리스도교 호교론자인 락탄시우스(Lactantius, 250~325)는 이 단어가 '다시 묶는다 혹은, 재결합시킨다^{religio}'는 의미를 지닌다고 설명했다. 하느님과 인간의 관계가 죄로 말미암아 끊어졌다가 그리스도의 속죄를 통해 다시 이어졌다는 의미도 있고, 교회에 속한 백성들이 다시 모여 회중을 이룬다는 의미가 있다는 해석이다. 히포의 어거스틴(Augustine, 354~430)은 이를 '다시 뽑는다$^{re-eligere}$'는 의미가 있다고 가르쳤다. 하느님께서 원래 선민으로 이스라엘을 선택했으나 보다 보편적인 구원의 사역을 위해 이스라엘 백성 대신에 교회에 모인 백성들을 다시 선택했다는 해석이다. 이러한 해석을 종합해보면 라틴어의 종교라는 말에 담긴 뜻은 '믿음의 백성들이 함께 모여서 경전을 되풀이하여 읽는 행위'라고 정리할 수 있다. 한편 우리가 사용하는 한자어 '종교宗教'의 문자적 의미는 '마루 종宗', '가르칠 교教' 즉, '높은 마루에 걸려있는 가르침' 혹은, '모든 사람이 보고 따를 진리'라는 의미가 내포되어 있다. 본디 부처님의 지극히 높으신 가르침을 가리키는 불교 용어였는데 일본 학자들이 유럽 학문을 받아들일 때에 '릴리전^{religion}'이란 단어에 정확히 상응하는 한자어가 없기에 불교용어에서 찾아내어 '종교'라고 번역했다고 알려진다.

이렇게 볼 때 한자어 종교에는 라틴어에 담긴 중요한 개념이 '반복, 재결합' 등의 의미가 탈락되어 있음을 알 수 있다. 절대자에 대한 어떤 성스러움의 경험이나 교훈을 사람들이 모여서 다시 배우고, 기념하고, 결단한다는 본래적 의미가 포함되어 있지 않은 것이다. 이는 회중의 집단적인 기념 행위를 강조하는 서양 종교와 달리 개별 존재의 해탈에 관심을 두었던 불교와 같은 동양 종교의 특성에 기인한다고 볼 수도 있겠다. 아무튼 종교적 경험이라 말할 때 그 의미의 범주는 동·서양 종교의 특성 모두를 포함하는 것이다. 여기에는 유일신론과 다신론, 인격신과 범신론 혹은 이신론 모두를 망라한다.

다시 본래의 주제로 돌아오자. 아인슈타인의 신은 눈에 보이는 물리적 현상 너머에 있는 우주를 관통하여 지배하는 일관성 있고 합리적인 이성 내지는 법칙과 같은 것이었다. 그가 가시적인 현상에 집착했다면 결코 상대성 원리를 발견해내지 못했을 것이다. 그는 사고 실험을 통해 우리가 당연하다고 생각하는 물리적 법칙이 허구임을 밝혀내고 진실한 우주의 모습을 보여주었다. 예컨대 빛과 공간이 중력에 의해 휜다는 일반상대성 원리는, 중력과 가속도가 그 효과에 있어서 전혀 다를 바가 없다는 냉철한 사고 실험을 통해 추론될 수 있었다. 이는 아인슈타인이 가시적인 현상과 상식적인 직관에 얽매이지 않고, 자유로운 이성의 힘에만 의지하여 저 너머에 감춰진 우주의 본래 모습을 찾아 나섰기에 발견할 수 있었던 진리였다. 그는 이것을 신이라고 불렀다. 비록 그 신이 인격신이 아닐지라도 종교의 범주는 인격신앙보다 훨씬 넓기에 아인슈타인의 신을 향한 정열과 열망은 충분히 종교적이라 말할 수 있다.

대개 물리학자들은 우주의 놀랍고도 합리적인 질서를 보면서 깊게 감동받는다. 그들이 이러한 우주의 특성을 관찰하면서, 그 배후에 이 심오하고도 지성적 질서와 아름다운 구조를 가진 세계를 창조한 '어떤 신성한 마음^{a divine Mind}'이 존재하고 있는 것은 아닐까 하고 질문해 보는 것은 자연스런 일이다. 또한 우리가 지금까지 알고 있는 한도 내에서, 비록 생명체가 이 우주에 출현한 것은 빅뱅 이후 100억 년이란 긴 시간이 흐른 뒤지만, 혹시 빅뱅 그 순간부터 이 우주는 이미 생명이 존재할 수 있도록 여러 가지 조건을 담지하고 있었던 것은 아닐까 생각해 볼 수도 있다. 이는 우주에 탄소를 주요 성분으로 한 생명체^{carbon-based life}가 출현하기 위해서는 어떤 식으로든 자연세계의 물리법칙들이 매우 정밀하게 조정^{finely tuned}되어야 하는 것이 필수불가결하며 그리고 과학자들이 살펴본 바로는 우주의 물리법칙들은 놀라우리만치 이러한 조건에 부합되고 있다는 사실 때문이다. 만일 중력과 전자기력 간의 강도의 균형이 지금의 그것에 비해 아주 미세한 정도라도 달랐더라면, 태양과 같은 별들이 빛을 발산할 수 없을 정도로 너무 약하거나, 또는 너무 격렬히 타버림으로써 생명체가 탄생할 만큼의 시간을 허용하지 않았을 것이다. 마찬가지로 만일 원자물리학의 법칙이 지금의 그것보다 아주 미세한 수치라도 달랐더라면, 생명체를 구성하는데 필수적인 탄소를 비롯해서 다른 여러 가지 화학원소들이 별들의 내부에 존재하는 용광로에서 형성되지 못했을 것이다.[2]

---

2 50억 년의 역사를 가진 태양은 그 내부에서 일어나는 수소가 헬륨으로 바뀌는 핵융합 반응을 통해 에너지를 지구로 보내고 있다. 이러한 핵융합 반응 시스템을 조절하는 두 가지 주요

모든 과학자들이 소위 '인류원리$^{anthropic\ principle}$'라 일컫는 이와 같은 과학적 통찰에 대해 동의하고 있다. 하지만 그들은 이 놀라운 우연 일치들이 무엇을 함축하고 있는가에 대해서는 서로 다른 의견을 보이고 있다. 이렇듯 정교하게 조율된 질서를 바라보면서 우리는 우연한 행운의 표시로 해석하는 것이 옳은가? 즉, 우리 우주가 다른 자연법칙들과 물리적 힘들로 존재 가능한 무수한 우주들 가운데 단지 하나의 실현 가능한 우주로 받아들일 것인가? 물론 그렇게 받아들이는 과학자들도 많이 있다. 이러한 해석은 도킨스가 우주론에 있어서도 다윈의 자연선택을 적용하여 받아들이는 방식이다.

그러나 우리는 보다 경제적인 해석을 선호할 수도 있다. 우리가 현실로 경험하고 있는 이 우주는 그저 법칙들의 우연한 일치 때문에 존속되고 있는 하나의 오래된 우주가 아니라, 창조주에 의해 창조되었기 때문에 이러한 방식으로 존속될 수 있다고 생각할 수도

요소는 중력과 전자기력이다. 중력으로 인한 압력과 열은 핵융합 반응을 촉진시키고, 반면 원자핵 (+) 과 전자 (-) 사이의 전자기적 반발력은 핵융합 반응을 저지시킨다. 이 두 가지 힘의 세기는 우리 우주의 탄생과 더불어 본래부터 주어진 상수로 표현되는데, 지금과 같은 세기가 아니었다면 핵융합 반응이 짧은 시간 내에 급격히 진행되었거나 반대로 일어나지 않았을 것이다. 그런데 지금 우리 우주는 이 두 힘의 절묘한 균형으로 태양은 50억 년이라는 오랜 기간 동안 천천히 타오를 수 있었다. 이 기간은 또한 우리 지구 위에서 생물 및 인간이 출현하는데 필요한 시간이기도 하다. 그 외에도 원자핵 내의 입자들의 결합을 지배하는 약한 핵력 및 강력 등 네 가지 근본적인 힘의 수치가 극도로 미세한 만큼이라도 달랐더라면 우리의 우주는 이미 사라져 버렸거나 전혀 다른 방식으로 존재할 것이다. 그리고 그러한 다른 방식의 우주들을 예를 들자면, 수소와 헬륨 원자들만 존재하는 우주, 또는 원자가 형성되기 이전의 상태인 쿼크들만 존재하는 우주, 아니면 보다 원초적인 상태로서 빛과 에너지 복사들만 떠도는 우주 등 무수한 예를 들 수 있다. 중요한 점은 이러한 방식의 우주에서 여전히 생명과 인간이 존재할 가능성을 상상한다는 것은 공상과학 소설가들에게조차 설득력을 갖기 어려울 것이다. 이러한 우리 우주의 기본적 물리 조건을 인간이 출현하기 위한 필연성과 연결시켜 생각하는 것이 소위 '인류원리'(Anthropic Principle)라는 통찰이다(역자 주).

있는 것이다. 창조주께서 이 우주가 이토록 결실 있는 역사를 이룰 수 있도록 그에 따른 알맞은 법칙들과 조건들을 부여하신 것으로 보는 관점은 우리에게 우주 안에 생명을 지닌 존재로서 일치감과 평안, 감사와 관용의 선물을 가져다준다.

2. 신학은 정체된 학문인가?

도킨스는 신학이 무용지물이라고 주장하며 한 일화를 소개한다. "나는 예전 옥스퍼드 대학교의 학장이 한 말을 떠올릴 때마다 지금도 즐거워진다. 한 젊은 신학자가 연구원 장학금을 신청했는데, 기독교 신학에 관한 그의 박사 학위 주제가 학장을 자극했다. '나는 그것이 학위 주제인지조차 의심스럽네'"(90쪽). 도킨스는 "신이라는 단어가 무용지물이 되지 않으려면 사람들이 일반적으로 이해하는 방식으로 사용해야 한다. 즉 우리가 숭배하기에 적합한 초자연적 창조자를 지칭하는데 사용해야 한다"는 와인버그의 말을 인용하면서, 과학자들이 신이라는 단어를 사용했더라도 종교에서 말하는 신으로 오해해서는 안 된다고 주장한다. 좀 더 긴 와인버그의 문장을 살펴보자.

일부 사람들은 신에 대해 아주 폭넓고 유연한 견해를 가지고 있어서 어디에서든 신을 발견한다. 우리는 '신은 궁극자다', '신은 우리의 더 나은 본성이다', '신은 우주다'라는 말을 종종 듣는다. 물론 다른 모든 단어들과 마찬가지로 신이라는 단어에도 우리가 원하는 어떤 의미든 갖다 붙일 수 있다. '신은 에너지다'라고 말하기를 원한다면, 당신은 석탄 더미에서 신을 발견할 수 있다(25쪽).

일부 자연과학자들은 과학이 발전되어 온 것을 잘 알면서 신학 역시 발전해 온 것을 잘 모르는 것 같다. 아니면 신학은 그들이 단지 저 옛날 고대 유대교의 신화에나 나오는 성질 고약한 할아버지쯤으로 여기는 '늙은 신'에 국한해서만 탐구하기를 바라는 것일까? 일부 과학자들의 희망과는 달리 신이라는 대상을 넓혀 온 신학자 중에 폴 틸리히라는 사람이 있는데, 그는 신을 표현하기를 '궁극적 실재 ultimate reality'라고 표현했다. 그리고 대상에 대한 인간의 참을 수 없는 지향을 '궁극적 관심ultimate concern'이라고 했다. 우리가 자신의 귀한 것을 바쳐 추구하는 대상이 있다면 그것은 곧 종교적 영역에 포함될 수 있다는 말이다. 신학자 김경재는 "궁극적 실재에 대한 불교와 기독교의 유형론적 비교"라는 논문에서 폴 틸리히에게 있어 하느님은 비존재nonbeing를 무한히 극복하시는 '존재자체being itself'로서 '존재의 기반the ground of being'이자 '존재의 능력the power of being'이라고 설명한다.

틸리히에 있어서 신은 '하나의 최고 존재'도 아니며, 본질과 실존 사이 또는 가능태와 현실태 사이에서 긴장하거나 유동하는 그런 존재가 아니다. 틸리히가 말하는 궁극적 실재는 '존재자체'로서의 하느님인데, 그 하느님은 논리적으로나 존재론적으로 '비존재nonbeing'보다 더 근원적이라고 사유했다는 것이다. 모든 존재하는 것들은 유한성과 우연성으로 한정되기 때문에 '비존재의 충격'을 벗어날 수 없다. 오직 존재 자체이신 하느님만이 시간, 공간, 인과율에 매이거나 비존재의 충격을 받지 않는다.

좀 더 쉬운 말로 설명하자면 신은 실존주의 철학에서 밝혀낸 허무와 비존재의 두려움을 극복하는 영원하고 무한한 존재 자체이다. 오늘날 현대 신학자들이 신을 말할 때 저 옛날의 구약성서에 묘사되는 방식으로 표현하지 않는다. 왜냐하면 신에 대한 인간의 생각도 발전했기 때문이다. 물리학에서 원자에 대한 이해가 역사적으로 발전하였듯이 말이다.

과학의 역사를 통시적으로 살펴볼 때에 과학적 탐구가 물리 세계의 실재reality에 누적적이고 점진적으로, 근사치에서 보다 정밀한 수치로 묘사할 수 있도록 발전해 왔다는 사실은 과학철학에서 '비판적 실재주의'의 관점을 지지한다. 오늘날 대다수의 과학철학자가 지지하는 비판적 실재주의의 관점은 과학이 우리에게 실재 그대로를 보여주는 행위가 아니라 해석된 실재를 말해주는 작업이라는 것이다. 어떤 이론에서 지금 유용하게 사용하는 용어와 개념과 모델들은 앞으로 수정될 수 있다는 점을 인식해야 한다는 것이다. 그렇다고 해서 과학 이론의 유용성이 도구주의나 상대주의에서 말하는 것처럼 이론과 실재와 근본적인 연관성에 대해 회의를 품는 것을 지지하지 않는다.

과학의 역사와 마찬가지로 신학에 있어서도 비판적 실재주의가 적용된다. 과학에서의 비판적 실재주의를 신학에 적용할 때 우리가 진리의 커튼을 열어젖히는 감동을 영국의 물리학자이자 신학자인 존 폴킹혼^{John Polkinghorne}은 버나드 로너간^{Bernard Lonergan}의 말을 빌려 이렇게 표현했다. "하느님은 무한한 이해의 활동, 모든 아르키메데스의 후예들이 유레카를 외칠 때마다 언뜻언뜻 드러나는 영원한 광휘이다." 과학과 종교의 다리를 놓는데 유용한 관점을 제공하는 비판적 실재주의에 대한 자세히 검토는 2부에 실린 논문, "과학과 신학의 비판적 실재주의"에서 찾아볼 수 있다.

우리는 신 혹은 궁극적 실재에 대한 이해에 있어서 인종적이고 문화적인 한계가 깃든 단편적인 이해로부터 보다 보편적이고 포괄적인 이해로 진보되어왔다. 20세기의 신학자들의 작업은 제1, 2차 세계대전이라는 비극을 겪은 뒤에 깨달은 인간의 죄성과 허무주의, 여성과 비서구 세계에 대한 차별적 시각을 비롯한 여러 가지 형태의 소수자 및 약자에 대한 편견, 사회경제학적 착취의 제도로 인한 구조적인 민중의 고통, 모더니즘의 한계 등 현대 사회가 직면한 근본적이고 본질적인 질문에 대응한 적실한 인문학적인 응답의 과정이었다. 신정통주의 신학과 실존주의 신학, 홀로코스트 신학, 하느님의 선교신학, 문화신학, 여성신학, 해방신학과 민중신학, 탈식민주의신학과 포스트모던 신학, 생태학적 신학 등이 바로 그것들이다. 파라오 압제 하에서 신음하는 히브리 백성들의 아우성 소리를 듣고 야훼가 해방의 메시지를 보내어 응답했듯이 오늘날의 신학도 현재를 살아가는 인간들이 허무와 고통과 좌절에 대하여 삶의 의미와 위안과 희망의 메시지를 찾고자 부단히 노력해 왔다. 도킨스는 지난 1800년 동안 신학은 발전이 없었다고 말했지만, 모든 신학자들이 공연히 밥만 축내는 자들만은 아니다.

3. 신비 체험이 가져다주는 선물

종교적 신비체험의 가장 보편적인 특징은 초월을 경험한다는 것이다. 루돌프 오토가 말한 "신비스러운 경외mysterium tremendum"의 경험의 대상은 반드시 도킨스가 말하는 고대 신화에 등장하는 초자연적 신이라는 좁은 맥락의 종교적 체험 안에 국한되지 않는다. 그러한 신비로운 성스러움을 불러일으키는 대상은 일반적으로는 일상의 언어로 표현되기 어려운 그 무엇이지만, 그와 반대로 때로는 광대한 우주가 될 수도 있고, 우주에서 바라본 지구의 모습일 수도 있고, 심지어는 길가에 난 풀 한 포기가 바람에 흔들리는 모습일 수도 있다.

시인 김지하는 1970년대 중반 박정희 독재 정권 시절 민주화 운동을 하다가 체포되어 수감되었다. 그는 감옥에서 야만적인 혹독한 탄압을 받으면서도 처음 몇 년간은 그런대로 자족하며 평온한 마음으로 감옥생활을 하였다. 그러던 어느 날 갑자기 사방의 벽면이 조여 오고 천장이 내려오는 느낌이 들기 시작하면서 참을 수 없는 극심한 고통에 시달리게 되었다. 소위 벽면증이라고 하는 정신 장애로서 사방이 옥죄어 오는 느낌에 가슴이 답답하고 소리 치고 싶고 벽에 부딪히고 싶은 충동과 이를 악물고 싸워야 했다. 김지하는 벽면중의 고통에서 벗어날 수 있었던 체험을 그의 책 『생명학』에서 이렇게 고백한다.

어느 봄날이었는데, 쇠창살 틈으로 하얀 민들레 꽃씨가 감방 안에 가득히 날아 들어와 반짝거리며 하늘하늘 날아다녔습니다. 참 아름다웠어요. 그리고 쇠창살과 시멘트 받침 사이의 틈, 빗발에 패인 작은 홈에 흙먼지가 날아와 쌓이고 또 거기 풀씨가 날아와 앉아서 빗물을 빨아들이며 햇빛을 받아 봄날에 싹이 터서 파랗게 자라 오르는 것, 바로 그것을 보았습니다. 개가죽나무라는 풀이었어요. 그것을 발견한 날, 웅크린 채 소리 죽여 얼마나 울었던지! 뚜렷한 이유도 없었어요. 그거 '생명'이라는 말 한마디가 그렇게 신선하게, 그렇게 눈부시게 내 마음을 파고들었습니다. 한없는 감동과 이상한 희열 속으로 나를 몰아넣었던 것입니다(61쪽).

동학의 창시자인 수운 최제우 선생은 19세기 말 조선 반도가 일본 제국주의의 야욕에 무참히 짓밟히던 시기에 전국을 유랑하며 민중들의 극심한 고통을 몸소 살펴본 후에 금강산에 들어가 도를 닦던 중, 신성하고 지극한 기의 내림을 체험하고 산에서 내려와 중생 구제에 나선다. 『한국생명 사상의 뿌리』라는 책에는 오늘날 천도교 수련자들이 경험하는 기 체험의 고백을 싣고 있는데, 이는 신비 체험의 종교적 특성을 잘 묘사하고 있다.

사례 1: 표현하기 힘들어요. 뭐라고 말할 수는 없지만 닫혔던 것이 순간적으로 열렸다가 다시 닫히는 것 같았어요. 그러곤 마음이 기쁘고 몸이 떨리고 세상이 환해지고 모든 사물이 살아서 생동하는 것 같고 온통 기쁨으로 충만해 있는 것 같았어요. 비가 조금 내리고 있었는데 밖에 나가 보니 마당에 있는 호박꽃이 얼마나 아름다운지 호박꽃이 그렇게 아름답다는 건 처음 느꼈어요. 그리고 모든 것들이 그저 있는 것이 아니고 뜻이 담겨져 있는 것 같아요.

사례 8: 얼마 후에 몸이 심하게 움직이면서 심한 진동이 왔습니다. 나는 이를 억제하면서 바른 자세를 유지하려고 노력을 했는데 가슴이 답답하고 숨을 쉴 수조차 없었습니다. ⋯ 내가 쓰러질 때 그전에는 한 번도 느껴 보지 못했던 강렬한 힘과 기운에 몸이 휘감겨서 쓰러졌는데 그때의 느낌은 내가 어려서 방앗간에 갔을 때 방앗간의 피대줄에 내 몸이 휘말려 들어가는 기분이었습니다. ⋯ 강령 체험을 통해서 다른 종교들의 종교경험도 이해할 수 있었습니다. 예수께서 오른뺨을 때리거든 왼뺨을 내놓으라는 그 말씀이 떠오르면서 그때 기분으로는 정말 누가 내 뺨을 때리면 나머지 뺨도 내놓고 싶은 심정으로 모든 것이 감사하고 기뻤습니다. 그동안 아파 왔던 어깨 결림도 사라지고 영과 육이 맑고 깨끗하다는 것을 느낄 수 있었습니다. 평화와 기쁨과 감사한 마음에 나는 자리에서 일어나 그곳에 계시던 모든 분들에게 큰절을 올렸습니다. ⋯ 수도원 앞마당에 무심히 피어 있는 나리꽃을 보는 순간 나리꽃이 웃고 있었습니다. ⋯ 주변의 나무도 새도 하늘의 구름도 모두가 하나로 통해져 있는 것 같았습니다. 소외된 사람이 없고 가슴 아픈 일이 없는 모든 사람이 한울님처럼 대접받는 세상이 되었으면 좋겠습니다(98-

104쪽).

이 정도로 특별하지는 않으나 나에게도 외경심의 체험이 나의 삶에 보이지 않는 영향을 끼쳤다. 스무 살 때 대학입시를 준비하던 여름이었다. 늦은 밤까지 공부하다가 지치면 나는 살던 집 옥상으로 올라갔다. 흔히 슬라브 지붕이라고 부르는 평평한 콘크리트 바닥에 자리를 깔고 누워 밤하늘을 바라보았다. 서울의 하늘은 대기 오염과 불빛으로 인해 시골에서 보는 것과 같이 맑은 밤하늘은 아니지만 그래도 누워서 별을 찾아보면 제법 많은 별들을 찾을 수 있었다.

그렇게 거의 매일 옥상에 올라가 누워 하늘의 별들을 바라보곤 하던 어느 날이었다. 그날도 별들을 바라보며 하나하나마다 각각 다른 밝기와 색깔을 비교하면서 보다 희미한 더 많은 별들을 찾던 도중 갑자기 이런 상상에 빠져들게 되었다. 내가 보고 있는 저 별들의 내부에서 일어나고 있는 무시무시한 핵융합과정(수소원자 네 개가 중력으로 인한 고압과 열에 의하여 하나의 헬륨원자로 융합되는 과정)을 눈앞에 그리듯 상상하였고, 핵융합으로 인해 발생한 열과 빛이 항성의 내부를 출발하여 오랜 시간에 걸쳐 표면에 도달하고(별 내부에서 발생한 빛은 엄청난 중력으로 인해 표면까지 도달하는데 상당한 시간이 걸린다), 그 이글거리는 표면을 출발한 빛이 수년에서 수십 년 혹은 수백 년(우리 태양계는 우리 은하의 중심으로부터 약 3만 광년 떨어져 있고, 태양계에서 가장 가까운 항성도 4광년 이상 떨어져 있다) 동안 텅 빈 우주 공간을 달려와 내 눈동자에 닿고 망막의 시신

경세포를 자극함으로써 나의 뉴런이 정보처리를 하여, 마침내 밤하늘 우주 공간 저편에 저 별이 있음을 인지하기까지의 엄청난 공간적, 시간적 사건의 전체 과정이 단 한 찰라에 번쩍하는 깨달음이 일어났다. 동시에 하나의 별이 아니라 밤하늘의 수천, 수만 개의 별들(아직 내 자신도 잘 믿지 못하는 사실이지만 천문학자들은 실제 육안으로 볼 수 있는 별은 대략 육천 개 정도뿐이라고 한다)에서 출발한 수많은 갈래의 빛줄기들이 마치 우주공간을 잇는 거미줄이나 실타래처럼 끊어지지 않고 이어져 내 눈동자(뇌)와 그물처럼 연결되어 있다는 생각이 퍼뜩 들었다. 아직 저편의 별이 사라지지 않았다면 수십 년 전 별에서 출발하여 지금 내 눈에 부딪히는 광자 하나와 지금 별 표면을 막 출발하고 있는 광자가 연속적인 빛줄기로 이어져 있을 것이다.

이러한 깨달음이 일어난 순간 나는 갑자기 형언할 수 없는 두려움에 몸을 떨고 얼른 눈을 감았다. 마치 내 머릿속이 감전된 것 같았고, 혹은 어떤 폭발이 일어난 것 같은 느낌이 들었으며 그 충격을 감당할 수 없었다.

나중에 곰곰이 생각해보니 이것은 우주와 내가 공간적으로 그리고 시간적으로 하나로 연결되어 있다는 상호연결성inter-connectness의 체험이었다. 그 후로는 당분간 별들을 자세히 보거나 위와 같은 생각을 유추하는 일을 다시 할 용기가 나지 않았다. 하지만 그 충격은 오래도록 지속되어 지금까지도 가끔 꿈속에서 그와 유사한 체험을 겪기도 한다. 밤하늘을 바라보고 있노라면 성좌가 이리저리로 움직이고 우주적 변화가 일어나는 꿈을 꾸는 것이다. 그 체험은 경외와 두려움, 신비 그 자체이다. 이러한 체험은 어찌 보면 내가 신학교를 마치고 사제가 된 이후에 선교 현장에 종사하다가, 결국 '과학과 종교'를 공부하도록 이끈 원초적 동기가 되었는지도 모른다. 이 신비한 체험은 나의 다른 보다 순수한 종교적 체험과 더불어 나의 종교와 신학을 구성하는데 중요한 기반이 되었음을 부인할 수 없다. 그러므로 우주와 자연을 접하면서 느끼는 인간의 신비한 경험은 도킨스가 주장한 것처럼 초자연적 신앙과 무관한 것이 아니라 불가분의 관계에 있다고 생각한다.

충격의 정도는 다르지만 얼마 전 네팔 여행 도중 예상치 못하게 안나푸르나 봉우리를 보았을 때도 신비한 경외감을 체험할 수 있었다. 히말라야 트레킹을 하려는 여행자들이 모이는 포카라에 갔을 때 우리 일행은 여러 가지 사정으로 트레킹을 포기하였다. 당시는 시즌이 아니라서 안나푸르나 봉우리를 볼 수 없다고 했다. 나는 별 기대 없이 오토바이를 빌려 포카라에서 유명한 전망대가 있는 사랑곳(Sarangkot; 이 지명이 우리말과 같은 것도 재미있었다)으로 향하는 꼬불꼬불한 산비탈을 올라가고 있었는데, 한 코너를 돌자 갑자기 하늘 저편에서 웅장한 안나푸르나의 봉우리가 구름 사이로 얼굴을 내밀고 나타난 것이 아닌가? 8천 미터 고지의 그 봉우리는 감히 인간이 도달할 수 없을 것 같은 저 높은 곳 하늘의 구름 사이에 떠 있었고, 그것을 보는 순간 왠지 내 가슴은 철렁했다. 알 수 없는 신비로운 경외감이 솟아났고 내 자신이 아주 보잘것없이 작은 존재라는 느낌이 들었으며 이러한 곳에 사는 사람들은 왠지 마음이 맑을 것 같다는 생각이 들었다.

나의 체험을 한 가지 더 이야기하는 것을 독자들은 용서하시라. 최초로 천문대에 가서 망원경을 통해 금성과 토성과 목성을 보았을 때 역시, 마음 깊은 곳에서부터 솟아오르는 희열을 느낄 수 있었다. 맨눈으로 볼 때 그렇게 밝게 빛나던 금성은 온전한 원이 아니라 마치 반달처럼 한쪽 귀가 (무엇에겐가) 덥석 먹혀있는 채로 빛나고 있었다. 토성의 고리는 너무도 선명하여 마치 조그맣고 귀여운 장신구처럼 보였으며, 목성의 주위에서 깜찍한 빛을 발하던 위성들은 마치 작은 다이아몬드 알처럼 반짝이고 있었다. 내가 발을 디디고 있는 지구와 더불어 태양을 돌고 있는 이웃 행성들이 저 멀리 우주 공간에 떠 있다는 사실이 신기하기도 하고 알 수 없는 위안으로 다가왔다.

4. 결론

신비체험은 그 대상이 종교적 상징이든 자연이든 우주이든 혹은 생명이든 공통적으로 일체감, 자기겸손, 외경심, 용서, 사랑, 평안 등의 감정을 우러나게 한다. 이러한 감정은 그야말로 종교의 일반적 내용이며 본질적 요소들이다.

인류가 처음으로 우주 공간에서 찍은 지구의 사진을 보았을 때도 그러했다. 지구 온난화의 심각성을 널리 알리는데 공헌한 영상물 "불편한 진실"에서 엘 고어는 보이저 위성이 우주 공간 저 멀리서 촬영하여 전송한 지구의 사진을 보았을 때 많은 사람들이 푸른 행성 지구의 모습을 보면서 깊은 감명을 받았다는 사실을 상기시킨다. 특히 이러한 감동은 우주에서 지구를 바라본 경험이 있는 우주 비행사들에 의해서 생생하게 고백된다. 우주 비행사 제임스 어윈은 그가 우주에서 지구를 바라보며 느꼈던 경이로움을 회고하면서, 우주의 암흑에서 빛나는 푸른 보석, 지구를 바라보면서 그곳에만 생명이 있다는 사실에 감동을 받고, 무력하고 약한 생명을 지닌 자신이 암흑의 우주 속에서 지구와 연결되어 살아가고 있다는 사실에 감사를 느끼고, 마침내 이것이야말로 신의 은총이라는 사실을 아무런 설명 없이도 느낄 수 있었다고 고백한다. 이 고백의 자세한 내용은 2부에 실린 논문, "생태위기 시대에 생명의 상호의존성에 대한 일고찰"에서 찾아볼 수 있다.

수십 명의 우주 비행사들을 인터뷰하여 그들의 체험담을 『우주로부터의 귀환』이라는 제목의 책으로 펴낸 다치바나 다카시에 따르면 상당수의 우주 비행사들이 우주에서의 체험이 계기가 되어 종교인이 되었다고 전한다. 신비 체험이 우리를 실재, 그것이 제도적 종교의 숭배 대상이든 범신론적 대상이든, 가까이로 인도함으로써, 하나 됨을 맛보게 하고, 평안을 가져다주고, 베풀며 기뻐할 줄 알게 하고, 용서할 수 있도록 하고, 무엇보다 우리의 삶을 보다 풍성하게 한다. 이것이 진정한 종교적 신비 체험의 선물이다.

오래된 신: 폭군인가, 해방자인가?
— 도킨스의 유신론 비판에 대하여

도킨스는 그의 책 2장 '신 가설'에서 유신론을 향한 본격적인 포화를 퍼붓는다. '신은 착각?'이라는 제목의 1절은 이렇게 시작된다.

구약성서의 신은 모든 소설을 통틀어 가장 불쾌한 주인공이다. 시기하고 거만한 존재, 좀스럽고 불공평하고 용납을 모르는 지배욕을 지닌 존재, 복수심에 불타고 피에 굶주린 인종 청소자, 여성을 혐오하고 동성애자를 증오하고 인종을 차별하고 대량학살을 자행하고 어린 자식들을 죽이고 전염병을 퍼뜨리고 과대망상증에 가학피학성 변태성욕에 변덕스럽고 심술궂은 난폭자로 나온다(50쪽).

그는 기독교에 물들지 않은 천진무구한 사람들은 이 사실을 더 명확히 인식할 수 있다고 주장한다. 그 예로 성년이 되어 처음 성경을 읽어본 윈스턴 처칠의 아들은 허벅지를 찰싹 두드리면서 "신이라, 뭐 이따위가 다 있어!"라고 웃어대곤 했다는 일화를 전한다. 심지어는 기독교를 잘 알고 있었던 미국의 3대 대통령 토머스 제퍼슨조차도 "기독교의 신은 잔인하고 복수심 많고 변덕스럽고 불공평한, 끔찍한 성격을 지닌 존재다"라고 하였을 정도이다.

이러한 사악하고 말도 안 되는 폭군을 멍청한 사람들이 '신'이라고 부른다는 것이다. 그리고 그가 이 장엄한 우주를 설계한 초자연적 지성이라는 가설 대신에 도킨스는 대안을 제시한다. 그것은 무엇인가를 설계할 정도로 복잡성을 지닌 창조적 지성은 오직 확장되는 점진적 진화 과정의 최종 산물로 출현한다는 것이다. 진화된 존재인 창조적 지성은 우주에서 나중에 출현할 수밖에 없으므로 우주를 설계하는 일을 맡을 수 없다는 것이다. 그러므로 이 정의에 따르면 신은 착각이며, 그것도 아주 유해한 착각이라고 주장한다.

도킨스에 따르면 유대교는 원래 사막부족의 배타성에 병적으로 집착하는 유독 사나운 신을 섬기는 한 부족의 신앙이었다고 한다. 바울은 이 보다는 덜 무자비하며 덜 배타적인 유대교의 한 종파로서 기독교를 창시하였고, 몇 세기 뒤 마호메트와 그의 추종자들은 유대교 본연의 비타협적인 일신교로 회귀하여 이슬람을 창시하였으며, 유대교와 기독교 경전을 차용하여 코란을 만들고 군사 정복을 통해 신앙을 전파한다는 강력한 이데올로기를 덧붙였다고 말한다. 도킨스는 고어 바이델의 말을 인용하여 아브라함 종교를 향한 독설을 내뱉는다.

우리 문화의 중심부에는 일신교라는 감히 입에 담아서는 안 되는 거대한 악이 자리하고 있다. 구약성서라는 야만적인 청동기 시대의 문헌에

서 유대교, 기독교, 이슬람교라는 3가지의 반인간적인 종교가 나왔다
(60쪽).

1. 한 손에는 코란, 한 손에는 칼?
— 이슬람은 호전적인가?

도킨스의 유일신교에 대한 공격적인 글을 읽으면서 상당수의 기
독교, 유대교, 이슬람교 신자들은 불쾌감을 느낄 것이다. 혹은 분개
하는 사람도 있을 것이다. 상상력을 동원하여 만일 어떤 사람이 도
킨스의 이 구절을 파키스탄이나 아프가니스탄의 장터에서 큰 소리
로 읽어 준다면 그의 안전을 보장할 수 없을 것이다. 당연히 자신들
의 종교가 모욕당했다는 분노감을 참지 못하는 열광적인 이슬람교
신자들의 폭력적인 모습이 떠오른다. 있을법한 일이긴 하지만 이슬
람교 역시 다른 종교와 마찬가지로 평화를 사랑하는 종교이다. 도
킨스가 이미 지적했듯이 코란에서는 평화를 존중하라는 구절들과,
동시에 이와 상반되는 구절들을 얼마든지 찾을 수 있다(469쪽). 이
러한 점은 기독교 성서도 마찬가지이며, 인류의 오래된 경전이 다
그렇다. 그렇기 때문에 해석이 중요하다. 도킨스의 종교 비판은 해
석학의 중요성을 간과하고 피상적으로 드러난 문제에 집착하는 문
제를 안고 있다. 어떤 관점에서 텍스트를 읽을 것이며, 텍스트와 설
화 너머에 자리한 컨텍스트를 우리는 가능한 한 재구성한 다음 텍
스트를 읽어야 한다. 조류학자가 숲 속에 조용히 몸을 숨기고 흥분

된 가슴을 달래며 숨소리를 낮추고 다가가 새들의 행태를 관찰하듯이, 경전을 제대로 읽으려면 당시 그 자리에 살았던 사람들과 사건의 증인들이 느꼈음직한 희망과 공포, 환희와 좌절의 숨결을 듣기 위해서는 나의 감정을 가라앉히고 차분하게 텍스트 너머의 실존적 상황에 다가가야 한다.

현실적으로 종교적인 이유로 자살 폭탄 테러를 감행하고 거룩한 전쟁, 지하드를 벌이는 호전적인 이슬람교 무리들이 존재하는 것은 사실이다. 그럼에도 불구하고 이슬람교가 평화적이고 관용적인 종교라는 것 또한 엄연한 사실이다.

터키에서 온 한 이슬람 여성 학자는 얼마 전 성공회대학교에서 행한 강연에서 이슬람교 성전에 원래대로 보존되어 있는 기독교 성화들을 보여주면서 이슬람교가 관용적인 종교임을 강조하였다. 그녀는 "한 손에는 코란을, 다른 한 손에는 칼을!"이란 구호는 자기가 한국에 와서 처음 들어본 말이라고 했다. 터키에서는 단 한 번도 그런 말도 안 되는 가르침을 받아 본적이 없단다. 신앙이란 본질적으로 자유로운 마음으로 받아들이는 결단의 문제인데 어떻게 칼로 믿음을 심어줄 수 있느냐고 반문하였다.

이슬람교가 평화를 사랑하는 종교인데도 알라의 이름으로 폭탄 테러를 감행하는 이슬람교도가 존재하는 현실의 모순은 아주 복잡한 역사적·정치적·문화적 배경 속에서 잉태되었다. 한 가지 예만 들어보자.

팔레스타인-이스라엘 분쟁의 원인은 어디에 있는가? 팔레스타인 게릴라들이 뮌헨 올림픽에서 폭탄 테러를 감행하여 이스라엘 선

수단을 살상하고, 비행기를 납치하고, 차량 폭탄을 터트려 무고한 시민들까지 살상하는 극악한 행위는 비난받아 마땅하다. 그러면 이러한 폭력의 기원은 이슬람교의 가르침으로부터 온 것일까?

　팔레스타인 땅이 팔레스타인 사람들의 영토가 된 것은 거의 2천 년 전의 일이다. 기원후 1세기 동안 몇 차례에 걸친 유대인들의 반 로마 봉기를 진압한 로마는 밟아도 밟아도 끊임없이 솟아나는 잡초 풀뿌리처럼 계속된 유대인들의 저항과 폭동에 신물이 나자, 예루살렘을 잿더미로 만들고 이스라엘 사람들을 멀리 소개疏開해 버린 후 지명조차 '블레셋 사람들의 땅'이란 뜻인 팔레스타인으로 바꾸어 버렸다. 유대인들의 디아스포라 시대가 시작된 것이다. 유대인들이 유럽, 아시아, 아프리카로 흩어져 소수자로 설움을 겪으며 살아온 장구한 2천 년의 세월을 다 이야기할 필요는 없으리라! 18~19세기로 접어들면서 넓은 지역의 유대인 디아스포라에 영향력을 지닌 위대한 랍비들에 의해 거룩한 땅 예루살렘으로 돌아가자는 엘리야 운동과 시오니즘에 감화를 받은 소수의 유대인들이 무리를 이루어 팔레스타인으로 돌아왔다. 이들이 처음 도착했을 때 이방인들의 정착을 도와준 이들은 팔레스타인 거주자들이었다. 이방인들은 마을 어귀에 허접한 땅을 빌려 움막을 짓고 아랍인들의 밭에 나가 일을 거들면서 식량을 해결하였다. 대부분의 지역에서 충돌은 없었다. 아니 오히려 그 반대였다고 전해진다. 거주자 팔레스타인 사람들은 새로 온 이주자들이 보다 번듯한 집을 짓고, 황무지를 개간하여 농사를 지을 수 있을 때까지 이들을 도와주었다. 본래 아브라함 자손들은 유대인이든 아랍인이든 사막에서 살아온 부족들이라 손님을 따뜻하게 환대하는 것이 전통이었고 으뜸가는 사람의 도리라고 여겨온 사람들이기 때문이다. 이러한 평화는 어디까지나 이스라엘인들이 힘없는 소수자였을 때까지 유지되었다.

불행의 본격적인 시작은 영국의 모순된 중동 정책에 의해 싹트게 되었다. 이 지역을 통치하던 영국은 1915~1916년 독일 점령하의 아랍인들에게 독일에 저항함으로써 영국에게 군사적 이득을 가져다주는 대가로 팔레스타인 독립을 약속한다. 이른바 맥마흔-후세인 선언Macmahon-Hussein Declaration이 그것이다. 모순되게도 1917년에는 유대인들에게 장차 이스라엘 건국을 약속하는 발푸어 선언Balfour Declaration을 발표한다. 제2차 세계대전의 전후 처리 문제 중의 하나는 나치에 의해 희생된 유대인들의 독립국가 설립 요구였다. 미국 내 영향력 있는 유대인들의 로비가 상당한 힘을 발휘했을 것이다. 승전국들은 아랍 국가들의 의견을 무시하고 독립국을 세울 수 있는 땅을 달라는 유대인들의 요구에 대안을 제시했다. 그리하여 1947년 유엔은 이스라엘 건국을 위해 팔레스타인 지역을 분할하여 56%를 이스라엘 영토로 할양하는 결의를 통과시켰고, 이에 대한 아랍권의 반발로 제1차 중동전쟁이 발발하여 이스라엘은 훨씬 더 넓은 땅을 차지하게 된다. 이리하여 어느 날 갑자기 집과 삶의 터전 모두를 빼앗긴 수백만 명의 팔레스타인들이 난민으로 전락해 버린 것이다. 이들이 난민 수용소에서 할 수 있는 최선의 선택은 무엇이었을까?

이스라엘 라말라에는 '샬롬의 집'이란 유치원이 있다. 이 집의 소유자인 한 이스라엘 여성은 부모로부터 그 집을 물려받아 살던 어느 날, 예고 없이 아랍인 가족의 방문을 받게 된다. 이들로부터 집을 한 번 둘러 볼 수 없겠냐는 청을 수락한 그녀는 이집이 원래 그들의 집이었음을 알게 되었다. 어느 날 졸지에 집을 빼앗긴 이 가족들은 평범했던 삶도 빼앗겨 버렸다. 이들은 난민 수용소에서 먼저 아버지가 그리고 나중에 아들이 반 이스라엘 저항 투쟁에 나서게 되었고, 결국 체포되어 수년간의 감옥살이 끝에 풀려나 평화로웠던 자신들의 옛날을 회상하며 한 번 그 집을 둘러보고자 찾아온 것이었다. 눈물을 흘리지 않고 들을 수 없는 이 무고한 가족의 고통스러운 이야기를 들은 그녀는 자기가 살고 있는 집이 어느 다른 평범한 이웃의 집이었으며 정당한 대가없이 자신의 소유가 되었음을 알게 되었고, 이 집을 지역의 아랍 어린이들을 위한 공간으로 내어 놓기로 마음을 먹었다. 그리하여 '샬롬의 집' 유치원이 생겨난 것이다. 내가 1999년 샬롬의 집을 방문했을 때 그녀로부터 직접 들은 이야기이다.

이슬람교도든, 기독교도든, 불교도든, 힌두교도든, 아니 유신론자든, 무신론자든 자신들의 삶이 파탄 나는 이러한 상황에 내몰리면 무슨 짓인들 안할까? 불의를 겪고도 분노할 줄 모르는 어떤 비겁한 사람들은 체념해 버리고 말겠지만, 반드시 이슬람교도라서, 혹은 팔레스타인이라서 호전적인 것은 아니라는 말이다. 이 경우를 모든 이슬람 테러 사건의 배경으로 일반화하는 것은 무리겠지만 제1세계의 지배자들에 의한 제3세계 민중에게 가해진 비인도주의적인 정치적 결정이 20세기에 벌어진 폭력과 갈등의 상당한 원인이 되었음은 부인하기 힘들다. 한반도에 그어진 삼팔선, 눈먼 거대한 칼처럼 평화로운 마을과 산과 강을 남북으로 나누어버린 정치적·

군사적 결정이 엄청난 폭력과 살상을 불러온 것처럼 말이다. 오늘날의 이슬람 지역에서의 폭력은 결코 그들의 '성질 고약하고 복수심 넘치는' 알라 때문이 아니다.

　물론 이슬람 테러의 원인에는 이와 같은 정치적 요인 외에도 여러 가지 다양하고 복잡한 배경이 있다. 현대의 열려있는 이슬람 작가 타리크 알리는 그의 역사소설『술탄 살라딘』에서 과거 이슬람교는 다른 종교와 문화와 사상에 너무도 관용적인 종교였음을 보여주면서, 오늘날 호전적인 이슬람 신앙은 마호메트의 가르침, 본래의 이슬람 정신과는 아무런 관련이 없다고 잘라 말한다. 그의 또 다른 작품,『석류나무 그늘 아래』역시 중세 말엽 스페인 그라나다 지역에 살던 무어인들이 그들의 평화로운 터전, 종교적 관용, 찬란했던 문화적 유산과 지성을 새로운 기독교 지배자들에게 얼마나 무자비하게 짓밟혔는지를 아름답고 슬픈 필치로 잘 그리고 있다. 무어인들이 지배했을 때 그들은 결코 기독교인들의 신앙을 말살하려고 시도하지 않았다. 그러나 군사적 상황이 역전되었을 때, 이사벨 여왕의 대리자인 기독교 수도사 주교는 당시 그라나다의 도서관과 개인이 소장하고 있던 아랍어로 쓰인 모든 책을 끄집어내어 광장에 산더미처럼 쌓아 올린 후에 수백여 년 동안 찬란하게 꽃 피웠던 중세기 아랍문명의 지혜가 담긴 지성의 탑에 불을 지르는 행위로 보답한 역사를 저자는 우리에게 전하고 있다. 상대가 너무하면 계속 관용을 지키기란 어려운 일이다. 우리는 이슬람 문명의 위대한 수호자로 칭송되는 술탄 살라흐 앗딘(서양식 발음으로는 살라딘) 왕이 오스만 투르크 제국을 통일하여 예루살렘을 다시 점령했을 때, 기독교 십자군이 성 안의 모든 사람들을 투항했음에도 불구하고 모조리 학살하고 타종교의 건축물과 상징들을 무참하게 짓밟은 것과는 달리, 이슬람 군대는 투항한 사람들을 아무도 죽이지 않았을 뿐만 아니라 유대교인과 기독교인들의 종교생활을 인정하였고, 기독교 성당이나 성화를 거의 파괴하지 않고 대부분 그대로 사용한 사실들은 잘 알려져 있다. 하지만 나도 타리크 알리의 술탄 살라딘을 읽기 전까지는 십자군 전쟁 때 유대인들이 무슬림과 한 편에 섰다는 것을 배우지도, 알지도 못했었다. 적어도 그 당시에는 이슬람이 타 종교에 대해서 훨씬 더 관용적이었던 것이다.

내가 상대방을 나쁘다고 욕하면 상대방도 나에게 같은 방식으로 대한다. 오늘날에 벌어지고 있는 타자에 대한 편견 하나만 살펴보자.

〈해리포터〉 영화를 모르는 사람은 없을 것이다. 내가 영국에서 박사학위 논문을 쓰던 때는 나의 어린 아들과 딸이 그런 판타지 영화를 한창 좋아할 나이였다. 나도 때로는 아이들을 기쁘게 해주는 아빠가 되고자 해리포터 1편을 보러 극장에 갔다. 유약하고 잘 생긴 어린 마법사 소년 해리가, 눈앞에는 나타나지 않지만 무시무시한 힘을 지닌 악의 대마왕 볼드모트와 맞서 싸우는 흥미진진한 장면들은, 어른인 나도 오랜만에 논문으로 복잡한 머릿속을 비우고 영화 속으로 빠져들게 만들었다. 그런데 마지막 한 장면이 나의 마비되었던 비판적 사고 기능을 다시 살아 작동하게 하였다. 악의 대마왕은 다름 아니라 놀랍게도 해리에게 그토록 친절하게 대해주었던 학교 선생님이었던 것이다. 항상 친절한 미소를 잃지 않던 선생님의 얼굴이 180도 돌아가자 뒤통수에서 터번(!)으로 감아 가려졌던 대마왕의 얼굴이 드러났던 것이다. 이 장면은 내게 영화의 감동에서 깨어 왜 영국인 작가와 미국의 감독이 대마왕의 얼굴을 터번 속에서 나오도록 꾸몄는지 곰곰이 생각하게 만들었다. 하필 왜 망토나 가면, 혹은 기독교 수도자들의 후드(옷에 달린 삼각형 모자)가 아닌 터번이었을까? 정확히 어떤 문화권에서 터번을 쓰고 안 쓰는지는 자세히 조사해보지 않았지만 그 장면에서 내게 확 다가오는 이미지는 아랍인 남자의 모습이었다. 대체로 이슬람교도의 상징적 모습이라 보아도 무리는 아닐 것이다. 미국 헐리우드에서 전 세계의 아이들을 타깃으로 전 세계적인 흥행을 목표로 만든 영화에서 어떤 특정한 종교-문화적 상징을 온 세계를 악으로 지배하려는 대마왕의 아이콘으로 삼았다는 점은 가벼이 넘길 문제가 아니다. 기독교 문화권에 속하지 않은 사람들은 대부분 의식하지 못하고 넘어갈 수 있겠지만 악의 화신으로 지목받은 당사자의 입장에서는 결코 그렇지 않을 것이다. 나는 그 제작자들이 종교적 동기, 즉 기독교를 위한 선교를 위해 그런 장면을 만들었다고 생각하지 않는다. 그것은 제1세계가 가진 오리엔탈리즘, 즉 제3세계에 대한 문화적·인종적 우월주의의 한 그림자일 것이라고 추측한다. 나는 도킨스의 종교비판에서도 군데군데 오리엔탈리즘의 희미한 그림자를 감지하곤 한다.

그들이 진정으로 좋아하고 가장 잘 하는 일은 아수라장을 만드는 것이었다(44쪽).

여기서 그들은 이슬람 사람들을 가리킨다.

누군가를 선의로 대하면 선을 되돌려 받고, 악의로 대하면 악을 되돌려 받는 것은 자명하다. 해리포터 1편 후에 얼마 지나지 않아 9·11이 터졌다. 타자를 악인으로 보는 편견은 또 다른 악을 불러온다. 도킨스가 모든 종교의 신을 악의 화신이라고 규정하는 것은, 오히려 세계를 그가 바라는 더 나은 세상의 반대 방향으로 가게 할 공산이 크다.

2. 모세는 폭군을 알려 주었는가?

나는 스무 살 때까지 무신론자였다. 도킨스가 신자였다가 무신론자로 옮겨 간 것과 반대 방향이고, 맥그라스가 무신론자였다가 신앙인이 된 것과 같은 방향의 삶이다. 내가 그저 무덤덤한 무신론자가 아니라(비록 아마추어 수준이었지만), 오늘날 도킨스의 추종자들처럼 아주 적극적이고 논쟁적인 무신론자였다가 신앙을 받아들이게 된 과정을 여기서 밝히지는 않을 것이다. 처음 교회에서 들었던 속 뻔히 보이는 목사의 설교에 대한 반감이나 구약성서에 나타난 신이라는 존재의 무자비한 모습에 대한 나의 거부감도, 도킨스가 소개한 처칠의 아들이 느꼈던 감정과 크게 다르지 않았다. 하지만 과학, 특히 천체물리학을 다른 어떤 과목보다도 좋아했고 대학에서 기계공학을 공부하다가 우여곡절 끝에 신학교로 옮겨 신학을 공부하면서 내가 발견한 것은 하느님이 이 세상을 초월한 추상적인 존재가 아니라, 구체적인 역사 속에서 민중들의 희망과 좌절, 기쁨과 고통, 삶에 대한 환호와 신음에 응답하는 살아있는 존재라는 것을 알게 되었다. 무엇보다도 기독교(유대교)의 기원이 출애굽, 즉 고대 히브리 노예들의 해방 사건으로부터 출발했다는 것이 가장 강력한 증거이다.

성서에서 역사적으로 확인 가능한 가장 오래된 이야기는 출애굽 사건이다. 요즘 우리 한국 사회에서도 기독교에 대한 비판의 목소리가 높은데 이는 한국 개신교의 모습이 독선적이고 편협하게 보였기 때문일 것이다. 이러한 편협성은 십계명의 우상숭배 금지 규정에 기인했을 것이다. 하지만 본래 모세가 야훼로부터 계시 받았다고 전해 준 십계명의 우상숭배 금지 규정에 담긴 참 뜻은 고대 이집트 제국의 지배 이데올로기로 이용된 거짓 신앙에 대한 저항으로 읽어야 한다. 고대 이집트는 노예제 국가였다. 1천 년 이상 지속된 제국의 역사를 통해 통치자들은 노예와 하층 계급을 적당히 복종시키기 위해서는 채찍만 가지고서는 어려울 뿐만 아니라 비효율적이라는 것을 시행착오를 통해 깨달을 수 있었다. 다윈주의의 사고를 빌리자면 통치기술에서의 자연선택이라고 할 수 있을까?

파라오 통치 아래서 인간의 가치는 한낱 왕과 지배계급을 위한 노동력 기계에 불과하였다. 평생을 강제 노역에 시달리다가 죽으면 그 아들과 그 손자가 뒤를 이어 똑같은 삶을 살아야 했다. 가혹한 노동과 그에 상응하지 못하는 빈약한 영양 공급으로 노예들은 대체로 대를 잇기도 어려웠을 것이다. 다행스럽게도(?) 주기적인 흉년과 기근 등으로 난민이 유입되어 노예를 충당할 수 있었다. 요셉의 형제들이 식량을 구걸하러 이집트로 찾아갔다는 이야기를 상기해 보라. 그래도 부족하면 전쟁을 통해 사로잡은 포로들을 노예로 만들어 채웠다. 출애굽이 일어났던 때와 시대는 다르지만 인류의 불가사의 중에 첫 손가락에 꼽히는 피라미드 역시 이러한 노예들의 피땀으로 건설되었다. 첨단 공법과 기계를 사용할 수 있는 오늘날에도 건축 현장에서는 산업재해가 빈번하게 일어나거늘, 보잘 것 없는 도구와 맨손으로 수십 톤이 나가는 돌들을 1백 미터 이상 쌓아 올리려면 얼마나 많은 인력이 다치거나 죽었겠는가? 이러한 어려움을 극복하고 목표를 완성하려면 노예 등짝을 때리는 채찍만으로는 부족했다. 물리적인 폭력과 함께 정신적인 세뇌가 짝을 이루어야 보다 효과적으로 노예들을 위험한 현장으로 내몰 수 있었을 것이다. 이러한 통치자의 요구를 충족시키는 것이 바로 고대 제국의 종교적 기능이었다. 제사장들은 채찍을 들지 않은 약간 고상한 공사감독관인 것이다. 그들은 채찍 대신 여러 가지 형상의 우상을 들었다. 물론 최고의 신은 제국의 황제 파라오와 동일시된다.

이제 눈치 빠른 독자들은 모세가 전해준 야훼 유일신 사상의 의미가 무엇인지 알아차릴 것이다. 그것은 너무도 위험한 사상이었다. 통치자에게는 제국의 토대를 흔들 수 있기에 위험했고, 노예들에게는 결단을 요구하기에 위험했다. 왕과 지배자들을 위한 노역에 온 평생도 모자라 대를 이어 온몸을 바치도록 가르치는 이집트 제사장들의 신은 거짓 우상이니 이제는 그것들 앞에 머리 숙이지 말고 참 하느님 야훼만을 섬기라는 것이다. 이것이 바로 십계명의 우상숭배 금지 규정의 본질이다. 위험한 혁명가의 운명을 요구받은 모세가 야훼께 물었다. 도대체 당신은 누구시냐고? 돌아온 그분의 대답은 알 듯 모를 듯한 말이었다. "나는 스스로 존재하는 자이니라." 이 말을 두고 많은 구약학자들의 의견이 분분하지만, 나는 이 말을 "참된 신은 인간의 자유와 해방을 지지하기 위해서 어떤 구체적인 물리적 형상을 지니지 않아야 한다"라는 의미로 읽는다.

형상을 만들면 언젠가는 또 지배 권력의 이해에 봉사하게 되기 때문이다. 기독교와 이슬람교의 역사에서 성화와 성상을 인정할 것인지 말 것인지가 오랫동안 문제가 된 근본 이유도 바로 이와 같이 이미지나 아이콘에 깃든 세속 권력 혹은 야망과 유착하기 쉬운 불가피한 속성 때문이었다. 이러한 모세의 야훼 신앙은 기존의 종교 권력을 쥔 이집트 제사장이 보기에(도킨스가 반기는) 무신론이었으며, 모세는 신성 모독의 죄인으로 간주했으리라고 나는 확신한다. 왜냐하면 그들의 신을 부정했기 때문이다. 역사적으로 위대한 종교 창시자 혹은 개혁자들은 대체로 신성모독 죄를 뒤집어쓰는 경향이 있다. 아니 그들이 뒤집어쓰는 것이 아니라 기존 종교 권력이 뒤집어씌운 것이라고 해야 정확하다.

3. 유일신 사상의 문제점

나는 유일신 사상이 힌두교나 불교, 도교의 다신론 내지 범신론에 비추어 문제점이 많다는 것을 인식한다.

하나는 독선적인 종교로 발전할 수 있는 소지가 다분하다는 점이다. 전반적으로 기독교나 이슬람교는 타종교에 대해 배타적이다. 특히 한국에서는 일부 광적인 신앙을 부추기는 부흥사들과 지각없는 추종자들에 의해 불교가 많은 피해를 입었다. 내가 목회하던 강화도 지역의 한 개신교 목사는 불교의 중은 사탄의 자식이므로 지나가면 돌을 던지라고 설교하여 실제로 스님에게 돌팔매를 하는 일이 벌어지기도 했다. 이 땅에 1천 년 전에 들어와 민족의 역사와 민중의 삶 속에 자리 잡은 불교가 1백 년이 조금 지난 새로운 종교인 기독교에게 돌팔매질을 당하는 현실인 것이다. 이런 일들에 대해 이 기회를 빌려 불자들에게 독선적인 기독교인이 저지른 불손과 행패에 대해서 사과를 드리고 싶다. 많은 불교 사찰에서는 동구 밖 길거리에 입간판을 걸기를 포기했다고 한다. 광신적인 기독교인들에 의해 너무 자주 손상되기 때문이란다. 우상숭배 금지 규정의 참 뜻을 모르고 문자적으로 해석하여 무조건 다른 종교의 상징들을 파괴하라는 명령으로만 받아들였기 때문이다. 달을 가리켜도 손가락만 보면 진리는 영원히 찾을 수 없다.

또 하나의 문제점은 오늘날의 생태계 파괴와 관련된 인간 중심주의 세계관이다. 생태위기를 기독교 신학의 주제로 받아들일 수 있도록 일찍이 문제를 제기한 린 화이트는 기독교의 창조 교리에 나타난 인간 중심주의가 생태위기의 근본적인 원인을 제공했다고 지적하였다.[1] 그는 창세기 1장 28절의 기록, 즉 "자식을 낳고 번성하여 온 땅에 퍼져서 땅을 정복하여라. 바다의 고기와 공중의 새와

---

1 Lynn White Jr., "The Historical Roots of our Ecological Crisis," *Science* 155 (March 1967), 1203-1207.

땅 위를 돌아다니는 모든 짐승을 부려라!"라는 구절에 근거한 기독교의 창조 신앙이 자연과 동물에 대한 인간의 지배를 정당화했다고 주장하였다. 아울러 인간이 하느님의 형상^{image of God}에 따라 지음 받은 존재라는 성서 구절(창세 1:26)은 자연과 환경으로부터 인간을 분리시키는 이원론적 사고를 낳았다고 지적하였다. 유대-기독교의 창조 이야기의 신학적 배경인 유일신 사상이 그리스 철학과 만나 서양철학의 특징인 지나친 인간 중심주의와 이원론을 낳고, 결과적으로 자연과 비서구 세계에 대한 착취와 정복을 정당화시킴으로써 생태위기의 근본적 원인이 되었다는 비판은 부인하기 어렵다. 이에 대한 자세한 논의는 2부에서 찾아볼 수 있을 것이다.

4. 결론

주제로 다시 돌아와 유대-기독교의 유일신 사상에 내포된 독선적 종교의 어두운 그림자가 있음에도 불구하고 히브리성서의 유일신 사상은 인류가 사상사적 측면에서 위대한 진보를 가능하게 한 공헌이 있다고 생각한다. 히브리성서에는 인간은 누구나 하느님의 형상대로 지음 받은 존재라고 기록하고 있다. 당시의 관점에서 볼 때 얼마나 얼토당토않은 말이었겠는가? 지금은 우리가 당연한 사실로 받아들일 수 있지만 이는 근대시민 혁명으로부터 2~3백 년에 걸친 민주주의와 인권을 쟁취하기 위한 부단한 투쟁의 산물이라는 점을 상기해야 한다. 수천 년 전 상황에서 볼 때에 이것은 감히 어떤 한 사람의 머리에서 나올 수 없는 혁명적인 깨달음이었다. 그래서 이를 '계시'라고 한다. 과장하여 말한다면 만일 야훼 유일신 사상이 계시되지 않았더라면 어쩌면 우리는 대다수의 민중이 희망 없는 노예의 삶을 살던 고대 사회로부터 빠져나오지 못했을지도 모른다. 아니 최소한 인류 역사의 발전은 상당히 정체되었을 것이다. 새로운 아이디어가 없으면 새로운 현실은 결코 주어지지 않는다. 새로운 신앙에 따라 모세가 이끄는 히브리 사람[2]들은 이집트의 통치자 파라오의 병거와 기병의 추격을 극적으로 뿌리치고 새 삶을 펼칠 보금자리를 얻었다. 인간을 억압하는 어떤 지배 이데올로기와 우상을 거부하고 하느님의 형상을 닮아 지음 받은 인간이 역사의 주체가 되는 세상을 세우는 것이 구약성서에 기록된 모든 이야기의 본질이다.

물론 출애굽 이야기를 순전히 사회경제학적 관점에서만 해석하는 것은 무리일 것이다. 그리고 성서에 기록된 방식으로 출애굽 사건이 모세라는 한 사람의 실존 인물에 의해 추진된 단 일회적 사건이라기보다는, 오랜 기간에 걸친 여러 번의 유사하거나 상이한 사건들에 관한 구전과 설화들이 취합되고 선택되는 과정을 거쳐 후대의 일정한 종교적 입장에 의하여 변형되어 기록되었을 가능성이 높다는 것이 문서비평학과 성서고고학적 증거가 시사한다는 점도 나는 인식하고 있다. 무엇보다도 구약성서에 담긴 다양한 컨텍스트와 내용은, 현대에 사는 우리가 직접 체험할 수 없는 여러 가지 위험과

---

2 어떤 학자는 히브리 사람들을 종족의 개념으로 보지 않고 포로, 몰락한 농민, 용병, 노예, 난민 등 고대국가에서의 하층계급, 즉 사회적 집단으로 보았다.

곤란과 고통이 가득 찬 고대 세계 속에서 인류의 선조들이 겪은 구원과 감사의 신비로운 체험을 담고 있는 것으로서, 오늘날 우리의 언어와 일방적인 분석의 틀로 그 사건들의 성격을 단정할 수 없다고 생각한다. 하지만 고대라는 안개에 쌓여있는 구약의 세계를 오늘날에 읽어 낼 때 가장 핵심적인 내용은 바로 '인간 해방'의 메시지이며, 발신자로서의 야훼는 '해방자'의 모습이 가장 뚜렷한 특징이라고 나는 생각한다.

이제 결론을 말할 때가 되었다. 나는 구약성서에 묘사되어 있는 이상하고 이해할 수 없는 신, 처칠의 아들을 박장대소하게 만들었던 그 신이 바로 해방자라고 믿는다. 도킨스의 말대로 "불쾌한 주인공이자 시기하고 거만한 존재, 좀스럽고 불공평하고 용납을 모르는 지배욕을 지닌 존재, 복수심에 불타고 피에 굶주린 인종 청소자, 여성을 혐오하고 동성애자를 증오하고 인종을 차별하고 대량학살을 자행하고 어린 자식들을 죽이고 전염병을 퍼뜨리고 과대망상증에 가학피학성 변태성욕에 변덕스럽고 심술궂은 난폭자"가 바로 해방자인 것이다. 해방자인 야훼가 도킨스가 사용한 우아하지 않은 수식어들로 묘사될 수 있는 것은 수천 년의 시간의 격차로 인한 컨텍스트의 거리 때문이다. 우리는 때로 특별한 상황에서 이러한 우아하지 않은 언어가 훨씬 진실을 잘 전달하는 경우가 있음을 깨닫는다. 극단적인 예로 어떤 상황에서는 욕설이 우리의 진실된 감정을 가장 잘 표현하기도 한다. 입이 험하다고 해서 꼭 나쁜 사람이 아니며, 오히려 고운 말만 쓰는 사람보다 더 인간에 대한 따뜻한 연민을 지닌 경우도 많지 않은가? 그런 언어들로 묘사될 수밖에 없었던 상황을 생각해보자. 분노한 모습으로 묘사되었다고 해서 신의 본성이 사랑이 아닌 것은 아니다.

시간의 차이로 인한 문화적 격차를 느낄 수 있게 하는 예를 한 가지 들어보자. 한국의 고대 설화가 기록된 『삼국유사』를 보면 구약성서보다 훨씬 기괴한 사건들로 가득 차 있다. 『삼국유사』는 출애굽이 텍스트로 기록된 시기와 현재의 중간보다도 훨씬 더 현재에 가까운 시기에 기록된 책이다.

고대 사회의 신화적 세계를 현대에 사는 우리가 문자적으로 받아들이려 하는 시도는 고대 과학을 그렇게 받아들이려는 것과 마찬가지로 어리석은 일이다. 문자를 보지 말고 텍스트의 배후에 있었던 컨텍스트와 사건의 본질을 읽어야 한다. 이 말은 도킨스와 같은 무신론자들을 향한 것이라기보다는, 문자주의에 억매인 근본주의 기독교 신자들 그리고 어쩌면 본인 자신도 믿지 않으면서 자신의 세를 불리고 돈을 벌기 위하여 열성신도들을 양산하는데 혈안이 되어있는 오늘날의 거짓 설교자들을 향한 말이다.

과학과 종교: 적인가, 동지인가?

과학과 종교! 참으로 인류의 가장 두드러진 정신의 산물이다. 우리의 먼 선조가 어느 때부터인가 정신적 존재가 되는 순간에 종교는 출현했고, 인간이 몽매라는 암흑에 쌓여 있던 세계에 이성의 밝은 빛을 비추는 순간에 과학은 탄생했다. 나는 이 두 영역이 모두 인간 정신의 위대한 특징을 가장 잘 보여주는 장소라고 생각한다. 물론 도킨스는 그렇게 생각하지 않는다. 그는 "과학 너머에 종교가 있다"는 가정에 의문을 나타내며, 과학자가 신에 관한 논평을 해서는 안 되는 이유가 없다고 말한다. 창조적인 관리자가 있는 우주는 그것이 없는 우주와는 전혀 다를 것이라면서 이것은 곧 과학적인 문제라고 주장한다.

케임브리지 대학의 천문학자인 마틴 리스는 다음과 같이 말했다. "우주의 가장 큰 수수께끼는 도대체 왜 무엇인가가 존재하느냐는 것이다. 방정식들에 생명을 불어 넣고 그것들을 현실 우주로 구현시킨 것이 무엇일까? 그러나 그런 질문들은 과학 너머에 있다. 그것은 철학자나 신학자의 영역이다." 신학자들이 어떤 전문지식이 있기에 과학자들이 할 수 없는 심오한 우주론적 질문을 다룰 수 있다는 것인가? 왜 과학자들은 자신들보다 신학자들이 그런 질문에 대답할 자격을 더 많이 갖춘 것도 아닌데, 비겁할 정도로 공손하게 신학자들에게 그런 질문을 떠넘기는 것인가? 과학은 어떻게 라는 질문에만 관심이 있고 신학은 왜라는 질문에 대답할 자격이 있다는 말은 이제 지겹도록 진부하다(90쪽).

그는 또 아직까지 신학이 하나의 학문이라고 가정할 타당한 이유를 찾지 못했다면서, 종교가 인간의 지혜에 기여한 것이 전혀 없다는 사실을 제시한다. 종교는 곧 과학의 문제로서 과학자가 창조자의 유무를 최종 판단할 수 있다고 말하면서, 그 반대의 경우, 즉 종교가 과학에 관여하는 시도에 대해서는 손사래를 친다. "종교가 과학의 영토에 발을 들여놓고 현실 세계에 관여하는 순간 종교는 더 이상 종교가 아니다. 기적이 없는 종교는 대다수의 유신론자들에게는 받아들여지지 않는 것임을 유념하자. 기적도 없고 기도자에게 응답도 하지 않는 신이 대체 무슨 소용이 있다는 말인가?" 도킨스는 기적이란 과학적으로 있을 수 없으며, 기도의 효험도 전혀 없는 것으로 입증되었다는 실험 결과를 예시하면서 신을 믿는 것은 어리석은 일이라고 강력히 주장한다. 이제 도킨스는 잠시 잊고 과학과 종교의 관계를 살펴보자.

1. 과학과 종교, 과연 적과의 동침인가?

먼저 과학의 뜻이 무엇인지 알아보자(종교의 어원적 의미는 앞에서 살펴본 바 있다). 본래 영어의 과학^{science}이란 단어는 라틴어의 '사이엔치아^{scientia}'에서 비롯되었는데, 이 말의 뜻은 지식, 혹은 '앎'을 의미한다. 좀 더 자세히 살펴보면 사이언스는 '안다$^{I\ know}$'는 뜻의 접두사 '사이오^{scio}'와 관련이 있으며, 이는 또다시 '분별하다' 혹은 '구분하다'라는 뜻의 인도-유럽 어근에서 유래했으며, '잘라낸다'(cuts off)는 뜻의 산스크리트어 '치야티^{chyati}', '찢다$^{to\ split}$'라는 뜻의 그리스어 '취제인^{schizein}' 등의 단어와 관계가 있다. 이러한 어근을 종합해 볼 때에, 과학이란 "사물 속에 감추어져 있는 참모습을 발견하고 진리를 자각하는 일"이란 뜻이다. 사전적 정의에 따르면 보편적인 진리나 법칙의 발견을 목적으로 한 체계적인 지식을 지시하며, 넓은 뜻으로는 학^{學}을 이르고, 좁은 뜻으로는 자연 과학을 이른다. 한자어 '과학^{科學}'이란 말은 '종교'라는 단어가 그러했듯이 일본 학자들이 서구 문물을 접할 때, 영어의 '사이언스^{science}'에 해당하는 한자어가 없자 고심하다가 과목 '과^{科}', 배울 '학^{學}' 자를 결합하여 신조어를 만든 것이라고 전해진다.

한편, 중세로부터 계몽주의 시대까지, 사이언스^{science}란 말은 모든 종류의 체계적이거나 정확하게 기록된 지식을 가리켰으며, 따라서 그 무렵에는 과학이 철학이라는 단어의 넓은 의미로부터 구별되지 않았다. 뉴턴의 만유인력의 법칙을 다룬 논문 제목이 "자연철학의 수학적 원리(프린키피아)"이었다. 아직 프랑스어, 스페인어, 포르투갈어 및 이탈리아어 등의 몇몇 언어에서는 현재까지도 이 구별이 명확히 이루어지지 않고 있다.

중세 시대의 자연신학은 토마스 아퀴나스 이래 자연의 질서 속에서 하느님의 섭리를 읽어내는 신학 방법론을 사용하여 그 내용을 구성하였다. 그러나 근대 과학의 출현과 더불어 자연신학은 점점 그 유효성을 상실해 갔다. 근대 과학이 새롭게 설명하는 세계에는 하느님의 섭리가 필요 없었기 때문이다. 이러한 결과는 일반인의 예상과 달리 갈릴레이나 뉴턴 같은 근대 과학의 기초를 놓은 과학자들의 의도와는 상반되는 것이었다. 왜냐하면 그들의 과학적 탐구의 동기는 자연신학의 방법론과 마찬가지로 자연 속에 숨겨진 하느님의 질서를 발견하는 것이었기 때문이다. 물론 그들이 처했던 교권이 지배하는 상황이 그런 동기를 가진 것처럼 보이도록 강요했는지도 모른다.

어쨌든 우리는 근대 과학이 출현한 서유럽이 기독교 문화권이었다는 점을 간과해서는 안 되며, 초기의 과학자들은 수도자들이나 성직자들이 다수였다는 점 또한 기억할 필요가 있다. 예컨대 갈릴레이는 "우리에게 두 종류의 성서가 있는데, 하나는 인간의 언어로 신·구약 성서이고, 다른 하나는 수학의 언어로 쓰인 우주와 자연이다"라고 말했다고 전해진다. 그에게 자연은 '하느님의 경륜이 감추어져 있는 제2의 성서'였던 것이다. 뉴턴 역시 과학 논문보다는 몇 배가 넘는 성서 주석에 관한 원고를 저술하였다. 이들은 과학자인 동시에 신학자였던 것이며, 이들이 자연을 연구한 동기는 하느님의 뜻을 읽어내기 위함이었다.

그럼에도 불구하고 일반인들에게 과학과 종교는 서로 충돌해 온 것으로 알려져 있다. 지동설(태양중심설이 더 정확한 말이다)을 주장했던 갈릴레이가 로마교황청의 재판을 받고 나오면서 "그래도 지구는 돈다"라고 중얼거렸다는 전설은 누구나 잘 알고 있다. 중세시대에 교회는 종종 과학자들의 새로운 발견이 교리와 상충하는 듯 여겨지면 그것의 공표를 억압했던 것도 잘 알려져 있다. 양자가 충돌하는 가장 극적인 장면 중에 하나는 다윈의 진화론을 둘러싼 헉슬리와 윌버포스 주교 사이의 논쟁이다.

다윈의 진화론이 출간된 지 1년 후인 1860년 옥스퍼드에서 열렸던 영국과학진흥회에서 사무엘 윌버포스^{Samuel Wilberforce} 주교는 나중에 '다윈의 불독'이라는 별칭을 얻었던 토마스 헉슬리^{Thomas Huxely}가 다윈의 진화론을 지지하는 발표를 끝내자 조롱하는 말투로 이렇게 질문했다고 전해진다. "당신의 말대로 인간이 원숭이 선조로부터 진화했다면, 당신의 원숭이 조상은 부계 쪽이요, 아니면 모계 쪽이요?" 좌중의 폭소가 가라앉을 때까지 침착하게 기다린 헉슬리는 "인간만이 지닌 특권이라 할 수 있는 지성을 이런 식으로 잘못 사용하는 것이 인간(어떤 전승에 의하면 여기서 '인간' 대신에 '주교'라는 단어를 썼다고 전해지기도 한다)의 천성이라면, 나는 기꺼이 인간이 아닌 원숭이 조상을 가진 것을 부끄러워하지 않겠소"라고 응수했다고 전해진다. 물론 큰 박수와 함께 헉슬리의 한판승이었다. 그 뒤로 1년 동안 영국 타임지에서 지면으로 전개된 두 사람 간의 진화-창조 논쟁 역시 과학자 그룹의 대표인 헉슬리의 승리로 끝났다(이번에는 판정승 정도라 해야 할 것이다. 왜냐하면 지식인들의 주류가 진화론으로 기울었음에도 불구하고 윌버포스 주교와 창조론자들이 끝내 굴복하지 않았기 때문이다).

윌버포스와 헉슬리의 논쟁이 극적인 장면을 연출한 것은 사실이나 이것이 진화론에 대한 기독교 신학계의 대표적인 반응이라고 보는 것은 피상적인 관찰이다. 진화론이 발표되자 이를 읽은 많은 영국의 신학자들과 성직자들은 다윈이 마침내 베일에 쌓여있던 생명의 역사에 작용한 하느님의 섭리를 밝혀냈다고 환영하였다. 물론 당시도 아일랜드의 피셔 대주교와 같이 성서를 문자 그대로 해석하는 문자주의에 얽매인 성직자들은 하느님의 창조가 기원전 4004년에 일어났음이 틀림없다는 주장을 펼치던 시대였지만, 이들의 주장이 오늘날까지 유명하게 전해져 오는 이유는 그들이 당시 신학계의 주류였기 때문이 아니라 그 논지의 단순성에 있다고 보아야 한다. 옥스퍼드 대학의 과학사학자인 존 헤들리 부룩^{John Hedley Brooke}에 따르면 윌버포스-헉슬리 논쟁은 다분히 지나치게 희화화되어 전해졌는데, 그 배경에는 과학에서의 기존의 성직자 그룹과 신흥 과학자 그룹 간의 헤게모니 다툼의 성격이 깔려있기 때문이라고 분석한다. 즉 근대 과학이 태동하고 발전하고 있었지만 여전히 성직자들은 과학계에서도 주도권을 쥐고 있었다. 중세의 유럽의 대학에는 주로 신학, 법학, 의학부만 있었지 과학이라는 분야는 독자적인 학문 분야가 아니었다. 아직 독립된 성채를 세우지 못한 과학이라는 분야에서도 당연히 당시의 엘리트 계급인 성직자들이 기득권을 점유하고 있었던 것이다. 사무엘 윌버포스 주교도 조류학자로서 당시 영국학술원의 부원장이라는 과학계의 고위직을 차지하고 있었다. 그러나 영국의 식민지 지배를 통한 부가 증대되어 교육받은 시민계급 출신의 과학자들이 늘어나자 양자 사이에 과학계의 주도권을 둘러싼 보이지 않는 긴장 관계가 형성되었다. 윌버포스와 헉슬리는 어찌 보면 이 두 진영의 대표 선수였던 것이다. 따라서 이 사건은 종교와 과학, 그 자체의 갈등이라기보다 사회적 계급의 갈등이 종교와 과학의 외피를 입고 한 판 붙은 사건이라고 볼 수도 있다.

그럼에도 불구하고 과학과 종교가 적대적이라는 관점은 서구 지식 사회의 상식이 되어갔다. 버틀란드 러셀은 1935년에 출판한『종교와 과학』이란 그의 책 제목 아래에 '독단과 이성의 투쟁사'란 부제를 달았다. 말할 나위 없이 여기서 독단은 종교를, 이성은 과학을 지시한다. 또한 두 영역의 만남을『종교와 과학의 갈등의 역사』, 또는『기독교 왕국에서의 과학과 신학의 전쟁의 역사』로 묘사한 책들이 지식인에게 큰 영향을 끼쳤다. 이러한 저작들은 모두 과학과 종교가 서로 화해될 수 없는 관계라는 가정 하에 쓰인 책들이다.

그러나 모든 이들이 다 그렇게 본 것은 아니다. 20세기 초·중반, 과학과 종교를 통합하려는 걸출한 두 인물이 있었다. 영국 출신의 수학자로서 미국으로 건너가 과정철학을 수립한 알프레드 노쓰 화이트헤드와 프랑스인으로서 예수회 사제이자 고생물학자인 떼이야르 드 샤르댕이 그들이다. 화이트헤드는 "종교의 원리는 영원한 것이지만, 그러한 원리를 표현하는 방식은 지속적인 발전을 필요로 한다"고 주장하면서 과학의 발전에 따라 종교적 표현 방식을 수정해 나간다면 과학은 종교에 유익하다고 주장하였다. 그는 종교는 끊임없이 발전하는 과학에 귀 기울여야 할 필요성을 지적하였다. 진화론자인 샤르댕은 북경원인의 발굴에 참여하여 공헌을 세우기도 했는데, 그는 인간을 완성된 존재가 아니라 아직 진화의 도상에 있는 존재로 보았다. 인간이란 종의 여러 가지 흠결은 앞으로 보다 완전한 존재로 진화하면서 완성되어야 하며, 예수는 완전한 인간성의 모델이라는 것이다. 신의 섭리는 모든 피조물이 완전해지는 오메가 포인트를 향해 나아가도록 추동한다고 보았다.

이들과 같이 신학적이고 철학적 질문에 대한 답변을 과학적 발견으로부터 읽어 내려는 시도에도 불구하고 20세기의 신학사조는 전반적으로 과학과는 담을 쌓는 것이었다. 존 폴킹혼이 지적하듯이, 20세기의 대표적인 서구 신학이었던 칼 바르트의 신정통주의신학이나 루돌프 불트만의 실존주의신학 모두 '계시' 또는 '실존'이라는 게토 속에 스스로 고립시킴으로써 과학으로부터 신학을 근본적으로 고립시켜왔다. 또한 20세기 후반에 제기된 제3세계 신학인 남미의 해방신학이나 한국의 민중신학, 인도의 달리트신학 역시 자연과학이 이룩한 새로운 발견과 영감에 대해 적극적인 성찰을 담아낼 수 없었다. 당면한 민중의 구조적 억압과 빈곤 상황의 긴박성과 절실함으로 인해 정치 경제학적 분석의 틀과 방법론에 치중하였기 때문이다. 마찬가지로 여성신학을 비롯한 기타 상황신학들도 과학과 관계에 있어서는 크게 다르지 않았다고 말할 수 있다. 하나의 예외가 있다면 생태학적 신학이다. 최근의 생태학적 신학은 자연이나 창조 세계를 신학의 주요 주제로 다룸으로써 과학과의 대화에 보다 적극적인 자세를 보이고 있다.

이러한 가운데도 20세기 후반에 들어서 과학과 신학, 또는 과학과 종교 사이의 간학문적 연구Interdisciplinary research가 개척되었는데, 이얀 바버Ian Barbour는 이 매력적인 학문 분야에 있어서 새로운 이정표를 세운 학자로 평가된다. 그는 1966년에 펴낸『과학시대의 종교』(Religion in an Age of Science)라는 책에서 과학과 종교가 서로 관계 맺는 방식을 갈등, 독립, 대화 그리고 통합이라는 네 가지 유형으로 분류하고, 20세기의 각 분야의 새로운 과학적 발견과 성과가 어떻게 종교적 함축성과 연관을 맺는지 설명하였다. 이에 대한 자세한 내용은 2부에서 찾아볼 수 있을 것이다.

바버를 필두로 과학과 신학, 또는 과학과 종교 사이의 학제적 연구가 진척되었는데, 생화학자로서 생물학과 신학의 관련성을 다룬 아서 피코크Author Peacocke, 물리학자이자 신학자인 존 폴킹혼John Polkinghorne 등이 대표적인 학자들이다. 여기서는 존 폴킹혼의 수정된 자연신학Revised Natural Theology만 간단히 살펴보기로 하자.

폴킹혼은 영국의 수리 물리학자로서 캠브리지에서 수학을 전공하였고, 그 뒤 25년간 기초물리학 분야의 최전선에 서서 쿼크 등 소립자 분야의 이론을 정립하는데 중요한 공헌을 하였다. 이러한 공로로 그는 1974년 영국왕립학회 회원에 선정되었다. 그러나 놀랍게도 명예로운 캠브리지의 물리학 교수 자리를 스스로 사임하고 신학을 공부하여 1982년, 50세가 지나서 마침내 물리학자에서 영국 성공회의 사제로 변신한다. 그는 수학에서의 아름다운 방정식의 발견이 곧 기초물리학에서 소립자의 운동에 관한 새로운 발견으로 이어진다는 것을 경험하곤 하였다. 이러한 사실은 그로 하여금 물리적 세계의 구조가 수학적인 합리성을 내포하고 있음을 명시하는 것이며, 나아가 물리적 세계가 수학의 합리성을 이해하는 인간의 정신과 맞닿아 있다는 것을 깨닫게 하였다. 그는 활발한 저술활동을 펼쳐 1983년 첫 번째 저작인 『세계가 존재하는 방식』(The Way the World Is)으로 시작하여 오늘까지 10여 권이 넘는 저작을 출판하였다. 이러한 공로로 그는 2002년 템플턴상을 수상하였다.

폴킹혼은 새로운 자연신학Natural Theology의 강력한 주창자의 역할을 자임해 왔다. 새롭게 수정된 자연신학은 윌리엄 패일리William Paley 등과 같은 낡은 스타일의 자연신학과 매우 중요한 두 가지 다른 점을 갖고 있다.

첫째로는, 과학을 학문의 영역에서 경쟁상대로 만드는 대신 새로운 자연신학은 과학을 상호 보완한다. 그 방법으로서는 우주의 주목할 만한 지성적 특성과 풍성한 결실이 단지 '우연한 행복'이 아니라, 그것들이 실현되고 있는 이 세계의 배후에 있음직한 신성한 마음과 목적을 보여주는 가장 좋은 표징임을 제시하는 방식이다.

둘째로는, 새로운 자연신학은 과학적 증거를 내세워 신의 현존을 설득하는 대신 유신론적 영감과 통찰력을 제시하는 선에서 만족하고자 한다. 이를 다른 말로 표현하면 무신론자들이 어리석다고 주장하는 대신에, 유신론이 실재를 보다 풍성하고 깊은 안목으로 바라볼 수 있다고 말하는 것이다.

2. 한국의 과학과 종교

폴킹혼의 새로운 자연신학은 한국의 종교적 상황에서의 과학 정신과 기독교 정신의 관계성을 돌아보게 한다. 자연과 인간을 조화롭게 보아온 동양의 정신적 전통을 담지하고 있으면서도, 서구로부터 도입된 과학 정신과 기독교 사상이 서로 조화되고 있지 못한 것이 오늘날 우리의 상황이다. 과학주의가 세속 사회에 큰 영향력을 행사하고 있고, 그 반대편에는 편협한 문자주의에 기반한 창조과학회가 과학에 대응하는 한국교회의 지배적인 흐름으로 나타나고 있다. 이 두 흐름이 첨예하게 부딪히면서 우리는 과학기술에 대한 성숙한 대응과 깊이 있는 학문적 토론을 이끌어내지 못하고 있는 상황이다. 날로 심각해지는 환경 문제와 생명 파괴에 대하여 전통적 가치에 기반한 진지한 종교적 성찰을 위해서도 과학과 종교 혹은 신학의 대화에 대한 관심이 필요하다.

한국의 평화사상가이자 토착적인 기독교 신앙을 추구했던 함석헌은 일제 강점기하의 선각자로서 민족의 고난에 대한 깊은 관심을 가지고 민족사를 연구하였다. 그의 사상적 밑거름은 스승 유영모로부터 영향 받은 동양철학과 민족얼에 대한 자긍심 그리고 평화를 추구하는 그리스도 사상이었다. 평생을 기독교 신앙인으로 살아온 그였지만 자연과학에 담긴 진리 추구의 정신에도 심취하여, 만일 신앙과 과학 중에 하나를 선택하라면 차라리 과학을 택하겠노라고 대담하게 밝힌 적도 있다.

이러한 극히 예외적인 선각자가 없던 것은 아니지만, 인문학과 자연과학의 교류라는 관점에서 우리나라의 전반적 학계의 풍토는 서구 학계와 비교할 때 그야말로 일천하기 그지없다고 말할 수밖에 없을 것이다. 그 이유에 대하여 화학자이자 과학 사상가인 김용준은 서양 과학이 우리나라에 도입될 때에, 본래 그리스 자연철학에서 비롯한 사물을 탐구하는 진리 추구의 정신으로서 과학이 들어온 것이 아니라, 다만 보다 잘 살기 위한 부를 창출하는 도구로서 과학기술이 도입되었기 때문이라고 분석한다. 그는 화학자로서, 아니 전체 한국의 과학자로서는 유일하게 유신 독재정권하에서 민주화 운동과 관련하여 대학에서 추방되었던 양심적인 지식인이다. 한창 연구 성과를 낼 시기에, 단지 당시 반유신(정부) 단체였던 한국기독학생총연맹KSCF에 관련을 맺은 죄 아닌 죄로 대학 강단에서 쫓겨난 그는 그보다 앞서 한국사회에서 과학과 종교를 통섭하는 궁극적 진리에 관심이 있었던 기업인 윤성범의 후원을 받아 「과학사상」을 창간하였다.

윤성범은 사업차 미국 방문 도중 우연히 들른 서점에서 프리초프 카프라의 책, 『물리학의 도』(*Tao of Physics*)를 발견하고는 흥분에 차서 국내로 가지고 들어와 번역판을 펴낼 출판사를 찾다가 여의치 않자, '범양사'라는 출판사를 설립하고 직접 번역하여 『현대 물리학과 동양사상』이라는 제목으로 출판할 정도로 통합적 진리에 목말라하던 지성인이었다. 한 사람은 기업인이고 다른 한 사람은 과학인이었지만, 두 사람 모두 통전적 진리를 향한 남다른 갈망을 간직했기에 둘은 의기투합하여 『과학사상』을 중심으로 '신과학사상연구회'를 조직하여 당시 구미에서 새롭게 제기되고 있던 신과학 사상을 한국 학계에 보급하는데 기여를 한다.

김용준은 1970년대부터 현재에 이르기까지 척박한 한국의 간학문적 풍토에서, 인간의 얼굴을 가지고 진리를 탐구하는 참된 과학 정신의 토착화와 철학, 종교학, 신학 등 인문학과의 대화를 적극적으로 전개해오고 있다. 과학과 종교의 대화에 관한 그의 지칠 줄 모르는 관심과 깊은 안목은 2005년에 펴낸 『과학과 종교 사이』에 잘 나타나 있다.

그 외에 한국에서 과학과 종교의 대화를 진척시키는데 주요한 공헌을 세우고 있는 학자로는 장회익과 최재천을 꼽을 수 있을 것이다. 장회익은 물리학자로 바람직한 과학 문화의 방향과 생명을 환원론적 관점이 아닌 상호의존성의 관점에서 보아야 한다는 관점을 제기한 『삶과 온생명』을 출판하였고, 생태학적 실천의 일환으로 서울대교수직을 떠나 1990년대 말 새롭게 설립한 녹색대학의 학장을 맡아 생태운동가를 양성하는데 헌신하기도 하였다. 최재천은 에드워드 윌슨의 제자로서 동물행동학을 전공하였는데, 환원주의 방법론에 기반한 분자생물학자들로 둘러싸인 한국생물학계의 현실에서 생명의 신비와 본질을 대중들에게 전파하는데 많은 노력을 기울였다. 윌슨의 책 『컨실리언스』(Consilience)를 번역하면서, 자연과학과 인문학을 아우르는 진리를 뜻하는 '통섭'이란 단어를 찾아 한국어 번역판 제목으로 사용했으며 이화여대에 '통섭학문연구소'를 설립하여 통섭적 진리를 탐구하는 작업을 계속 전개하고 있다.

신학자로 이 분야에 기여한 학자로는 일찍이 거의 독자적으로 물리학 혹은 천문학의 신비를 신학과 연결 지어 독창적인 상상력을 전개하여『우주의 파노라마』라는 책을 펴낸 곽노순이 있다. 그 뒤로는 한국적 생명신학을 정초한 감신대의 이정배, 미국의 로버트 러셀과 테드 피터스가 이끄는 '신학과 자연과학 연구소 Center for Theology and Natural Science'와 교류를 통해 한국 신학계에 과학과 종교의 대화를 소개하는데 공헌한 강남대의 김흡영 등이 있다.

2000년을 전후하여 한국 학계에도 과학과 종교의 간학문적 대화에 관한 번역서들이 갑자기 봇물처럼 출판되기 시작하였다. 그 물꼬를 튼 대표적인 책은 이정배에 의해 번역된 존 폴킹혼의『과학시대의 신론』(*Belief in an Age of Science*), 김흡영 외 여러 학자들에 의해 번역된 테드 피터스의『과학과 종교』(*Science and Theology*)를 꼽을 수 있겠다. 이언 바버의 책『과학이 종교를 만날 때』(*When Science Meets Religion*)도 이철우에 의해 번역되었다. 번역서 외에도 국내 저서가 상당수 출판되었는데, 김흡영은『현대 과학과 기독교』라는 저서를, 현우식은『과학으로 기독교 새로 보기』를 펴냈다. 최근 소장 학자인 신재식, 김윤성, 장대익 사이의 전자서간문 형식으로 엮은『종교전쟁』이 과학과 종교의 대화에서 주목할 만한 책이라 보인다.

이러한 모든 학문적 노력들은 앞으로 우리 사회가 종교적 근본주의와 과학만능주의가 빚는 갈등과 충돌로부터 보다 진지한 과학과 종교의 대화를 만들어 가는데 풍성한 밑거름이 되리라 생각한다.

과학과 종교의 대화를 주도하는 학문적 풍토에서 한 가지 아쉬움 점은, 서구의 학계와 마찬가지로 한국 학계 역시 정치경제학적 내지는 상황신학적 관점이 부족하다는 점이다. 서구에서 열리는 과학과 종교 간 대화와 관련된 학술모임에 참석해 보면, 참석자의 거의 대부분이 백인-남성들이다. 모임에 따라 약간 차이는 있겠지만 대략 90% 이상이 그렇다. 발표자 구성도 절대 다수가 서구-기독교를 배경으로 하지만, 가끔 비서구권 목소리를 듣기 위하여(흔히 구색을 맞춘다고 한다) 가끔 비서구 지역이나 비기독교 배경을 가진 학자를 소수 끼워 넣는 방식이다. 어찌 보면 서구 사회가 선조로부터 물려받은 풍성한 학문적·경제적·문화적 유산을 향유할 수 있는 배경을 지닌, 별로 부족할 것 없는 축복받은 진지한 지식인들의 모임처럼 보이기도 한다. 무언가 한 가지가 빠진 것 같은 느낌을 지울 수 없다. 결여된 그것은 바로 제3세계의 탈식민지적 관점, 정치경제학적 관점, 여성적 관점 등이다.

한국은 피식민지 지배와 이데올로기 전쟁으로 인한 동족살상, 군사독재 통치하에서의 인권탄압과 노동자·농민의 억압 등, 19~20세기 동안 인류 역사가 겪은 주요한 모순을 모두 떠안고 경험한 나라이다. 이러한 문제들은 아직도 분단이라는 족쇄로 남아 있으며, 지금도 모든 정치적 사안마다 좌우 이념 논쟁에 발 묶여 선진화 내지는 진보를 이루는데 결정적인 장해물로 남아 있는 실정이다. 과학과 종교가 진리를 위한 탐구일진대, 그것이 단지 인간의 삶과 동떨어진 이성적이고 사변적인 것이라면 진정한 진리는 아닐 것이다. 따라서 나는 과학과 종교의 대화에 있어, 반드시 사회경제학적 관점이 추가되어야 한다고 믿는다. 구체적 현실 사회 속에서 살아가고 있는 사람들을 위한 과학과 종교의 대화가 되어야 한다는 것이다.

3. 과학과 종교가 연대해야 하는 이유

도킨스는 종교에 의해 저질러진 사악한 행위들을 열거하면서 종교가 사라지면 이 세상의 사악함도 거의 대부분 사라지리라는 '희망'을 품고 있는 듯이 보인다(여기서 나도 '희망' 대신 '망상'이라는 단어를 쓸까 잠시 유혹을 받았다). 나는 정말로 도킨스가 종교 대 지성의 전선을 긋고 전자를 말살시키면 대부분의 인류의 사악한 행위를 종식시킬 수 있다고 생각할 정도로 지적으로 순박한^{naive}지 궁금하다. 한 발 더 나아가 도킨스는 온건한 신앙이 광신을 부추긴다고 주장한다(461쪽). 종교적 온건주의도 결과적으로 극단주의로 연결되기 때문에 아예 종교 자체를 부정해야 한다는 주장이다.

> 우리는 종교 극단주의가 아니라 바로 종교 자체를 비난해야 한다. 즉, 끔찍하게 왜곡된 종교가 아니라 정상적인 종교 말이다. 볼테르는 오래전에 그 점을 간파했다. '불합리한 것을 당신이 믿게끔 할 수 있는 사람은 당신이 잔혹한 행위를 저지르게 할 수도 있다.' 온건한 종교의 가르침은 비록 그 자체로는 극단적이지 않아도 극단주의로 이어지는 공개 초청장이 된다(467쪽).

도킨스는 종교 자체를 너무 미워한 나머지 전선을 잘못 긋고 있다. 전선은 무신론자 대 유신론자 아니라 극단주의자(근본주의자) 대 온건주의자(평화주의자)로 그어야 한다. 평화롭고 정의로운 미래 세계에 대한 꿈을 갖고 있고, 합리적인 이성과 판단력을 지닌 온건주의자들은 어떤 분야에 속해 있든지 연대해야 한다. 정치적·종교적·인종적·성차별적 편견에 기반한 극단주의와 근본주의자들의 반인도주의적 행태에 함께 대항하여 보다 선한 사회와 제도를 만들기 위한 온건주의 연대를 꾸려야 한다. 이 연대에는 과학자도 종교인도 함께 동참해야 한다. 전쟁을 부추기는 이데올로기에 맞서야 하고, 민족우월주의와 인종주의, 성차별주의를 은연중 획책하는 정치인들을 무대에서 쫓아내야 한다. 소수자의 권리를 존중하는 사회를 만들어야 하고, 환경오염과 생태계 파괴에 경각심을 가지고 대처하여 지구온난화를 막고 지속가능한 발전을 이루는 녹색 문명을 가꾸어야 한다. 이러한 선한 싸움은 결코 종교 대 과학의 싸움이 아니라, 진보적 가치와 상생을 추구하는 정치인, 학자, 시민운동가, 과학자, 예술가, 종교인, 기업인, 사업가, 상인, 샐러리맨, 주부, 학생들이 연대하여 벌이는 싸움이다.

이쪽과 반대편에도 마찬가지로 똑같은 부류의 사람들이 있다. 나와 다른 사람을 미워하여 공공연히 평화보다는 전쟁을 지지하고 차별과 양극화를 정당화하는 과학자와 종교인들이 있다. 전선은 과학 대 종교가 아니라, 더불어 살아가고자 하는 공동체적 가치와 나 혼자만 혹은 우리끼리만 잘 살면 그만이라는 독선적이고 이기주의적 가치 사이에 형성되어 있다.

강력한 증거가 있다. 과거 한국의 독재정권에 저항한 민주화 투쟁에는 상당수의 종교인이 인권 존중과 민주주의를 열망하는 정치인, 학자, 언론인, 학생들과 하나가 되어 투쟁했다. 그러나 그 반대편에서는 독재자를 위한 조찬 기도회와 법회를 열심히 열었던 종교인들이 있었다. 지난 2007년 안면도 유조선 충돌 사고로 기름이 유출되었을 때도 자발적인 집단으로는 다른 어느 집단보다도 많은 수의 종교인들이 찾아와 주민들과 함께 기름 제거 작업을 벌였다. 사고를 낸 기업이 보상이나 사후처리에 소극적인 동안에, 세계적으로도 유례가 없는 1백만 명이 넘는 자원봉사자들이 구름 떼와 같이 몰려와 바닷가로 달려가 바위와 자갈에 달라붙은 기름을 닦아내고 모래를 덮은 기름을 걷어냈다. 평소에 한국교회에 대해서 비판적인 나의 생각을 재고하게 한 장면은, 안면도 백사장의 주차장을 가득 메운 전국 각지에서 온 교회 차량들이었다. 피해 지역의 교회들은 멀리서 찾아온 자원봉사자들의 본부가 되어 방재 도구와 라면을 제공하면서 자원봉사자들과 하나가 되어 해안 생태계를 복구하고자 안간힘을 쓰고 있었다. 전체 자원봉사자들의 종교 유무의 비율을 조사한 자료는 없지만, 한눈으로 보기에 기독교인들이 절반이 훨씬 넘는 것으로 보였다. 지금도 생태계 파괴를 우려하는 4대강 사업에 반대하여 스님과 신부와 목사들이 전국의 강을 따라 순례를 하고 삼보일배를 하면서 일치를 이루고 있으며, 이러한 싸움에는 종교의 다름과 유무를 떠나 연대를 형성한다.

생명평화를 기치를 내건 이들의 반대편에도 역시 종교의 다름과 유무를 떠나 개발과 부의 증대만을 최우선의 가치로 여기는 이들이 한데 힘을 합쳐 밀어붙이고 있다. 진보적 기독교 인사들은(편의상 '좌'라 부르겠다) 좌편에 있고, 기독교 뉴라이트들은 우파에 위치한다. 불교와 다른 종교인들도 그런 식으로 나누어지고, 학자들도, 시민들도 양 편으로 나누어진다. 무신론자와 유신론자의 대결 구도가 아니라 가치관 내지는 세계관의 차이에 따라 전선이 형성된다.

4. 결론

아쉽게도 도킨스가 그렇게도 열렬히 관심하는 유신론과 무신론
의 대결은 주로 인터넷 웹 사이트에서만 치열하게 전개되고 있다.
도킨스가 『만들어진 신』을 저술하는데 많은 자료들을 의존한 웹 사
이트들 말이다. 지적 토론을 엄격히 고수하는 것을 원칙으로 하는
개인이나 단체가 운영하는 소수의 웹 사이트들을 제외하고는, 대개
는 원래 개설자의 의도와는 달리 비생산적이고 상호파괴적인 논쟁
을 즐기는 일부 광신도들과 소수의 무신론자 논객들의 놀이터이다.
이러한 곳의 단골손님들은 지적 겸손과 상호존중의 원탁에 둘러 앉
아 전개되는 진지한 토론을 답답해한다. 단지 상호비방을 통하여
가학적이고 피학적인 쾌감을 즐기는 부류가 대부분이다. 아울러 보
다 나은 세상을 만들기 위한 실천에는 조금도 참여해본 적이 없는
사람들일 대부분일 것이다. 진화론을 둘러 싼 토론을 제목으로 걸
어놓은 사이트에 들어가 보면 당장 확인할 수 있다.

나타나엘은 잘못된 선입견을 가지고 "대체 나사렛에서 무슨 신
통한 것이 나오겠는가?"(요한 1:46)라고 물었다지만, 나도 다시 묻
고 싶다. "유·무신론자들이 서로 꼬리에 꼬리를 물고 막말과 삿대질
을 해대는 웹 사이트에서 무슨 신통한 것이 나오겠는가?" 한 가지
유념할 대상이 있긴 하다. 열성적인 창조론자들의 온-오프라인 활

동은 경각심을 가지고 지켜보아야 할 대상이긴 하다. 우리 사회, 특히 과학 교육현장에 많은 혼란과 갈등을 불러올 가능성이 있기 때문이다. 이 문제는 과학과 종교의 대화에서 보다 자세히 살펴볼 것이다.

만사가 그렇듯이 종교도 긍정적인 역할이 있고 부정적인 역할이 있다. 과학도 마찬가지로 이기의 도구일 수도 있고 파괴의 도구일 수도 있다. 그 판단은 역사적인 맥락에서 그것이 인간의 자유와 해방과 진리와 도덕 그리고 생명의 아름다움을 꽃 피우도록 기여했는지, 아닌지로 판단할 일이다. 거듭 말하자면 모든 종교는 사악하지 않다. 모든 철학과 과학과 사상이 그러하듯이. 좋은 놈이 있는가 하면 나쁜 놈이 있다.

신은 불변의 존재인가?

이제 평화 이론을 마치기 전에 이 책의 제목을 『종의 기원 vs 신의 기원』으로 정한 나의 생각을 말해야 할 필요를 느낀다. 이 제목은 앞에서도 밝혔듯이 "도킨스의 『만들어진 신』에 대한 신학적 응답" 이라는 논문을 구상하고 있던 중 어느 날 번쩍하고 머릿속에 떠올랐다. 만일 내가 도킨스를 만나 토론할 기회가 생겼는데, 내게 주어진 기회는 단 한마디 말이라면 과연 무슨 말을 해야 할 것인가? 그것은 다윈이 『종의 기원』에서 오늘날 우리가 바라보는 이 풍성한 종(생명)은 처음부터 고정된 형태로 존재해 온 것이 아니라 하나의 기원으로부터 진화되었다고 설명한 것처럼, 인류의 모든 문화권에서 찾아볼 수 있는 다양한 형태의 신의 개념, 신의 모습, 신의 특성, 신에 대한 믿음의 내용 역시 고정된 존재가 아니라 시대와 맥락에 따라 변화된다는 것이다. 그러므로 도킨스가 '망상'이라고 부르고, 존재를 부정한 신이라는 개념은 어쩌면 이미 용도 폐기된 오래된 신의 개념으로서 오늘날의 신의 모습이 아닐지도 모른다. 마치 버제스 혈암에서 발견된 화석이 말해 주는 당시 생명의 세계가 오늘날의 그것과 너무도 다른 것처럼 말이다. 이제 진화론과 창조 신앙의 본질에 대해 간단히 살펴보는 것으로 평화 이론의 이야기를 마치고자 한다.

1. 진화론과 창조론

먼저 진화론부터 살펴보자. 다윈은 150년 전 『종의 기원』을 출간하여 다양한 생물의 세계가 단일한 종에서 진화했음을 설명하였다. 진화론에서 핵심적인 개념은 '변이'와 '자연선택'이다. 『자연선택의 수단에 의한 종의 기원』이라는 원래의 제목이 시사하듯 다윈의 진화론의 골자는 '자연선택'이라는 하나의 원리가 생명 현상의 다양성과 복잡성을 설명할 수 있다는 것이다.

다윈은 젊은 시절 해군 탐사선 '비글'호에 박물학자로 승선하여 갈라파고스 제도에 분포한 진귀한 동식물들을 관찰한 결과, 같은 종류의 동식물이면서도 바다로 인해 고립된 이웃한 섬마다 생김새가 서로 조금씩 다른 동식물들이 분포해 있다는 것을 알게 됐다. 다윈은 이러한 차이가 생물이 번식할 때에 아주 미세하지만 꾸준히 발생하는 '변이'에 의해서 그리고 각 섬마다 조금씩 다른 환경에 적응하는 과정에서 보다 유리한 생물학적 특성을 지닌 것들이 우세한 종으로 살아남았기 때문이라는 것을 깨달았다.

일반적으로 생물들은 엄청난 수의 후손을 남긴다. 부모 세대로부터 태어난 많은 수의 후손들은 약간씩 다른 생물학적 특성을 지니는 다양한 변이가 발생하는데, 이러한 특성 중 어떤 것은 특정한 환경에 유리하기 때문에 살아남고 다른 것은 그렇지 않기 때문에 살아남지 못한다는 것이다. 즉 변이에 의해 특정한 장점을 지닌 생물이 환경에 의해 자연 선택되는 것이다. 그리고 이러한 과정이 오랫동안 되풀이되면 결국 하나의 조상으로부터 다양한 생물 종이 발생할 수 있다는 것이 다윈이 수립한 진화론의 핵심이다.

진화론은 생명이 고정된 형태가 아니라 변화하는 존재임을 알려주었다. 생명이 하나의 기원에서 진화했다는 주장은, 코페르니쿠스의 우주론적 전환에 이어 기독교 신앙에 대한 두 번째로 큰 도전이 되었다. 진화론이 내포하는 신학적 함의는 일견 기독교 신앙과 정면으로 상충하는 것처럼 보이기도 한다. 성서는 하느님께서 모든 생물을 창조했다고 기록하고 있으며, 모든 생명의 근원은 하느님이라는 신조는 가장 기본적인 교리 중의 하나이기 때문이다. 하지만 나는 반드시 이런 식으로 생각할 필요는 없다고 생각한다. 진화론이 창조론에 도전이 되는 것처럼 보이기는 하지만 기독교 신앙과 진화론이 조화하지 못할 이유도 없다. 이는 우리가 하느님의 창조를 어떻게 이해하느냐에 달려 있다.

진화론은 하나의 과학 이론이지만, 창조론은 엄밀한 의미로 과학 이론이 아니라 창조에 관한 신앙 고백이다. 창조 신앙의 핵심은 무엇인가? 그것은 "첫째 이 세계가 하느님에 의해 창조되었으며 스스로 독립적이고 절대적인 것이 아니라 하느님께 의존적인 것이며, 둘째 이 세계는 본질적으로 선하며 질서 정연하며, 셋째 하느님은 세계의 주권자이시며 스스로 자유롭고 초월적인 분이시다"라는 것이다. 이러한 창조 신앙은 이스라엘의 히브리성서에 창조 이야기가 기록될 당시의 종교 문화적, 사회 경제적 상황을 반영한다.

히브리성서 창조 이야기의 문학적 형식과 소재가 당시 고대 근동 지방에 지배적인 바빌론 창조설화와 많은 공통점을 지니고 있음은 잘 알려져 있다. 하지만 세계와 생명과 인류가 신들의 전쟁 혹은 우발적 사건들로 인해 생겨났다고 말하는 바빌론 창조설화와 근본적인 차이는 창조주가 선한 본성과 의지로 세계와 생명과 인간을 만들었다는 것이다. 그렇다면 창조 신앙의 핵심은 이 세계가 인간에 대해 호의적이고 질서 정연한 장소로, 결코 물리적 세계가 스스로 신성이나 마성魔性을 지닌 두려워해야 할 대상이 아니라는 것이다. 이는 인류의 고대 종교 문화에서 보편적으로 발견되는 뿌리 깊은 자연 숭배나 동물숭배로 인한 인신 희생 제사 등과 같은 인간을 억압해 온 악습과의 단절 내지는 투쟁을 의미하는 것이다. 즉 히브리성서에 기록된 창조 신앙의 본뜻은 한마디로 자연 세계로부터 인간의 해방에 있는 것이다. 하느님의 창조가 과학적 시간으로 따져 언제 일어났는지, 며칠에 걸쳐 어떤 순서대로 무엇 무엇을 만들었는지는 전혀 중요한 문제가 아니라는 것이다. 그런데 창조론자들은 이것이 창조 신앙의 중심인양 성서구절을 붙잡고 과학과 맞서고 있는 것이다.

물론 진화론이 함축하는 내용이 아무런 도전이 되지 않는다고는 말할 수 없다. 진화론은 생명의 기원과 진화의 방향이 우연한 것이며, 목적이 없다는 함의를 지니고 있기 때문이다. 하지만 이러한 함의는 진화론 자체의 내용이라기보다는 '함의'라는 단어 그대로 진화론에 포함된 철학적, 형이상학적 질문이다. 다윈의『종의 기원』의 주된 내용은 생명이 변이를 낳고 환경 속에서 선택되고 새로운 종이 만들어지는 과정과 기제에 관해 설명하는 것이지, 그것에 담겨진 형이상학적 의미에 관한 논쟁이 아니다. 그러므로 진화론을 두고, 신앙적 입장에서 과학에 뛰어들어 성서에 어긋나는 과학은 잘못된 과학이라며 싸움을 벌이는 성서적 문자주의의 입장이나, 반대로 그 형이상학적 의미를 추려서 신학에 뛰어들어 너희가 말하는 신의 창조 따위는 폐기해야 한다고 조롱하는 입장 모두 무리한 시도인 것이다.

　대개 형이상학적 논쟁은 그 성격상 끝장을 볼 수 있는 논쟁이 아니다. 이는 신념에 관한 문제이기 때문이다. 우리는 사실에 관한 문제, 즉 과학 이론은 그 내용을 공부해서 배우는 자세가 필요하고, 의미와 신념에 관한 문제, 즉 철학과 신학은 진지하게 상대방의 이야기를 듣고 대화하는 자세가 필요하다. 창조론자들은 가치와 신념체계인 신앙으로 과학을 판단하는 무모한 시도를 하고 있고, 도킨스와 같은 다윈주의 무신론자들은 사실 규명과 설명이 주된 목적인 과학을 가지고 신학을 심판하는 과학 제국주의적인 교만을 보여 주고 있다. 오늘날 전 세계에서 벌어지고 있는 진화론과 창조론의 갈등과 계보에 관한 이야기는 최근 나온『종교전쟁』(신재식 외, 사이언스 북스, 2009)에 상세히 나와 있으므로 관심 있는 독자는 참고하시라.

　나는 신학자이기 이전에 신앙인이지만 진화론을 받아들인다. 물론 아무런 의심이나 질문이 없는 것은 아니다. 우선 진화론은 그저 '우연히' 발생했다고 말하는 생명의 기원에 관한 의문은 여전하다. 수백 마리의 원숭이가 각자 타자기를 가지고 놀면서 수백 년간 두드리다보면 우연히(?) 아름다운 시 한 구절이 나올 수 있듯이, 지구의 역사와 환경은 최초의 자기 복제자가 출현할 정도로 충분히 긴 시간과 조건을 갖추었다고 말할 수 있을 것이다. 하지만 "그렇다면 그 일이 왜 단 한 번밖에 일어나지 않았을까?"라는 의문이 생긴다. 지구탄생 약 15억 년 뒤에 최초의 자기 복제자가 생겼는데, 그 이후 35억 년 동안에는 다시 반복되지 않았다는 것은 내게는 조금 이상하게 생각된다.

또한 지적설계론 자체는 받아들이지 않는다. 그것이 제기하는 생명 현상에 광범위하게 내포된 '환원 불가능한 복잡성' 개념은 여전히 진화론이 앞으로 설명해야 할 숙제로 남아 있다. 마치 쥐덫이 목적에 부응하는 하나의 도구로 작동하려면 하나하나의 낱개 부품으로는 전혀 의미가 없고, 쥐덫이라는 목적을 염두에 두고 전체가 통째로 설계되어야 한다는 주장이 지적 설계론의 핵심이다. 이러한 논증은 어떤 면에서는 이미 흄에 의해서 반박된 패일리의 창조론 논증과도 비슷하다. 패일리는 이런 비유를 들었다. 어떤 사람이 인적 없는 황무지를 탐사하다가 돌멩이를 발견했다면 전혀 관심을 기울이지 않겠지만, 만일 시계를 발견한다면 그는 당장 관심을 기울이며 "이것을 누가 여기에 떨어뜨려 놓았을까?" 하고 질문한다는 것이다. 생명은 시계보다 훨씬 더 정교하고 복잡하므로 설계자 없이는 만들어질 리가 없다는 것이 패일리의 주장이었다. 이에 대해 흄은 만일 기계라고는 본 적이 없는 어떤 사람이 처음으로 군함과 같은 거대한 배를 본다면 "도대체 이런 어마어마한 기계가 어떻게 만들어졌을까?"하고 신기해하겠지만, 그 군함은 최초의 인류가 타던 통나무 카누에서부터 시작하여 뗏목, 나룻배, 범선, 기선 등으로 차츰차츰 발전된 것으로서 반드시 초월적인 설계자를 도입할 필요가 전혀 없다고 주장하였다. 지구의 오랜 역사와 환경 속에서 변이와 자연선택은 특정한 목적 없이 생명의 복잡성을 설계한 '눈먼 시계공'이라는 것이 다윈주의가 생명의 설계자와 목적성을 인정하지 않는 논거이다.

이러한 논증에도 불구하고 아직까지는 현대 생물학이 생명체의 미시적 차원에서 발견되는 환원 불가능한 복잡성에 대하여 만족할 만한 충분한 설명을 제공해 주지는 못하는 듯하다. 이 문제에 대해서는 어쩌면 일리야 프리고진이 제시한 카오스 속에서 저절로 생겨나는 물질의 '자기 조직'의 경향성 속에서 앞으로 설명 가능한 답을 찾을지도 모른다. 만일 이것이 정답이라면 우리는 물리적 우주 안에 내포된 목적성 내지는 방향성을 일정 정도 읽어낼 수 있지 않을까 생각한다.

비록 이러한 의문이 남아 있으며 진화론이 생명의 모든 것에 대해 완벽한 설명을 제공하지 못한다 하더라도 나는 진화론 자체를 받아들이기를 주저하지 않는다. 그 이유는 내 자신이 진화론의 설명보다 더 나은 설명을 듣지 못했기 때문이기도 하지만, 더 중요한 이유는 과학 공동체에 대한 신뢰 때문이다. 생명을 이해하고자 하면서 해당 분야의 전문가인 생명과학자들을 믿지 않는다면 누구를 믿는 단 말인가? 물론 과학사를 살펴볼 때에 토마스 쿤이 지적한대로 기존의 정상 과학이 패러다임의 틀 안에서 보다 정확하고 새로운 진리를 받아들이기를 꺼려왔다는 한계가 없는 것은 아니다. 그럼에도 불구하고 새로운 과학의 개척도 과학자들의 몫이지 신학자나 철학자들의 몫은 아니다. 진화론이 설득력이 약간 부족하다고 해서 창조론으로 대체한다는 것은 어불성설인 것이다. 태초에 말씀으로 세계와 만물을 창조했다는 성서의 구절이 신의 절대성과 초월성을 뜻하는 것이지, 문자적 의미에서 언제, 어떤 방식으로 만들었다는 의미는 아니지 않은가? 성서를 과학 교과서와 혼동하는 것은 신앙을 지키는 것이 아니라 오히려 격하하는 것이라고 나는 생각한다. 진화의 과정조차도 포용하여 역사를 섭리하시는 신을 믿는다면 진화론이 신앙을 흔들 이유가 없는 것이다.

2. 신의 기원

이제 신의 기원에 관한 이야기를 하자. 나는 한국 교회, 특히 개신교의 지나친 근본주의 신앙을 비판적으로 보는 신학자로, 도킨스의 종교 비판을 상당 부분 수긍한다. 하지만 내가 보기에 도킨스의 유신론 비판은 종교의 본질을 향한 것이라기보다는 종교의 피상적이고 현상적 부분에 집착한 것처럼 보인다. 도덕의 기원에 대한 설명, 혹은 왜 이기적 유전자를 지닌 존재가 이타적일 수 있는지를 설명하면서 종교의 기원을 찾고 그 근원적인 실체에 대한 부정을 시도하지만, 그것으로 종교의 의미를 충분히 설명했으며 용도폐기해야 하는 이유를 제시했다고 생각하지는 않는다.

도킨스가 이제는 우리가 버려야 할 '망상'이라고 지칭한 신은 내가 보기에 그야말로 '오래된 신'이다. 미국의 버제스 혈암에서는 캄브리아 중기의 생명의 모습을 생생하게 보여 주는 화석이 다량 발견되었다. 이 화석들을 토대로 그려본 그 시대의 생명의 모습은 지금과는 너무도 달라서 마치 SF 영화에 나오는 외계인의 행성과도 같다. 그러므로 특정한 시대에 살았던 생물의 일부 흔적을 가지고 전체 생명의 실체와 모습을 말하는 것은 아주 잘못된 것이다.

종교와 신학의 세계도 그러하다. 하나의 예를 들어보자.

아브라함이 이사악을 제물로 바치려는 이야기가 성서에 나온다. 도킨스도 이 이야기를 예로 들면서, 자기 아들을 불살라 제물로 바치라는 신이 얼마나 못된 신인지, 설령 양을 대신 바치게 하여 이사악의 목숨을 구해 주었다 해도 어린 이사악이 입었을 치명적인 정신적 상처를 생각해 보면 이것이 얼마나 끔찍한 이야기인지 비판하였다. 하지만 이 설화의 본질은 인류가 반드시 극복했어야 하는 고대 인신 희생 제사의 악습과의 투쟁사이다. 세계 도처에서 발견되는 인류고고학적 증거들은 어린이를 신에게 희생 제물로 바치는 인신 제사의 풍습이 고대 인류 사회에 광범위하게 퍼져 있었음을 알려준다. 히브리성서는 오랫동안 구전되어 온 신화와 설화들은 야훼 신앙의 세계관과 인간관에 따라서 재구성한 것이다. 아브라함이 이사악을 제물로 바치려 했다가 양으로 대신했다는 이 이야기는 당시 고대 사회에서 일어난 두 집단 간의 갈등과 대립을 반영한다. 여전히 어린아이를 신에게 바치는 예배 양식을 고집하는 전통적인 기득권 집단과 인신 제사에 반대하는 새로운 개혁적인 집단 사이에 있었던 긴장 그리고 마침내 후자가 승리했음을 알려주는 고대 설화로 읽어야 한다.

　다윈의 『종의 기원』이 우리에게 가르치는 내용은 생명이 하나의 종으로부터 오늘날의 풍성하고 다양한 종으로 진화되었다는 사실이다. 그와 마찬가지로 신에 대한 개념도 인류의 최초의 생각으로부터 시작하여 점차 발달되어 왔다. 원시 호미니드들 내면에서 일어난 번개와 천둥이 치듯 불현듯 일어난 첫 생각들, 즉 죽음이나 자연이나 맹수의 위협 앞에 무력하고 왜소하고 부끄러운 자신의 존재와 대조되는 대상을 떠올리게 되었다. 그 대상은 곧 거대하고 장엄하고 성스러우며, 또한 자신들을 보호해 줄 수 있는 완전하고 초월적이고 전능한 존재인 신 개념으로 발전되었다.

　많은 사람들은 이스라엘 백성이 유일신을 믿은 것으로 알고 있다. 하지만 구약성서에서도 하나의 신만 소개되지 않는다. 나의 동료이자 구약학자인 김은규 신부가 펴낸 『하느님 새로 보기 ― 종교 간 대화를 위한 구약성서 다시 읽기』에서 구약성서에 등장하는 여러 신들의 이름을 분석하면서, 이스라엘 백성들이 주변의 경쟁하던 여러 종족과 투쟁, 혹은 협력하는 역사를 겪으면서 고대 근동 지방의 여러 문화권에 유행했던 다양한 종류의 신과 갖가지 신앙을 받아들여 하나의 유일신 사상으로 점차 발전되었음을 잘 밝혀 주고 있다.

이러한 종교 혼합 현상은 아주 당연하고 보편적인 현상이다. 한국의 불교도 1천 년 이상의 역사를 거치면서 토착 샤머니즘과 도교와 유교의 신앙을 흡수하여 발전해 왔다. 대부분의 사찰 뒤편에 위치한 삼신각은 도교의 신들을 모시는 사당이다. 예수 그리스도의 신앙도 그러했다. 기독교가 로마의 국교가 되면서 유럽 지역에 번성했던 다양한 종교 문화를 흡수하여 새로운 기독교 신앙을 만들었다. 성탄절은 본래 고대 유럽인들이 지켜 오던 태양 숭배 신앙을 받아들여 기독교의 가장 큰 축일이 되었다. 북반구에서는 동지인 12월 22일에 태양 위도가 가장 낮아졌다가 사흘간 같은 위도에 머무는 것처럼 보일 정도로 거의 차이가 없다가 12월 25일에 비로소 1도 상승한다. 죽음의 세력이 겨울로부터 벗어나 생명을 가져다주는 태양이 다시 살아나는 날인 것이다. 생명의 신이 다시 힘을 얻는 이날을 기려 축제를 벌이던 습관이 기독교로 전해져 구세주 예수의 탄생일이 된 것이다. 대부분의 종교 관습 중에는 오늘날 현대인의 눈으로 보기에는 이해하기 어렵고 수긍이 가지 않는 점이 많으나 당시에는 다 타당한 이유와 합리성이 있었던 것이다.

신에 대한 개념과 신앙이 인류 문화와 역사를 거쳐서 발전되어 온 것이라면 신은 어디에 존재하는가? 신은 단지 우리의 머릿속에만 있는 가상적인 존재인가? 도킨스는 전통적인 신 증명론의 허점을 비판하면서 자신은 신이 없다는 증명을 논증해 보이고 있다. 신 증명론과 관련하여 맥그라스는 토마스 아퀴나스의 신 증명론은 신 존재의 유무에 관한 논증이라기보다 신을 믿는 이유의 일관성과 합리성을 논증한 것이라고 적절히 지적하였다.

　나는 신이 결코 신 증명론이나, 혹은 신 부재 증명론을 통해 증명되거나 부정될 수 있다고 생각하지 않는다. 그것은 신을 믿는 이유 혹은 믿지 않는 이유를 강화하는 논리일 따름이다. 신이라는 개념 자체가 인간의 논리나 언어를 통해 증명될 대상이 아닌 것이다. 신은 믿는 사람의 마음속에 존재하며, 믿는 자에게는 세계 안과 밖 어디에나 존재하지만, 믿지 않는 사람에게는 어디에도 존재하지 않을 것이다.

II부
과학신학에서
생명신학으로

II부에 실린 글 출처

"과학과 종교의 비판적 실재주의"
  : 「종교연구」 제39집(2005년 여름)
"빅뱅 우주론과 기氣 우주론에 대한 신학적 성찰"
  : 「신학사상」 제136집(2007년 봄), 수정 보완
"생명, 그 경이로운 행진을 바라보는 몇 가지 시각에 대하여"
  : 손규태 교수 성공회대학교 정년퇴임 기념논문집 『공공성의 윤리와 평화』
    (서울: 한국신학연구소, 2005)
"생태위기 시대에 생명의 상호의존성"
  : 「종교연구」 제50집(2008년 봄)

과학과 종교의 관계

1. 과학의 이성과 종교의 독단?

대중들은 흔히 과학과 종교 간의 관계는 상호 적대적인 것으로 알고 있다. 지동설을 지지했던 갈릴레이에 대한 로마교회의 재판이나, 다윈의 진화론을 둘러싼 헉슬리와 윌버포스 주교 사이의 논쟁은 이러한 비우호적 관계를 극적으로 드러낸다.[1] 버틀란드 러셀은 1935년에 출판한 『종교와 과학』이란 그의 책 제목 아래에 '독단과 이성의 투쟁사'란 부제를 달았다.[2] 두말할 나위 없이 여기서 독단은 종교를, 이성은 과학을 지시한다. 또한 두 영역의 만남을 "종교와 과학의 갈등의 역사"[3] 또는 "기독교 왕국에서의 과학과 신학의 전

---

1 다윈의 진화론이 출간된 지 1년 후인 1860년 옥스포드에서 열렸던 영국과학진흥회에서 사무엘 윌버포스(Samuel Wilberforce) 주교와 진화론에 관한 발표를 했던 토마스 헉슬리(Thomas Huxely) 사이의 논쟁. John Hedley Brooke, *Science and Religion: Some Historical Perspectives* (Cambridge University Press, 1991), 34, 40-41.

2 Bertrand Russell/송상용 옮김, *Religion and Science*, 『종교와 과학: 독단과 이성의 투쟁사』 (서울: 전파과학사, 1994).

3 John William Draper, *History of the Conflict between Religion and Science*, 1875.

쟁의 역사"[4]로 묘사한 책들이 지식인에게 큰 영향을 끼쳤다. 이러한 저작들은 모두 과학과 종교가 서로 화해될 수 없는 관계임을 역설한다.

그러나 모든 이들이 다 그렇게 본 것은 아니다. 화이트 헤드는 "종교의 원리는 영원한 것이지만, 그러한 원리를 표현하는 방식은 지속적인 발전을 필요로 한다"라고 주장하면서 과학의 발전에 따라 종교적 표현 방식을 수정해 나간다면 과학은 종교에 유익하다고 주장하였다.[5] 그는 종교는 끊임없이 발전하는 과학에 귀 기울여야 할 필요성을 지적하였다. 그럼에도 불구하고 존 폴킹혼이 지적하듯이, 20세기의 대표적인 서구신학 사조였던 신정통주의신학(바르트)이나 실존주의신학(불트만) 모두 '계시' 또는 '실존'이라는 게토 속에 스스로 고립시킴으로써 과학으로부터 신학을 근본적으로 고립시켜왔다.[6] 또한 20세기 후반에 제기된 제3세계 신학 역시 민중의 구조적 억압과 빈곤의 상황에 응답해야 하는 '정치-경제적' 신학(구티에레즈의 해방신학, 안병무의 민중신학)의 절심함으로 인해 자연과학이 이룩한 새로운 발견과 영감에 대해 적극적인 성찰을 담아낼 수 없었으며, 여성신학이나 기타 상황신학들도 과학과 관계에 있어

---

4 Andrew Dickson White, *A History of the Warfare of Science with Theology in Christendom*, 1895.

5 Whitehead expressed the necessity of interaction of the two domains: "Religion will not regain its old power until it can face change in the same spirit as does science. Its principles may be eternal, but the expression of those principles requires continual development." Alfred North Whitehead, *Science and the Modern World* (London: Cambridge University Press, 1926), 263.

6 John Polkinghorne, *Belief in God in an Age of Science* (New York: Vail-Ballou Press, 1998), 80.

서는 위 여타 신학들과 크게 다르지 않다고 말할 수 있다. 하나의 예외가 있다면 생태학적 신학이다. 최근의 생태학적 신학은 자연이나 창조세계를 신학의 주요 테마로 다룸으로써 과학과의 대화에 보다 적극적인 자세를 보이고 있다.

이러한 가운데 지난 30여 년 전부터 과학과 신학, 또는 과학과 종교 사이의 간학제적 연구(Interdisciplinary research)가 진척되었는데, 이얀 바버는 이 분야를 개척함에 있어서 이정표를 세운 공로를 남긴 학자로 평가된다.7 그는 과학과 종교가 서로 관계 맺는 방식을 갈등, 독립, 대화 그리고 통합이라는 네 가지 유형으로 분류하였다.8

2. 과학과 종교의 관계 유형

1) 갈등

첫 번째 유형인 갈등 관계는 과학과 종교의 양쪽에서 각자의 입장을 대표하는 두 가지 극단적인 관점이 맞부딪힘으로써 조성된다. 과학 쪽에서는 과학적 물질주의, 물질적 환원주의 또는 과학만능주의가 있고, 반대편에는 성서적 문자주의에 입각한 창조과학회(또는

---

7 Ian Barbour의 *Issues in Science and religion* (SCM Press, 1966)은 이 분야의 새로운 장을 개척한 작업으로 평가된다.

8 Ian Barbour, *Religion in an Age of Science* (SCM Press, 1990), chap. 1.

과학적 창조주의)를 예로 들 수 있다. 과학적 물질주의 또는 물질적 환원주의는 세계의 근본은 물질이며 환원적 방법만이 진리 탐구의 최선의 방법이라고 주장한다. 나아가 과학만능주의는 모든 문제의 해결은 결국 과학에 의해서 가능하다고 믿는다. 이러한 과학주의의 관점에서 종교란 과학시대 이전의 구시대적 유물로 치부된다. 반면 성서적 문자주의는 성경의 모든 문자는 하느님에 의해 계시된 말씀으로서 과학의 영역을 포함하여 모든 분야에 관하여 진리의 원천으로 간주한다. 따라서 창조과학회는 정상과학에서 인정되는 진화론 등의 과학이론들을 받아들이지 않고, 성경 구절에 부합하여 창조과학이라 이름 붙여진 새로운 과학을 제안하고자 노력한다. 그리하여 이러한 두 가지 입장이 만날 때 과학과 종교는 서로 충돌한다. 한국적 상황에서도 이러한 갈등 관계를 어렵지 않게 찾아볼 수 있는데, 그것은 과학만능주의와 창조과학회 간의 대립에서 나타난다. 최근 네티즌 사이에는 과학만능주의적 입장이 상당히 광범위하게 퍼져 있는 것을 자주 발견할 수 있는데 이 입장은 반 기독교적 정서와 관련이 있는 것으로 보인다.[9]

한국교회의 대부분 목회자들은 과학을 외면하는 입장을 취하는 것으로 보이는데 일부에서는 창조과학회 활동에 적극적으로 참여함으로써 과학과 대립하는 모습을 찾아볼 수 있다.

---

9 '안티 기독교'를 표방하는 사이트와 회원들이 다수 존재한다. 이들은 흔히 기독교 대신 '개독교'라는 모독적인 용어를 쓰기도 한다.

2) 분리

한편 분리 관계는 위에 언급한 20세기의 대표적인 신학적 입장들에서 찾아볼 수 있다. 계몽주의 시대 이후 신학자들은 흔히 객관 영역과 주관 영역으로 과학과 신학을 분리하는 전략을 사용해 왔다. 즉 성경적 우주관이 과학적 발견과 부합하지 않게 되자, 물리 세계를 설명하는 영역에서는 객관 진리로서의 과학에게 진리의 권위를 내어주고, 상대적으로 인간의 문제 또는 윤리적 실천과 관련된 영역에서는 주관적 진리로서 신학의 유효성을 한정해 왔다. 이것은 바로 칸트가 구분한 순수이성과 실천이성의 이분법 도식을 승계한 것으로도 볼 수 있다. 신정통주의 신학이나 실존주의 신학에서는 창세기의 창조설화를 세계의 생성에 대한 과학적 설명이 아니라 세계의 시작에 관한 히브리적 신앙의 표현양식, 즉 창조에 관한 계시 또는 신앙적 고백으로 받아들임으로써 현대 과학과 아무런 충돌을 일으키지 않는다.

또한 언어분석철학의 연구에 근거하여 과학과 종교를 분리시키기도 한다. 이는 두 영역이 각각 완전히 상이한 언어체계를 사용하고 있어서 서로 대화하거나 공유할 어떤 공통분모도 존재하지 않는다고 간주하는 입장이다. 그런데 만일 과학과 종교가 완전히 독립적이라면 갈등은 피할 수 있겠지만 동시에 건설적 대화를 통한 상호간의 영감을 주고받을 수 있는 가능성 역시 사라진다는 문제점을 바버는 지적하고 있다.[10]

---

10 Ibid., 16.

과학과 종교를 분리함으로써 잠정적인 화평은 얻을 수 있지만 최종적인 지적 만족은 얻을 수 없다. 왜냐하면 어느 한쪽에서만 통하고 다른 쪽에서는 통하지 않는 진리는 완전한 진리가 아니기 때문이다. 우리는 하느님이 마치 지방자치체 단체장처럼 한정된 구역 안에서만 주권이 있는 하느님이 아니라 전 우주의 하느님이라고 믿는다. 이러한 믿음에 비추어볼 때에도 과학과 종교의 분리는 만족스러운 결론은 아닌 것이 확실하다.

3) 대화

이안 바버는 세 번째 유형인 대화의 관계로서 두 영역 사이에 경계 질문boundary questions이 존재하고, 또한 방법론적 평행methodo-logical parallels이 있음을 지적한다. 경계 질문이란 궁극적으로 과학과 종교가 추구하는 질문이 결국은 서로 관련성을 가지고 있다는 것이다. 이는 "왜 근대 과학이 세계 여러 문화권 중에서 하필 유대-기독교 문화권인 유럽에서 출현했는가?"라는 질문에 대한 답변을 통해서 설명될 수도 있는데, 하나의 가능한 설명은 창조의 교리가 과학의 출현을 도왔다는 것이다. 갈등 관계 유형에 젖어있는 이들에게는 이러한 설명이 언뜻 이해되기 어려울 것이다. 하지만 이 설명은 그 설득력을 널리 인정받고 있다. 창조의 교리는 그리스 철학과 히브리성서를 근거하고 있는데, 두 사상 모두 이 세계가 이해가 가능하며 질서가 있는(intelligible and orderly) 곳으로 주장한다. 그리스 철학자들은 자연의 질서정연한 순환을 보면서 이 세계 속에 어떤 수학적 법칙 내지는 합리적 질서가 필연적으로 존재하며 이러한 법칙과 질서들은 단 하나의 원리로 환원될 수 있다고 생각했다. 히브리 창조 신앙은 세계가 하느님의 선한 의지에 따라 말씀으로 창조되었다고 고백한다. 따라서 이 세계는 여러 고대 종교에서 믿어 온 것처럼 신의 몸으로서 신성성이 깃든 장소가 아니라고 간주함으로써 물질의 비신성화를 통한 범신론으로부터의 해방을 가져왔으며, 나아가 세계를 지배하는 신적인 질서가 존재한다고 간주함으로써 세계를 과학적 탐구 대상으로 여겨질 수 있도록 이끌었다는 것이다. 즉 그리스 철학과 히브리 신앙의 모티브는 각각 다르지만 이 세계의 근본 원리에 대한 궁극적 질문(경계 질문)을 통하여 궁극적으로는 대화를 격려하는 결과를 낳았다는 것이다.

이러한 경계 질문을 통한 과학과 종교의 대화의 예는 빅뱅 우주론과 창조 신앙과의 관계를 통해서도 찾아볼 수 있다. 현대 과학의 빅뱅 우주론은 우주가 저절로 자기 충족적으로 존재해 온 것이 아니라 특이점$^{singular\ point}$이라 불리는 과거 어느 순간에 시·공간의 급팽창으로 시작되었다고 설명하는데, 이러한 과학적 우주론에 관한 토론에서 "왜 우주가 특이점을 가지는가?"라는 질문은 전통적인 기독교의 교리인 '무로부터의 창조$^{creatio\ ex\ nihilo}$'의 교리와의 대화를 불가피하게 불러온다. 또한 진화론에서 그 목적과 방향성에 관한 경계질문은 '계속된 창조$^{creatio\ continua}$'와 대화를 가능케 한다.

한편 경계 질문과 약간 상이한 방식으로 양자 사이에 대화를 가능케 하는 방법론적 평행은 과학과 종교의 방법론적 유사성의 비교를 통한 대화이다. 이는 과학은 객관적이고 종교는 주관적이라는 순박한 이분법을 벗어남으로써 가능해졌다.

20세기 초반 칼 포퍼는 과학을 주관적 가치로부터 독립적이고 객관적인 행위로 파악했으나, 1950년대 이후의 과학철학의 연구 결과로 과학탐구 행위가 결코 가치중립적인 객관 작업이 아니라 개인과 시대적 상황에 영향을 받는 것으로 드러났다. 토마스 쿤은 그의 기념비적 저서인『과학혁명의 구조』에서 과학 이론과 데이터 등이 당대의 지배적인 과학 공동체가 공유하는 패러다임에 의해 의존한다는 점을 과학 역사에 관한 세부적인 관찰을 통해 지적하였다. 여기서 패러다임은 과학 공동체의 탐구 행위를 규율하는 개념적, 형이상학적, 방법론적 전제들의 집합이다.[11] 한편 종교적 전통 역시 어떤 공동체의 패러다임에 의존적이다. 다시 말해서 과학적 데이터에 대한 해석이 패러다임의 틀 안에서 이루어지듯이 어떤 특정한 상황에서 겪은 개인의 종교적 경험은 당대의 지배적인 종교전통의 패러다임의 틀 안에서 해석된다. 이러한 방법론적 병행은 과학과 종교의 두 영역에서 각각 관측자료 및 데이터—개별적 종교체험, 이론— 교리 등으로 짝 지울 수 있다.[12]

4) 통합

네 번째 유형인 과학과 종교의 통합 관계를 살펴보자. 이에 해당

---

11 Thomas Kuhn, *The Structure of Scientific Revolutions* (University of Chicago Press, 1970).

12 바버는 과학의 이론화 과정과 종교의 교리화 과정이 방법론적으로 동일한 구조를 가지고 있다고 주장한다. Barbour, 32, 36.

하는 것으로 바버는 세 가지 경우를 예시하고 있는데, 1)자연신학 natural theology, 2)자연의 신학theology of nature 그리고 3)체계적 종합 systematic synthesis이다. 자연신학은 자연 속에서 디자인의 증거를 찾아 신의 존재를 입증하는 접근방식으로서 과학적 설명들을 신학적 목적으로 활용한다. 자연의 신학은 과학을 직접적으로 사용하지는 않지만 과학 이론들의 함축성을 수용하여 신학적 논술을 재구성하는데 참고한다. 체계적 종합은 과정철학의 예에서 보듯이 과학과 종교의 내용을 동시에 수용하여 체계적인 형이상학을 구성하는 방식이다.

토마스 아퀴나스의 신 증명론은 가장 널리 알려진 자연신학적 논술이다. 그는 우주론적 논증에서 모든 사건(존재)은 원인이 있어야 하므로 결국 필연적으로 제1원인의 존재를 인정해야 한다고 주장하였다. 근대 과학의 위대한 설립자들은 자연의 조화로운 상호관련성에 대하여 경외하는 입장을 보여주곤 했다. 뉴턴은 우주가 완벽한 시계처럼 정해진 질서와 법칙에 따라 정확하게 운행하는 기계로 보았다. 뉴턴은 과학자로서 자신의 완전한 세계에 대한 신념에 부합하여 신학적으로는 이러한 세계를 고안한 설계자로서 신을 상정하였다. 윌리엄 팔레이는 "만일 어떤 사람이 황야에서 시계를 발견했다면 그는 당연히 그것을 만든 시계공이 있다고 가정해야 한다"며 우주를 설계한 하느님의 존재를 자연신학적으로 논증하였다. 이러한 자연신학은 흄의 자연신학 비판과 다윈의 진화론에 의해서 심각하게 위협을 받았다. 또한 프로테스탄트 신학자들은 종교적 믿음이란 인간의 이성에 의해서가 아니라 계시에 의해 그 근거가 주어지는 것이므로 자연신학 자체에 큰 의미를 두지 않았다.

최근에 다시 자연신학적 토론을 가져온 것은 현대 과학적 우주론에서 제기된 '인류원리anthropic principle' 논쟁이다. 최근 빅뱅 우주론의 정립과정에서 우주물리학자들은 우주 안에 지적 생명체가 출현할 수 있는 물리적 조건의 확률은 극단적으로 작은 범위 안에 있다는 점을 주목하게 되었다. 이는 이 우주 안에 지적 생물체의 존재를 가능케 하기 위해서 우주의 모습을 결정하는 몇 가지 우주상수들과 법칙들을 마치 누군가 의도적으로 미세조정fine tuning 해놓은 것처럼 보인다는 것이다. 인류원리의 함축성을 두고서 약한 인류원리 및 강한 인류원리, 참여적 인류원리 등 몇 가지 상이한 해석들이 있는데, 이는 설계 논증과 관련된 자연신학적 토론을 불러일으키고 있다. 존 폴킹혼은 자신이 과학과 신학의 토론을 이끌고 있는 이유는 과거 아퀴나스 시대의 자연신학처럼 신을 직접 증명하고자 의도하지는 않지만 우주의 배후에 존재하는 하느님을 넌지시 암시하는 수정된 자연신학을 제안하는데 있다고 밝히고 있다.[13]

자연의 신학은 자연신학과 달리 과학으로부터 출발하지 않고 종교적 경험과 역사적 계시에 근거한 종교를 그 출발점으로 삼는다. 그러나 전통적 종교의 교리를 현대의 과학적 지식에 비추어 재구성해야 한다는 필요성을 인정한다. 그리하여 과학과 종교는 크게 보아 각자 독립적인 위치를 가지고 있지만 세부적인 주제들, 예컨대 창조, 섭리, 인간의 본성에 대하여 종교적인 설명을 할 때에 과학적

---

13 John Polkinghorne, *Belief in God in an Age of Science* (New York: Yale University Press, 1998), 10.

발견을 참조해서 새롭게 기술해야 한다고 생각한다. 떼이야르 드 샤르뎅은 역사의 종말, 인간의 본성 등의 주제에 대하여 전통적 신학의 도식에 머무르지 않고 진화론적 성찰을 통해서 재구성하였다.

바버가 분류한 체계적 종합이란 과학과 종교를 하나의 종합적인 형이상학의 구도 아래 체계적으로 결합시켜 일관된 하나의 세계관을 구성하는 것이다. 과정철학을 대표적인 예로 들 수 있는데 과정신학의 거대한 구상 속에서 물질과 정신, 육체와 마음, 자연과 인간, 시간과 영원은 이원론적 구분을 뛰어넘어 하나의 연결된 개념으로 종합된다. 이 두 종류의 카테고리들은 일반적으로 과학과 종교가 각각 주도권을 행사해 온 것들이다. 과정신학에서 신은 세계를 초월하지만 동시에 그 안에 내재한다. 신은 전지전능한 통치자이기보다 새로움과 질서의 원천으로서 사건들 속에 내재하며, 그들이 지닌 원초적 본성이 귀결적 본성의 과정으로 발전해 가도록 설득하는 분으로 사유된다.

3. 동화와 공명

지금까지 이얀 바버의 구분에 근거하여 과학과 종교의 네 가지 관계 유형에 대해서 고찰해 보았다. 과학과 종교의 관계 유형론은 과학과 종교의 간학문적 토론을 시작할 때 항상 제일 먼저 다루는 주제 중의 하나이다. 바버 외에도 여러 학자들이 각자 다른 기준을 가지고 두 영역의 관계 유형을 규정하였다. 폴킹혼의 경우는 과학과 신학의 토론에 있어서 '동화assimilation'와 '공명consonance'이란 두 가지 유형으로 나누었다. 동화란 과학적 함축성에 동화하여 종교적 진리를 사유하는 것을 말하며, 공명이란 과학적 설명과 전통적인 기독교 교리 각각의 자치권을 일정 정도 보장하면서 양자 사이에 조화로운 울림(공명)을 찾는 노력을 말한다. 테드 피터스Ted Peters 는 1)과학주의, 2)과학 제국주의, 3)교회 권위주의, 4)과학적 창조론, 5)두 언어 이론, 6)가설적 공명, 7)윤리적 중첩, 8)뉴에이지 영성 등으로 보다 세부적으로 분류하였다.14 바버의 분류에서 네 번째 타입인 대화와 통합 관계는 시각에 따라서 세 번째 유형과 엄밀히 구분하기 어려운 점이 있다는 문제점을 생각할 때에 테드 피터스의 분류는 유용할 수 있다.

오늘날 현대 서구 문명의 위기를 지적하는 목소리가 높아가고 있다. 이 가운데 동양 종교의 전통적 세계관에서 그 해결의 실마리를 제시하는 프리초프 카프라의 주장은 우리에게 한국 상황에서의 과학정신과 기독교 사상의 관계성을 돌아보게 한다.15 자연과 인간을 조화롭게 보아온 동양의 정신적 전통을 담지하고 있으면서도, 서구로부터 도입된 과학정신과 기독교 사상이 서로 조화되고 있지 못한 것이 오늘날 우리의 상황이다. 과학 정신의 진수가 아닌 외피로서의 과학주의가 세속 사회에 큰 영향력을 행사하고 있다. 그 반

---

14 Ted Peters, *Science and Theology* (Westview Press, 1998), chap. 1.

15 Fritjof Capra, *Turing Point: Science, Society, and the Rising Culture* (London: Richard Clay Ltd, 1984), 1-7, 32.

대편에는 기독교의 다양한 전통 중에서도 유독 편협한 문자적 해석에 기반한 창조과학회가 과학에 대응하는 한국교회의 대표적인 입장처럼 알려져 있다. 이 두 흐름이 첨예하게 부딪히면서 우리는 과학기술에 대한 성숙한 대응과 깊이 있는 학문적 토론을 이끌어내지 못하고 있는 상황이다. 날로 심각해지는 환경 문제와 생명 파괴에 대하여 전통적 가치에 기반 하여 진지한 종교적 성찰을 위해서라도 과학에 대한 신학적 관심이 절실하다.

필자는 이 세계에 존재하는 진리가 과학적 진리와 믿음의 진리라는 서로 다른 형태로 보이지만 결국은 하나의 진리일 것이라는 직관을 가지고 있다. 단 하나의 진리에 대한 갈망으로 서로의 목소리를 경청하는 태도로써 간학문적 연구의 어려움을 극복해 나갈 수 있기를 바라본다.

과학과 종교의 비판적 실재주의

1. 들어가는 글

생명이 오늘날 신학의 화두다. 지구 곳곳에서 생명이 죽어 가고 있다. 인간의 생명뿐만 아니라 동물과 식물들과 자연 곧 지구생태계 전체가 위협을 받고 있다. 지구 한편에서는 가난과 질병과 기아로 많은 사람이 신음하고 있고, 다른 한편에서는 소외와 탐욕과 오만으로 인간성이 허물어지고 있다. 세계화로 인한 부의 양극화 현상이 심화됨에 따라 세상 곳곳에서 죽어 가는 생명들의 아우성이 하늘에 사무친다. 모든 종교의 핵심 사상은 죽어 가는 생명을 살리는 데 있다. 기독교가 그러하고 불교가 그러하다. 죽음의 운명과 허위를 넘어서 생명과 참을 찾고자 하는 것이 종교, 즉 높은 가르침의 진수가 아니던가?

한국의 생명신학은 이러한 생명 파괴의 상황을 그 신학적 출발점으로 삼는다. 민중신학과 토착화신학의 합류 지점에서 '생명'이란 개념을 통하여 한국 진보 신학의 양대 흐름이 함께 만날 것을 제안한다.[1] 그런데 생명신학은 생명을 논하면서 생명이나 자연을 이해함에 있어 과학적 이해로부터 출발하는 일에는 다소 소홀한 면이 없지 않다. 자연과 생명을 논할 때에 만일 자연과학적 이해에 근거한다면 우리는 과학시대에 보다 설득력을 얻게 될 것이다. 이런 점에서 물리 세계에 대한 이해로부터 시작하여 신학으로 나아가는 존 폴킹혼의 신학방법론은 우리에게 많은 시사점을 던져 준다. 특히 과학과 종교 모두 실재에 대한 참된 앎으로 우리를 안내하는 지적 탐구로 인정하는 그는 비판적 실재주의라는 인식론적 방법론을 통하여 통합된 하나의 진리를 추구한다.

과학과 종교의 대화가 추구하는 본질은 참된 지식, 통합된 앎의 추구다. 이는 반드시 인식론적 검토와 수립이라는 과정을 필수적으로 요구한다. 이런 맥락에서 서구 기독교적 상황에서 과학과 신학에 대한 성찰을 기반으로 새로운 자연신학을 구상하고 있는 존 폴킹혼의 비판적 실재주의를 고찰함으로써, 앞으로 한국적 상황에서 과학과 종교의 대화를 발전시켜 나가는 데 참고가 되기를 바라면서 이 문제를 다루고자 한다.

2. 과학과 종교의 대화와 존 폴킹혼

존 폴킹혼John Polkinghorne은 과학과 종교의 학제 간 대화 분야에서 세계적으로 가장 위대한 업적을 남긴 학자 중의 한 사람으로 평

---

1 이정배, 『조직신학으로서의 한국적 생명신학』 (서울: 감신, 1996), 84.

가되고 있다. 그는 이언 바버^{Ian Barbour}, 아더 피코크^{Arthur Peacocke}와 더불어 지난 30여 년간 과학과 종교 간의 대화를 주도적으로 이끌어 온 대표적인 학자다. 폴킹혼이 자신을 포함하여 과학과 종교(또는 신학) 사이의 간학제적 토론에 적극적으로 참여해 온 자신의 동료인 바버와 피코크 등을 가리켜 '과학-신학자들^{scientist-theologians}'로 명명하였듯이2 이들은 모두 과학자로 시작하여 신학 분야에 발을 들여놓은 학자다.

폴킹혼 역시 일찍이 기초입자 물리학자로서 물리학계의 최전선에 서서 쿼크 등 소립자 분야의 이론을 정립하는데 중요한 공헌을 하였다. 이러한 공로로 그는 1974년 영국왕립학회 회원으로 선정되었다. 그러나 놀랍게도 캠브리지 대학 석좌교수라는 명예로운 자리를 사양하고 성직자가 되고자 신학교의 문을 두드린다. 1982년, 50세가 지나서 마침내 물리학자에서 영국 성공회 사제로 변신한 그는 교회에 부임하여 수년간 사목활동에 종사한다. 그는 이 시기를 '일생에서 가장 행복했던 순간' 중 하나로 회고한다. 이때부터 그는 '과학과 종교'에 대한 글을 쓰기 시작하는데, 1983년 첫 번째 저작인 『세계가 존재하는 방식』(The Way the World Is)을 시작으로 현재까지 10여 권이 넘는 저작을 선보였다. 그중에 『과학과 기독교 신앙』(Science and Christian Belief)은 기포드 강연을 묶은 것으로 그의 대표 저서라 할 수 있으며, 또한 예일 대학교에서 행한 테리 강연을 모아 출판한 『과학시대의 신론』(Belief in God in an Age of Science)은 이정배 교수의 번역으로 국내에도 소개되었다.

---

2 John Polkinghorne, *Scienctists as Theologians* (London: SPCK, 1996), introduction.

폴킹혼은 1997년에는 엘리자베스 여왕으로부터 과학, 종교 그리고 의료윤리에 관한 탁월한 공로로 기사 작위를 수여받았다. 2002년 템플턴상 시상 위원회는 서른 번째 맞는 템플턴상 수상자로 존 폴킹혼을 선정하였다. 이로써 종교계의 가장 큰 상인 템플턴상의 역대 수상자 명단에는 기존의 프리만 다이슨, 폴 데이비스 그리고 이언 바버 외에 또 한 명의 물리학자를 추가하게 되었다. 템플턴상은 흔히 종교계의 노벨상이라 일컬어진다. 미국의 존 템플턴 경이 설립하여 1973년 마더 테레사를 첫 번째 수상자로 선정한 이 상은 상금 액수에서는 노벨상을 훨씬 능가한다.

폴킹혼은 중세의 아퀴나스 등이 시도했던 신 증명론과 같은 방식의 자연신학이 아니라, 과학과 신학 두 분야를 함께 존중하면서 풍요로운 결실을 맺은 우주 진화의 역사 배후에 존재하는 신적 실재를 넌지시 암시하는 것에 만족하는 보다 겸손한 '수정된 자연신학Revised Natural Theology'을 제안한다. 이를 위한 자신의 신학적 방법론을 '아래로부터 위로 사고하기'란 독특한 용어로 표현한다. 이는 신학이 비록 형이상학이기는 하지만 형이상학적 전제로부터 출발하는 것이 아니라 실재 세계의 맨 밑바닥인 물리적 세계에 대한 이해로부터 시작해서 형이상학적 추론으로 나아가야 한다는 자신의 신학적 방법론을 축약적으로 표현한다. 폴킹혼에게 물리 세계를 다루는 과학과 형이상학인 신학을 연결하는 인식론적 전략은 '비판적 실재주의Critical Realism'이다. 비판적 실재주의의 요지는 과학이나 신학 공히 어느 정도 믿을 만한 참된 실재에 기반하고 있다는 것이다. 과학 시대라 일컬어지는 오늘날 하느님을 믿는다는 것이 단지 형이상학적인 가정이나 인간의 헛된 환상에 기반한 것이 아니라, 우주와 인간의 실재에 대한 합리적인 탐구를 통해서도 충분히 믿을 만한 근거가 있다고 이 탁월한 과학자이자 신학자는 확신한다. 그는 과학-신학자로서의 통합된 진리를 찾고자 노력해 온 자신의 삶을 이렇게 표현한다.

나는 과학-신학자로서 나의 삶을 아주 행복하게 살아왔다. 그것은 진리를 찾고자 생동적이고 자극을 주고받는 학문 공동체 안에서 생산되는 여러 가지 매혹적이고 중대한 이슈들과 연관을 맺어 나가는 삶이었다. 과학의 연구와 기독교 신자로서의 순례! 나의 경험은 바로 이 두 가지를 결합시켜 온 것에 다름 아니며, 이 두 가지 영향은 나의 삶을 이끌어 오고 형성해 왔다.3

폴킹혼은 과학자로서 당연히 우주와 생물의 발달에 진화 과정이 있었다는 것을 믿는다. 동시에 신학자로서 하느님의 창조를 변호한다. 오늘날 상당수의 한국 교회는 창조론과 진화론을 이분법적으로 나누어 놓고, 진화론을 배격하는 것이 창조 신앙을 지키는 것이라는 잘못된 가르침을 전하고 있다. 물론 한국 사회의 또 다른 한편에는 유물론적 과학만능주의에 기초하여 종교를 과학에 반하는 전근대적인 유물로서 궁극적으로 폐기되어야 할 무가치한 것으로 보는 사람들도 있다. 이런 점에서 과학과 신앙이 모두 진실한 경험에 바

---

3 Polkinghorne, "Bottom-up Thinking in Science and Religion", *Research News & Opportunities in Science and Theology*, April 2002, vol. 2, No. 8, 22.

탕을 두고 있으며 양자 모두 합리적인 인간의 지적 탐구임을 강조하는 폴킹혼의 사상이 한국 신학계에 신선한 자극이 될 수 있으리라 생각하면서, 그의 자연신학을 구성하는데 인식론적 기둥이라고 할 수 있는 비판적 실재주의에 대하여 고찰하고자 한다.

3. 인식론의 몇 가지 모델

인식론이란 "우리가 진리 또는 참된 실재에 과연 도달할 수 있는가 그리고 어떻게 그것을 알 수 있는가?"라는 질문을 다루는 분야다. 존 폴킹혼은 과학과 신학 모두가 인간 지성의 진지한 분야로서 궁극적으로 우리를 참된 실재에 다가가도록 안내할 것이라고 확신하는데 이는 비판적 실재주의라는 인식론적 전략epistemological strategy에 의해 확고하게 뒷받침되고 있다. 그의 비판적 실재주의는 과학과 신학 두 분야에 공히 적용된다. 그는 자신의 많은 저작물에서 비판적 실재주의가 과학적 진리와 종교적 진리를 찾는 데 어떻게 적용되는지를 진지하게 다루고 있다.[4]

폴킹혼의 비판적 실재주의를 다루기 전에 먼저 간략하게 인식론의 모델들을 살펴보기로 하자.

비판적 실재주의는 실재를 해석하는 방식에서 다른 몇 가지 인식론적 모델과 경쟁하고 있는 것 중에 하나다. 이와 같은 모델로는

---

4 Polkinghorne, *Reason and Reality* (London: SPCK, 1991), 5-6; *Science and Christian Belief* (London: SPCK, 1994), 30-51; *Belief in an Age of Science*, 29-30, 44-45, 52-53, 97-98, and chapter five; ST, 4-25; *Scientists as Theologians*, 11-25.

고전적 또는 순박한 실재주의Classical or Naive realism, 도구주의Instru-
mentalism 그리고 관념주의Idealism 등이 있다.

1) 고전적 실재주의

고전적 실재주의는 우리가 정교한 사진을 통해 어떤 사물을 정확히 볼 수 있듯이 과학이 실재 세계를 있는 그대로 묘사할 수 있으며 설명할 수 있다고 믿는 생각이다. 이러한 관점은 인간 지성의 합리적인 능력이 실재하는 세계의 본질을 파악할 수 있다는 믿음을 견지한다. 이러한 확신은 인간의 인식 행위와 실재 사이에 어떤 본질적인 틈새도 존재하지 않는다는 생각에 기초한다. 17세기에 뉴턴이 우주의 천체와 모든 사물의 운동을 만유인력이라는 단일한 하나의 법칙으로 설명할 수 있다고 주장함으로써 기계론적 세계관의 인식론적 기초를 제공하였다. 이때로부터 20세기 초반까지 고전적 실재주의는 거의 모든 과학자에게 지지받았다.5 그러나 기계론적 세계관은 1927년에 하이젠베르크에 의해 주도적으로 정리된 양자역학의 불확정성원리에 의해 결정적으로 타격을 받게 되었다.6 아

---

5 Barbour, *Religion and Science: Historical and Contemporary Issues* (London: SCM, 1998), 168.

6 양자이론에서 입자들의 운동은 객관적인 실재로 기술될 수 없다. 하이젠베르크는 불확정성의 원리를 통해서 입자들의 위치와 속도가 동시에 정확하게 측정될 수 없으며 그 불확정성은 결코 극복될 수 없음을 입증하였다. 불확정성원리는 원자 내에서 전자가 특정 위치에 존재하는 방식은 뉴턴 역학적으로 기술될 수 없고 오직 확률적으로만 기술된다는 점에서 물리적 세계가 고전물리학에서 가정했던 방식과는 근본적으로 다르다는 점을 보여 줌으로써 존재론과 인식론에 심오한 문제를 제기하였다. Stephen Hawking, *A Brief History of Time* (London: Bantam, 1988), 61.

인슈타인은 그 자신이 바로 양자역학의 수립에 중요한 공헌을 했음에도 불구하고 기계론적 세계관에 대한 자신의 확신 때문에 물리 세계의 불합리성을 암시하는 것처럼 보이는 양자역학을 올바른 이론으로 받아들이기를 끝내 거부하였다. 그는 순박한 실재주의자로서의 자신의 비타협적 입장을 "신은 주사위 놀이를 하지 않는다"라는 유명한 말로 표현하였다. 그는 실재에 대하여 전통적 방식으로 기술하지 않는 양자역학은 언젠가 보다 완성된 이론, 즉 미시세계가 실재하는 방식과 운동에 대하여 명쾌하고 완벽한 설명을 제공할 수 있는 이론으로 수정되어야 할 것이라고 예측하였다.[7] 이런 점에서 존 폴킹혼은 아인슈타인을 두고 말하길 "최초의 현대인이라기보다 마지막 고대인이었다"라고 묘사하였다.[8]

한편 복잡성 이론을 다루는 카오스계는 거시세계의 규모에서도 정확한 예측이 불가능하다는 것을 보여 준다. 이러한 특성은 "북경의 나비 한 마리의 가벼운 날갯짓이 며칠 후 뉴욕에 폭풍을 가져올 수도 있다"는 나비효과라는 유명한 개념으로 묘사된다.[9] 양자세계가 보여 주는 물리 세계의 불확정성과 카오스계의 불예측성 때문에 이제 대부분의 과학자들은 고전적 실재주의를 더 이상 진지하게 고려하지 않는다.

---

7 Ibid., 62. 아인슈타인은 고전적 실재주의자로서 물리 세계에 내재하는 합리성에 대한 신념을 끝내 포기하지 않았다. 그리하여 그는 말년의 대부분을 거시세계와 미시세계(상대성원리와 양자역학)를 통합하여 모든 것을 완벽하게 설명할 수 있는 대통일 이론(The Grand Unified Theory(GUT))을 찾는데 할애하였으나 결국 완성하지 못하였다.

8 Polkinghorne, *Belief in an Age of Science*, 81.

9 제임스 글레이크, 박배식 옮김, 『카오스』(서울: 동문사, 1993), 19.

2) 도구주의

도구주의는 과학적 모델이란 단지 실재 세계를 관측하고 예측을 이끌어 내는 도구일 뿐, 그 이상도 그 이하도 아니라는 관점이다. 이론이란 조사 대상을 조직적으로 탐구하고 기술적인 통제를 가능케 하는 지적 고안물이라는 것이다. 이 관점은 과학적 개념과 이론은 그 자체로 진리나 거짓으로 판명되는 것이 아니라 실험실에서의 도구적 효용성에 의해서 판단되어야 한다는 입장을 견지한다. 도구주의에서 이론이 수행하는 기능은 1) 정확한 예측을 위해 계산하는 방편, 2) 보다 심오한 실험의 방향을 지시하고 조직하기 위한 가이드, 3) 기술적인 통제를 달성하기 위한 실용적 도구 등이다.[10] 도구주의적 견해에 따르면 과학이란 물리 세계의 실재를 묘사하거나 지시하는 것이 아니라 연구자의 연구 목표에 종속되는 것으로 본다. 그리하여 세계를 이해할 때에 객체적 진리보다는 주체적 판단이 보다 중요한 역할을 수행하게 된다.

3) 관념주의

관념주의는 인간의 판단과 주관성을 강조함에 있어 도구주의보다 한 발자국 더 나간다. 이 입장은 실재reality란 본질적으로 인간 정신의 부산물이라는 관점을 지지한다. 이 관점은 자연세계가 과학적 이론에 의해 기술될 수 있는 이유란 근본적으로 실재 세계의 배

---

10 Barbour, *Issues in Science and Religion*, 165.

후에 인간의 마음과 부합될 수 있는 정신적인 구조가 있기 때문이라고 주장한다. 아더 에딩턴^{Arthur Eddington}은 근본적인 물리법칙과 자연의 상수들은 실험실을 가동해서 얻은 결과 없이도 선험적인 인간의 이성, 특히 수학적 연산을 통해서 도출해 낼 수 있다고 주장하였다.[11] 순수한 인간의 정신이 물리 세계의 본질을 인식할 수 있다는 이러한 관념주의적 인식론적 관점은 서양 철학의 오랜 전통과 긴밀하게 연결되어 있는데, 거슬러 올라가면 피타고라스학파와 플라톤학파 그리고 가까이로는 칸트학파 들을 통하여 주장되어 왔다. 이러한 관점은 양자역학에 의해 심각한 인식론적 문제들, 즉 입자들의 속도-위치 불확정성, 관측자 개입, 비국소성 법칙 등이 제기됨으로써 일부 사상가들에게 현대에 와서 새삼스럽게 설득력을 얻기도 하였다. 존 휠러^{John Wheeler} 같은 물리학자는 양자 실험에서 나타나는 이러한 인식론적 문제 현상을 묘사하기를 "특징적인 간-주관성과 연결된 관측자에 의해 창조된 우주"(an observer-created universe relating to the characteristic inter-subjectiveness)라고 표현하기도 하였다.[12]

4) 비판적 실재주의

비판적 실재주의는 한편으로는 고전적 실재주의와 다른 한편으로는 도구주의 그리고 관념주의 사이에서 중간적 입장을 취한다.

---

11 Ibid., 166-167.
12 Ibid., 185.

오늘날 대다수 과학자가 인식론적 모델로서 가장 선호하는 것은 바로 비판적 실재주의다. 이들은 과학이 물리 세계가 존재하는 방식을 있는 그대로 완벽하게 기술하여 우리에게 전달할 수 있다고 생각하지는 않지만, 그렇다고 해서 과학 이론이 물리 세계와 근본적으로 분리되어 있는 인간 관념의 산물이거나 단지 도구적 기능만을 수행한다고 믿지는 않는다. 비판적 실재주의에서 과학 이론은 실재에 대한 '근사적 기술verisimilar description'로 간주된다.[13] 이론들과 모델들은 실재를 기술함에 있어서 일정한 한계를 지니긴 하지만 그것들은 분명히 물리 세계에 대한 신뢰할 만한 지시들limited but reliable references로 해석되어야 한다는 것이다. 물론 이론이나 모델 들은 추상적이고 선택적이며 불완전할 수 있으며, 미래에 수정될 수 있다. 그럼에도 불구하고 비판적 실재주의에서 과학 이론이나 모델들은 우리가 실재의 모습을 상상하는데 필수불가결한 것들이며, 미래에 세계의 본질에 대한 우리의 이해를 보다 깊게 하려면 꼭 필요한 것들로 인정된다.

4. 과학과 신학에서 비판적 실재주의

1) 과학에서 비판적 실재주의

오늘날 과학과 종교의 대화에 참여하는 거의 모든 과학-신학자

---

13 Polkinghorne, *Science and Theology*, 18-19.

들은 비판적 실재주의를 지지한다. 이언 바버는 비판적 실재주의를 이렇게 옹호하였다.

> 비판적 실재주의의 관점에서 모델들과 이론들은 추상적이고 상징적인 구조들이다. 이것들은 특정한 연구 목적을 위해서 만들어진 것들로서 세계의 특정한 측면을 불공평하게 그리고 선택적으로 우리에게 보여 주기 위해서 구성된 것들이다. 이 관점은 모델과 이론들이 과학자의 실재에 대한 의도를 충족시키기 위해 상상에 의한 인간 정신의 구성물(imaginative human constructs)이라는 것을 인정한다. 이런 점에서 모델들은 진지하게 받아들여져야 하지만 문자적으로 이해되어서는 안된다. … 이것들은 실재 세계가 과학 모델 속에서 요구된 것과 같은 요소들을 지니고 있음을 알려주는 임시적인 존재론적 주장들(tentative ontological claims)이다.[14]

이언 바버와 존 폴킹혼과 더불어 과학과 종교의 대화를 주도하는 3대 대표적인 학자인 아더 피코크^Arthur Peacock 역시 비판적 실재주의에 대한 자신의 의견을 피력하였다. 그에 따르면 과학철학에서 인식론의 한 전략으로서 '실재주의'라는 말 앞에 여러 가지 수식어를 동원하여 그 정당성을 주장할 수 있지만, 자신과 많은 동료들이 더불어서 핵심적으로 지시하는 관점은 바로 비판적 실재주의라고 주장한다. 피코크는 "실재주의자들이 함께 공유하는 의견에 따르면 과학적 발전이란 진보적인 성격을 지니며, 과학은 세계에 대

---

14 Barbour, *Issues in Science and Religion*, 117.

해서 우리가 직접 다가갈 수 있는 한계와 경험적 표명empirical mani-festation을 넘어서 가능한 지식으로 우리를 안내한다는 확신이다"라고 주장한 리플린J.Leplin의 말을 소개함으로써 비판적 실재주의에 대한 자신의 입장을 대변하였다.15

폴킹혼은 비판적 실재주의를 단지 직관이나 형이상학적 근거에 의존해서 주장하는 것이 아니다. 그는 자신이 올바른 인식론적 관점으로서 비판적 실재주의를 확신하는 근거는 입자물리학자로서 지난 30여 년 동안 쿼크와 글루온 등 소립자들을 발견하고, 그들의 존재 양태와 운동 방식을 분석하는 물리학계의 최전선에 서 있었던 자신의 고유한 경험에 기초한다고 주장한다.16 또한 과학자 집단의 비판적 실재주의에 대한 지지를 소개한다.

광범위한 분야에서 활동하고 있는 과학자들의 대다수는 의식적으로 또는 무의식적으로 비판적 실재주의의 입장을 취하는데, 이는 인식론적 입력epistemological input과 존재론적 신념ontological belief 사이의 관련성을 최대화하려는 시도라고 정의 내릴 수 있다. 이를 극단적으로 간결하게 요점을 말하자면 과학의 누적하는 성공cumulative success이 바로 이러한 인식론적 전략의 추구를 필연적으로 보증한다고 표현할 수 있다.17

---

15 Arthur Peacocke, *Theology for a Scientific Age* (London: SCM, 1993), 12; J.Leplin (ed), *Scientific Realism* (California: University of California Press, 1984), 1에서 일부 재인용.

16 Polkinghorne, *Belief in an Age of Science*, xiii.

17 Ibid., 53.

여기서 폴킹혼은 과학이 누적하는 성공을 거두었다고 말하고 있는데 이 주제는 토마스 쿤 이래 과학철학의 핵심 논쟁 중 하나이므로 잠시 검토하고자 한다.

쿤은 과학사에 있어서 과학 이론의 교체가 결코 점진적이고 연속적인 과정을 밟지 않으며 어느 특정한 시기에 일거에 뒤집히는 방식과 같이 혁명적인 성격을 띤다고 주장하였다. 이러한 과정을 설명하기 위해 그는 '패러다임 전환paradigm shift'이라는 개념을 소개함으로써 20세기 후반 거의 모든 학문의 영역에서 가장 빈번하게 쓰이는 용어가 되게 하였다. 그는 '패러다임'을 정상과학에 통용되는 연구 작업의 표준사례들로서 법칙, 이론, 응용, 실험기법 등을 포함하여 개념적이고 방법론적 가정의 집합이라고 규정하였다.[18] 과학의 발전이 혁명적인 과정을 거친다는 그의 주장을 간추리면 "1) 모든 과학적 데이터는 패러다임 의존적으로 해석되고, 2) 패러다임들은 반증falsification에 저항하는 성격을 지니며, 3) 패러다임이 선택되는데 어떤 합리적인 규칙이 존재하지 않는다"라고 요약할 수 있다. 코페르니쿠스 전환에 의한 우주론에서의 혁명적 변천 과정을 비롯하여 라부아지에의 화학이론에 의한 플로지스톤 개념의

---

18 토마스 쿤/김명자 옮김, 『과학혁명의 구조』 (서울: 까치, 1999), 34. 한편 토마스 쿤은 자신의 기념비적 저서 『과학혁명의 구조』 1962년판에서 '패러다임'이라는 용어를 자신의 과학철학의 핵심적인 방법론적 용어로 사용한 이래 이 용어의 모호성에 대하여 많은 학자들의 문제 제기가 있었다. 이에 대하여 쿤은 1969년판 말미에 추가하여 이 용어의 의미에 대해서 재정의를 내리고 있다. "이 책의 많은 부분에서 '패러다임'이라는 용어가 두 가지 다른 의미로 쓰이고 있음을 드러낸다. 한편으로는, 패러다임은 어느 주어진 과학자 사회의 구성원들에 의해서 공유되는 신념, 가치, 기술 등을 망라한 총체적 집합을 가리킨다. 다른 한편으로는, 패러다임은 그런 집합에서 한 유형의 구성 요소를 가리키는 것으로서 모형이나 또는 예제로서 사용되어, 정상과학의 나머지 퍼즐 풀이를 나타낸다." 앞의 책, 245-246.

폐기 등 과학사에서 중요한 순간들에 대한 자세한 역사적 분석에 기초하여 탄탄한 근거를 지닌 쿤의 주장은 과학 이론의 점진적 발전과 정합성을 주장했던 칼 포퍼의 논리실증주의에 심각한 도전을 제기하였다. 비록 '패러다임 전환'이란 개념을 통해 쿤이 주장하려 했던 것은 상대주의relativism나 주관주의subjectivism가 아니었음에도 불구하고, 그가 끼친 영향은 많은 과학철학자들로 하여금 "객관적 진리란 허구이며 단지 상대적 또는 주관적인 진실만이 있을 뿐"이라고 주장하는 인식론적 상대주의 또는 주관주의를 주장케 하는 결과를 가져왔다.[19] 그러나 쿤은 자신이 『과학혁명의 구조』에서 주장하려 했던 논지는 결코 상대주의나 주관주의를 지지하는 것으로 해석되어서는 안 된다고 강력하게 주장하였다.[20]

쿤의 패러다임 논쟁과 관련하여 폴킹혼은 한편으로는 과학 이론이 정립되는 과정에 관련된 역사적 검토의 중요성을 인정하면서 동시에 다른 한편으로는 과학의 비합리성을 입증하기 위해 의도적으로 만들어진 급진적 변화에 얽힌 날조된 신화들을 경계해야 할 필요가 있음을 지적한다.[21] 바버 역시 폴킹혼의 평가에 동의하면서 쿤을 상대주의자로 간주하는 시각에 반대한다. 그는 쿤을 가리켜 그 이전의 형식주의자들formalists에 대조되는 맥락주의자contextualist

---

19 이와 같은 상대주의자로는 파이어벤트를 대표적으로 꼽을 수 있다. 그는 과학은 본질적으로 아나키즘적 작업이라고 규정하면서 인식론적 측면에서 과학적 세계관과 신화적 세계관 사이에는 아무런 차이도 존재하지 않는다고 주장했다. 신중섭, 『포퍼와 현대의 과학철학』(서울: 서광사, 1992), 87-88

20 존 호건(John Horgan)의 토마스 쿤과의 인터뷰를 보라. 존 호건/김동광 옮김, 『과학의 종말』(서울: 까치, 1997), 2장, 철학의 종말.

21 Polkinghorne, *Belief in an Age of Science*, 105.

로 명명하면서, 맥락주의자를 주관주의자나 실격된 상대주의자로 오해해서는 안 된다고 주장하였다.[22]

한편 국내 학계에서도 신학을 포함하여 다양한 영역에서 '패러다임 전환'이라는 용어를 빈번하게 사용하는데, 이 용어의 본래적 의미를 정확히 이해하고 사용하는지 그리고 그 용법에 있어 인식론적 상대주의나 주관주의를 옹호하는 맥락에서 사용되지 않는지 성찰해야 한다.

폴킹혼은 이론이나 모델들이 실재 세계를 기술할 때에 불가피하게 구성적인 개념이나 용어의 사용으로 실재가 왜곡될 수 있는 잠재적 문제가 있다는 점을 인정한다. 그럼에도 과학사를 장기적인 관점에서 바라보았을 때 이론이나 모델들은 실재 세계를 표현할 때에 유용하며 성공적이라는 점을 인식해야 한다고 지적한다. 그는 우리가 사용하는 과학의 언어가 근본적으로 은유적인 성격을 지니며 언제나 수정될 가능성에 열려 있다는 점에서 실재주의는 반드시 비판적 시각을 통해서만 올바른 관점으로 인정받게 된다는 점을 강조한다. 이러한 맥락에서 비판적 실재주의의 정당성을 확신케 하는 전형적인 이야기가 있는데 그것은 과학사에서 원자 모델의 발전 과정에 관한 것이다.

처음에 톰슨(J. J. Thomson, 1856~1940)이 원자 내를 회전하고 있는 전자의 모습을 그렸을 때, 그는 전자는 마치 원자라는 '푸딩' (서양 사람들이 즐겨 먹는 음식으로서 곡물에 설탕, 우유 등을 넣고 끓여 만든 죽) 속에 있는 건포도처럼 전하를 띤 아주 작고 단단한 물질

---

22 Barbour, *Religion in an Age of Science* (London: SCM, 1990), 54.

의 덩어리라고 상상했다. 이러한 그림은 러더포드(Ernest Rutherf
ord, 1871~1937)나 차드윅 그리고 겔만에 의해 계속 수정되어 오
늘에 이르렀다. 이러한 누적적인 지식의 과정을 통하여 오늘날의
기초입자물리학자들은 원자를 전자들의 양자장 속에 전자기적으
로 여기(勵起)되어 있는 흐름들로 파악한다.23 여기서 우리는 그들이
같은 실재를 두고 각각 다른 방식으로 기술하였음을 알 수 있는데,
그럼에도 불구하고 거기에는 분명한 연속성이 있다는 점을 인정해
야 한다는 것이다.

우리는 비판적 실재주의를 계몽주의의 확실성과 포스트모더니
즘의 상대주의 사이의 중용적인 입장이라는 맥락에서 생각해 볼 수
도 있다. 여기서 우리는 마이클 폴라니가 지적했듯이 과학이 물리
적 세계에 관해 보편적 진리를 찾으려 하는 개인들의 탐구 작업이
며, 또한 공동체 안에서 도제적 관계 속에서 터득되는 전술적 기술
을 통해 수행된다는 점을 인지해야 한다.24 폴킹혼은 비판적 실재
주의자들은 근대성과 탈근대성의 사이에 놓여 있는 중간의 길을 선
택한다고 말한다. 그는 데카르트에서 쿤에 이르기까지 그리고 환원
주의에서 상대주의에 이르기까지 지난 3백 년 동안의 서양 지적 세
계의 양면적 실체를 올바르게 평가할 때만이 균형 잡힌 관점을 유
지할 수 있다고 주장한다. 중도주의via media는 성공회의 중요한 사

---

23 BAS, 105.

24 Polkinghorne, *Belief in an Age of Science*, 106; Michael Polanyi, *Personal Know-
ledge: Towards a Post-Critical Philosophy* (Routledge and Kegan Paul, 1969),
207-209. 이 책은 표재명과 김봉미가 번역했다. 『개인적 지식: 후기비판적 철학을 향하
여』 (서울: 아카넷, 2001).

상 중 하나로 그 핵심 사상은 "극단적인 곳에는 진리가 없다"라는 말로 간략하게 표현할 수 있는데, 여기서 폴킹혼은 인식론에 있어서도 중도주의가 필요하다고 말한다.

이 관점은 한편으로는 물리 세계의 본성에 대한 지식이 점증적으로 진리에로 가까이 다가간다고 믿는다는 측면에서는 '실재주의적' 입장을 취한다. 다른 한편으로는 그러한 지식은 실재가 어떻게 진행되고 있는지 직접 관찰해서 얻은 지식이 아니라 실험과 해석 간에 미묘하고 창조적인 상호작용을 요구한다는 점에서는 '비판적' 입장을 취해야 하는 것이다.[25]

이러한 폴킹혼의 인식론적 관점은 "인식론은 존재론을 주조한다"(Epistemology models ontology)는 그 자신이 만들어 낸 다소 논쟁적인 구호 속에 극단적으로 표현되고 있다.[26] 이 말 속에는 우리가 아는 것은 실재가 존재하는 방식을 이해하도록 안내하는 신뢰할 만한 표지라는 주장과 함께 앎과 존재의 관련성을 최대화하려는 그의 의도가 담겨 있다.

2) 신학에서 비판적 실재주의

폴킹혼은 과학의 비판적 실재주의를 신학적 맥락에서 적용을 시

---

25 Polkinghorne, *Science and Theology*, 17.
26 Ibid., 14.

도한다. 그는 기독교의 핵심적인 교리의 발전사를 통해서 이를 찾아볼 수 있음을 예증한다. 그는 예수의 본성에 관한 이해와 관련하여 로마서 1장 13절과 요한복음 1장 그리고 칼케돈 공의회(451년)에서 통과된 신조 등, 세 가지 다른 텍스트를 검토한다.[27] 이를 통해 우리는 1세기 중반에서 5세기 중반에 이르기까지 4백여 년의 기간을 거쳐 예수의 본성에 대한 고백이 어떻게 변천했는지 살펴볼 수 있다.

예수의 처형 후 몇 년 이내에 쓰인 로마서에는 예수의 신성에 대한 분명한 고백은 없다. 왜냐하면 하느님의 아들이란 칭호는 대단한 경외심을 표현하기는 하지만 고대 이스라엘에서 왕들을 일컬을 때 사용하던 칭호라는 점에서 반드시 신성divinity을 함축하는 것은 아니기 때문이다. 두 번째 텍스트인 요한복음에서는 하느님의 말씀이라는 용어를 쓰고 있는데, 이는 구약의 하느님의 지혜라는 히브리 개념과 희랍의 로고스 개념을 결합한 것으로 예수의 삶 속에 육화한 말씀이 바로 세계의 합리적 질서의 원리로서 선재하는 말씀의 신적 신분(Word's pre-existent divine status)을 확증한다. 세 번째 텍스트인 칼케돈 신조에서는 신약성서에서는 낯선 두 본성 등과

---

27 이 텍스트들의 내용은 다음과 같다. 1) 이 아들로 말하면 육신으로는 다윗의 혈통에서 나셨고, 성결의 영으로는 죽은 자들 가운데서 부활하여 능력으로 하나님의 아들로 인정되셨으니, 곧 우리 주 예수 그리스도시니라(로마 1:3-4). 2) 태초에 말씀이 계시니라, 이 말씀이 하나님과 함께 계셨으니, 이 말씀은 곧 하나님이시라 … 그리고 말씀이 육신이 되어 우리 가운데 거하시매…(요한 1:1, 14). 3) 한 분이시며 동일하신 아들, 우리 주 예수 그리스도는 신성에서 완전하시며, 동시에 인성에서 완전하신 참 하나님이시며 참 인간이시다 … 한 분이며 동일하신 그리스도, 아들, 주, 독생자는 혼동 없이, 변화 없이, 나눔 없이, 분리 없이 두 본성으로 인식되신다. 폴킹혼, 이정배 옮김, 『과학시대의 신론』, 35-36.

같은 언어를 사용하여 그리스도의 신성과 인성을 공히 균등하게 주장하고 있는데 여기서 신성이라는 단어는 어떤 제한이나 조건 없이 그대로 사용된다.

폴킹혼은 예수 그리스도의 본성을 표현한 이러한 텍스트들을 비교해 볼 때에 거기에는 명백한 대조와 동시에 연속적이고 점진적인 과정이 흐르고 있음을 발견할 수 있다고 주장한다.[28] 기독론을 둘러싼 역사적 논쟁에 대한 검토를 통해서 우리가 과학에서와 마찬가지로 신학에서도 참된 앎으로 다가가는 과정이 점진적이고 누적적으로 전개되었음을 밝히고 있다. 이는 과학의 이론화 과정과 종교의 교리화 과정이 방법론적으로 유사성을 지니고 있음을 지적한 바버의 '과학과 종교의 방법론적 비교'[29]를 실제 사례를 가지고 논증한 것으로 평가할 수 있다.

과학에서 비판적 실재주의는 실재에 대한 통합적 기술이 단번에 가능하다는 생각을 버리고 단편적인 성과들을 아끼는 태도가 중요하다는 것을 알려준다. 이를 신학에 적용해 보면 기독교 내적으로는 정통과 이단의 문제와, 외적으로는 다양한 세계 종교 현상을 어떻게 이해할 것인가라는 문제와 관련된다. 폴킹혼은 과거에 신앙의 올바른 척도를 벗어났다고 판정받은 사람들, 즉 이단들에게 가해진 끔찍하고 무자비한 만행들에 대해 교회는 회개해야 하며 과거보다 관용적인 세상에 살게 된 것이 다행스럽기는 하지만, 그럼에도 '기

---

28 Ibid., chap. 2.
29 Barbour, *Religion in an Age of Science*, 36.

독교인'이라는 서술에는 최소한의 규정이 있어야 한다고 주장한다. 그는 한 분 하느님의 성육신 신앙이 기독교인으로서는 타협할 수 없는 핵심적인 신앙 내용이라고 말한다. 이런 점에서 그는 신을 단지 개인들이 선택한 가치의 내면화된 상징으로만 간주하는 비실재론적인 하느님의 기술이 기독교적 신앙이 허용하는 만족할 만한 형식이라고 인정하지 않는다.

한편 폴킹혼은 세계 종교들을 바라보며 그것들이 나타내는 다양성을 일견할 때에 언뜻 자신의 마음속에 일어나는 당혹감을 감출 수 없음을 인정한다. 특히 그는 유대교와 이슬람교 등 기독교와 공통적인 요소를 상당 부분 공유하는 아브라함 종교를 넘어서, 힌두교나 불교 같은 동양 종교들을 접할 때면 이러한 당혹감이 더욱 크다는 것을 심각하게 생각한다.[30] 그럼에도 그는 세계 종교들 모두가 최소한 공통적인 영적 실재와의 만남에 대해 말하고자 노력한다고 가정할 수 있다고 주장한다. 우리는 유한한 인간의 정신으로 무한한 하느님을 언표할 수 없는 필연성을 인정해야 하며, 신적인 본성을 실험적 조작을 통해 파악할 수 없다는 사실들을 고려해서 종교적 다양성을 이해해야 한다는 것이다. 하지만 종교의 다양성과 하나인 참된 실재와의 관련성을 이해하기 위해서는 앞으로 보다 많

---

30 이와 관련하여 케이스 워드는 세계 종교를 셈족계 종교(Semitic religion)와 인도계 종교 (Indian religion)로 구분하면서 셈족계 종교는 창조자 하느님의 개념과 인격적인 신론을 공통적으로 갖고 있는 반면, 인도계 종교는 윤리적 상속을 뜻하는 카르마(karma), 우주적 법칙인 다르마(dharma) 그리고 윤회의 개념을 가지고 있으며, 이 대조되는 개념들은 거의 모든 측면에서 상보적인 측면을 가지면서 영적인 최고의 실재를 지시한다고 주장하였다. Polkinghorne, *Belief in an Age of Science*, 126; Keith Ward, *Religion and Revelation* (London: Oxford University Press, 1994), 331.

은 연구와 사색을 요하는 심각한 문제들이 산적해 있음을 지적한다.

그는 템플턴 재단이 후원하는 과학과 세계 종교의 영성 탐구 프로젝트의 첫 번째 단계에 참여하는 특권을 가질 수 있었다. 이를 통해 세계 전통종교와의 만남을 경험할 수 있었는데 그는 이를 두고 과학자에게는 당황스럽기도 하고 다소 무력감을 느끼게도 하는 것이라고 피력했다. 그 이유는 과학과 종교의 특성 차이 때문이다. 즉 과학이 보편성을 갖는 데 반하여, 광범위한 지역에 산재한 세계 전통종교들은 신비로운 실재를 체험하는 방식과 표현에서 뚜렷한 차이점을 보인다. 세계 종교전통들 간의 대화는 오늘날의 매우 소중한 신학적 과제임이 분명하며, 동시에 과학과 종교의 학문공동체가 중요하게 공헌할 수 있는 주제 중 하나이기도 하다.

과학에서 비판적 실재주의는 보편적 인식론이 존재하지 않으며 실재 세계에 대한 지식은 반드시 그것들이 지닌 각각의 특성에 상응하는 형태로 얻어진다는 점을 알려준다. 이를 신학에 적용하면 올바른 신학이란 하느님의 신적 본성에 상응하는 방식으로 탐구되어야 한다는 것이다. 폴킹혼은 이와 관련하여 "우리는 어떻게 하느님을 인식할 수 있는지를 독립된 하나의 이론으로 구성해 시험한다거나, 혹은 그것을 사실적으로 묘사하면서 시작할 수 없다. 하느님이 알려지는 방식은 처음부터 끝까지 그분이 현실적으로 알려지는 방식에 의해 결정되어야 한다"라고 지적한 토마스 토렌스의 주장을 상기시킨다.[31] 무한한 하느님은 세계가 존재하는 근거이며, 창조자는 모든 사건 발생에 관여하고 있다. 그분은 유한한 인간 존재

---

31 Polkinghorne, *Belief in an Age of Science*, 131-132.

들과의 직접적인 만남으로부터 숨기어져 있는 것이다. 여기서 언표 불가능한 신적 존재와의 만남의 역설을 강조하기 위해, 우리는 신비라는 단어를 사용한다는 점을 이해하여야 한다.

필자가 변증해 온 비판적 실재주의는 결국 참된 지식을 향한 인간의 탐구 속에 내재한 것으로, 우리가 발견해 온 것과 하느님의 신실성에 대한 신학적 믿음으로 확고한 근거를 얻고 있는 것이다. 바로 이러한 순환 속에서 하느님이 창조한 세계의 현시된 모습은 정직한 탐구자를 기만하지 않는다. 지식의 통일성은 한 분이신 참된 하느님의 통일성이 보증하고 있는 것이다. 건전한 동기를 지닌 신앙의 진실은 신실하신 하느님이 보증한다.32

폴킹혼은 현대의 인식론의 상환이 처한 딜레마를 표현한다. 한 편에는 토대주의에 대한 모더니즘의 갈망, 즉 보편적이고 확실한 지식을 향한 타이타닉적 탐구가 있고, 그 반대편에는 반토대주의를 주장하는 포스트모더니즘의 경향성이 있다. 오늘날 우리는 전자의 시도를 순박하게 믿을 수도 없지만 후자의 시도를 따라가기에는 만족스럽지 못하다. 그러므로 우리는 비토대론자의 토대(non-foundationalist foundation)를 향한 탐구를 이어가야 하는데 이는 양측의 내용들 속에서 진리의 계기를 발견해 내는 탐구이다. 이러한 탐구의 결론은 신학적 비판적 실재주의인 것이다.33

---

32 Ibid., 137.
33 Ibid., 138.

5. 과학과 종교 사이에 놓는 다리

지금까지 과학과 신학을 연결하는 하나의 인식론 전략으로서 폴킹혼의 비판적 실재주의에 대하여 고찰해 보았다. 그 요점은 과학 이론이나 모델들이 실재를 기술하는데 비록 완벽하지는 않지만 신뢰할 수 있듯이, 과학과 신학(또는 종교)에서 비판적 실재주의란 과학과 신학 모두 실재 세계로 우리를 안내하는 유용한 지적 활동이며, 역사적으로 수정과 보완을 통하여 보다 참된 지식으로 거듭난다는 것이다.

이제 이글을 마치면서 폴킹혼의 비판적 실재주의의 강점과 문제점에 대해서 간략히 지적해 보고자 한다.

비판적 실재주의는 상대주의 또는 주관주의적 관점으로부터의 반론이 없는 것은 아니지만, 19세기 말부터 시작하여 20세기 중반에 이르는 과학의 발전, 특히 물리학에서의 중대한 발전의 역사는 비판적 실재주의의 정당성을 여실히 증명해 주었다고 말할 수 있다. 또한 오늘날 과학 탐구의 현장에 있는 대다수의 과학자가 과학철학적 맥락에서 의식적으로든 무의식적으로든 비판적 실재주의자의 관점에 동의하고 있다는 점을 우리는 진지하게 고려해야 할 것이다. 비판적 실재주의에 관한 토론을 통하여 폴킹혼이 기여하고 있는 공헌을 다음 세 가지로 간추릴 수 있겠다.

첫째, 과학과 신학(종교)에서 비판적 실재주의적 관점이 참된 지식을 찾아나가는 데 올바른 접근 방법임을 역사적 근거를 통해 주장함으로써 과학과 종교의 대화에 하나의 확고한 인식론적 방법론을 제공하고 있다는 점이다. 이는 다른 말로 하면 인식론과 실재론의 관계를 극대화시켰다고 표현할 수 있겠다. 둘째, 비판적 실재주의가 신학에도 적용될 수 있음을 제시함으로써 무신론적 경향이 지배하는 이 시대에서 신학의 정당성의 근거를 제시하였다. 셋째, 비판적 실재주의가 모더니즘의 확실성과 포스트모더니즘의 불확실성 사이에 위치할 수밖에 없는 이유를 합리적으로 설명함으로써 인문학의 일반 분야에서 진행되고 있는 포스트모더니즘 논쟁과 관련하여 참고할 만한 기준을 간접적으로나마 제공한다는 점이다.

한편 폴킹혼의 비판적 실재주의 토론과 관련된 문제점을 지적하고자 한다. 첫째, 과학과 신학에서 비판적 실재주의를 통해 도달한 신적실재가 기독교의 유신론적 표상이라고 단정할 경우 종교적인 인식론적 제국주의로 이끌 위험성이 있다는 점이다. 이정배 교수는 『과학시대의 신론』 역자 서문을 통해 "우려되는 점은 그의 유신론적인 견해가 또 다른 형태의 기독교 제국주의를 낳을 수도 있다"[34]라고 지적한 바 있다. 동양 종교에서 실재에 대한 앎을 얻는 방법은 서양철학의 인식론적 맥락과 전혀 다를 수 있다는 것은 주지의 사실이다(예를 들어 라마교에서 새로운 달라이 라마가 지명되는 과정을 생각해 보라!)

둘째, 폴킹혼의 비판적 실재주의 논쟁은 그 자체 성격상 종교에서 현학적이고 지적인 측면을 부각하는 반면 실천적인 요소를 약화한다는 비판을 받을 수 있다. 이는 비판적 실재주의의 논지가 의도하는 것은 아니지만 그 토론의 성격에서 기인하는 것으로 볼 수 있

---

34 이정배, "옮긴이의 글", 『과학시대의 신론』(서울: 동명사, 1998), x.

는데, 어쨌든 이론과 실천의 통일, 정각正覺과 정행正行의 조화를 강조하는 종교의 일반적 가르침에 비추어 볼 때 이와 같은 비판을 받을 수 있다. 폴킹혼의 신학은 현대의 상황신학들이 관심하는 가난과 차별, 정의와 평화의 문제 등 오늘날의 세계화 상황에서 정치, 경제, 사회학 이슈들에 상대적으로 무관심한 측면이 있는데 이는 바로 신학적 맥락을 상황이 아닌 인식론에 비중을 두고 출발했기 때문이라는 비판이 가능할 수 있다.

셋째, 마지막으로 "과연 비판적 실재주의를 과학뿐만 아니라 신학에서도 적용이 가능한가?"라는 질문에 대해서 생각해 보고자 한다. 필자는 비판적 실재주의를 인문학으로서 신학 분야에 적용할 때에는 자연과학 분야에서보다 많은 반론이나 논쟁이 제기될 수 있다는 점을 인정한다. 그럼에도 불구하고 필자는 고전적 실재주의(또는 순박한 실재주의)와 도구주의 내지는 관념주의의 양극단적 관점의 중간에 놓여있는 비판적 실재주의가 인문학적 지식의 정당성을 평가하는 데도 유력한 인식론적 전략이라고 생각한다. 이는 우리가 참된 앎을 추구할 때 필연적으로 근대주의의 확실성과 탈근대주의의 불확실성 사이에 위치할 수밖에 없음을 인정한다는 의미다. 다만 문제는 "과연 그 양극단의 중간 어디쯤에 위치할 것이냐?"이다. 비판적 실재주의의 스펙트럼은 꽤나 넓어서 우리는 이 이름을 빌려 칼 포퍼 가까이나 반대편의 파이어벤트 가까운 쪽으로도 자리잡을 수 있는 것이 사실이다. 정확히 어디에 자리를 잡을 것인가는 각자의 선택에 달려 있으나 우리는 모더니즘이나 포스트모더니즘, 토대주의나 반토대주의, 확실성이나 불확실성 그 어느 극단적 입장으로 갈수록 진리의 빛은 점차 흐려질 것이라고 생각한다. 물론 이 말이 정확한 중간일수록 그 빛이 가장 빛날 것이라는 뜻은 결코 아니다. 우리는 주변에서 상대주의적, 또는 주관주의적 관점의 정당성을 주장하는 인문학자들을 어렵지 않게 발견할 수 있는데, 이러한 관점을 과학과 종교의 대화에도 적용하는 경우에는 과학사 및 과학철학의 토론에 대한 보다 진지한 검토가 선행되어야 한다고 생각한다. 아울러 폴킹혼 뿐만 아니라 바버나 피코크 외에도 미국의 '신학과 자연과학 연구소^{CTNS}'의 로버트 러셀 등,35 과학과 종교의 대화에 참여하고 있는 유수한 세계의 학자들 대다수가 비판적 실재주의를 지지하고 있다는 점을 고려할 때, 한국적 상황에서 과학과 종교의 대화를 추구할 때에도 비판적 실재주의라는 인식론적 관점을 무시할 수는 없을 것이다.

과학과 종교 사이를 잇는 지적인 다리를 놓기 위해 제안된 폴킹혼의 비판적 실재주의는 풍성한 진화의 결실을 맺은 우주의 배후에 신성한 실재와 인간성에 깃든 지성이 어떤 식으로든 분명한 연관이 있으리라는 자연신학적 확신에 근거한다. 한편 생명신학은 우주에 충만한 생명의 기운과 사람에게 깃들어 있는 생명이 하나로 연결되어 있다는 전일적인 직관에 기초한다. 서양의 과학적 자연신학과 한국의 생명신학은 그 신학적 컨텍스트가 다르지만 양자 모두에게 '우주'(자연)와 '인간'의 본성이 본질적으로 연결되어 있음을 암시

---

35 로버트 러셀(Robert Russell)은 미국 버클리에 소재한 CTNS(The Center for Theology and Natural Science) 연구소의 소장으로 있으며, 이 센터는 오늘날 전 세계적으로 과학과 신학의 토론에 가장 큰 기여를 하고 있는 연구소 중 하나다.

한다는 점에서는 일맥상통한다고 말할 수 있다. 이런 점에서 필자는 생명신학과 자연신학 사이에 대화의 필요성을 제기하면서 이를 추후의 연구과제로 남겨두고자 한다.

빅뱅 우주론과 기氣 우주론에 대한 신학적 성찰

1. 시작하는 말

비토리아의 표정이 아득해졌다.

"제 요점은, 아버지는 항상 빅뱅에서 신의 개입을 믿었다는 점입니다. 과학이 창조의 신성한 순간을 이해할 수 없음에도 불구하고, 언젠가는 이해하게 될 것이라고 믿으셨죠." 비토리아는 베트라 박사의 작업대에 붙어 있는 레이저 출력용지를 슬프게 가리켰다. "아버지는 제가 의심을 가질 때마다 제 얼굴 앞에 저 종이를 흔들어 보이셨어요." 랭던은 종이에 적힌 메모를 읽었다.

> 과학과 종교는 반대편이 아니다. 과학은 신을 이해하기에 단지 너무 어릴 뿐이다.

"아버지는 과학을 한층 높은 단계로 끌어올리려고 하셨어요. 과학이

신의 개념을 지지할 수 있는 단계로요." 감상에 젖은 듯, 비토리아는 긴 머리카락을 손으로 쓸어 넘기며 내뱉었다.[1]

2006년도 상반기 소설부문 베스트셀러 목록에 올랐던 『천사와 악마』에 나오는 한 대목이다. 저자 댄 브라운은 소설 『다빈치 코드』 로 세계적인 작가의 반열에 올라선데 이어 『천사와 악마』에서는 '과학과 종교의 대립'이라는 쉽지 않은 주제를 가지고 또 한 번 많은 독자를 사로잡고 있다. '과학과 종교!' 이는 서구 지식세계에서 아주 오래된 주제이다. 그러나 또한 단 한 번도 명쾌한 결말을 내리지 못 했던 심오한 주제이기도 하다.

이 소설에 등장하는 베트라 박사는 가톨릭교회의 사제이면서 동 시에 물리학자이다. 그는 신이 이 세계를 창조할 때, 무로부터 창조 했다는 것을 과학적으로 증명하기 위해 빅뱅이 무로부터 일어날 수 있음을 예증하는 '반물질'[2]을 만들었다.[3] 그러나 베트라 박사는 반

---

1 댄 브라운/양선아 옮김, 『천사와 악마』 (서울: 베텔스만, 2004), 111-112.
2 이 우주에 존재하는 모든 물질은 입자나 소립자들로 구성되어 있다. 이 입자와 정확히 반대 의 성질(스핀)을 갖는 것이 반입자(또는 반물질)이다. 어떤 입자가 반입자와 만나면 두 입자 는 에너지를 남기고 쌍소멸을 일으킨다. 즉 존재 자체가 사라져 버리는 것이다. 빅뱅이라 부 르는 우주 탄생의 순간에 입자와 반입자의 숫자는 같았을 것이며, 그랬더라면 우주 안에 어 떤 물질도 존재하지 않았을 것이다. 그러나 어떤 이유 -입자와 반입자의 운동방향과 관련된 힘들의 비대칭성- 로 인해 입자와 반입자 사이에 아주 작은 수치의 불균형이 발생하였다. 그러니까 우리 우주는 대부분의 입자·반입자들이 쌍소멸이 일어나고 남은 상대적으로 아주 규모의 입자들에 의해 오늘날의 우주가 만들어졌다. 그러므로 우리에게 너무도 어마어마한 질량으로 여겨지는 현존하는 우주의 규모도 원래 소멸하기 전에 존재했을 입자·반입자의 질량과 비교해보면 너무도 작은 부분에 불과한 것이다. 스티븐 호킹, 김동광 옮김, 『시간의 역사』 (서울: 까치, 1998), 101-103.
3 "아버지는 창세기를 증명하는 실험을 구상했습니다." 랭던은 무슨 뜻인지 의아했다. '창세기 를 증명해? 빛이 있으라? 무에서 물질이 생겨났다는 얘기인가?' … (중략) "아버지는 우주를

물질을 만들자마자 과학의 후계자를 자처하는 비밀결사 단체에 속한 일단의 무리들에게 타살 당한다. 이 단체는 오랜 역사 동안 과학이 교회에 의해 핍박 받은 것을 복수하고, 종교는 허구이며 과학만이 참이라는 것을 전 세계인들에게 보여주기 위한 거대한 음모를 꾸미고 있었다. 과학과 종교 그리고 기호학이 얽혀서 사뭇 난해한 대목이 자주 등장하는 이 소설을 통하여 작가는 우리에게 "과학과 종교의 관계"에 관하여 질문을 던지고 있다. 그것은 바로 "과학은 궁극적으로 종교와 조화될 수 있는가, 아니면 과학과 종교는 결코 화해할 수 없는 적대적 관계인가?"라는 질문이다.

최근 30여 년 전부터 서구 신학계의 일각에서 확산되고 있는 '과학과 종교의 대화' 혹은 '과학과 신학의 간학제적 연구Interdisciplinary studies between science and theology'는 바로 위와 같은 질문에 대한 답을 구하려는 노력이다. 이와 같은 간학제적 연구자들은 이제 과학과 종교의 대화 영역을 넓히고자, 보다 다양한 종교-문화적 맥락various religious-cultural contexts에 속한 학자들이 이 토론에 참여하기를 바라고 있다.4 이 글은 바로 이런 동기에서 시작한다. 과학과 종교의

창조했어요. 완전한 무에서." '우주를 창조하다니? 빅뱅을 재창조해?' … (중략) "물질이 정말 무에서 피어난 겁니다. 원자 구성요소의 불꽃놀이가 믿을 수 없게 펼쳐졌어요. 우주의 모형을 관찰할 수 있게 된 거죠. 아버지는 물질이 무에서 창조될 수 있다는 것뿐만 아니라, 빅뱅 이론과 창세기 모두 거대한 에너지 원천의 존재를 수용하면 간단히 설명할 수 있음을 증명하신 거예요." "거대한 에너지의 원천이라면 신(神)을 의미하는 것인가?" 콜러가 물었다. "신, 부처, 힘, 야훼, 특이성, 통일된 한 점. 글쎄, 무엇으로 불려도 상관없겠죠. 결과는 같으니까요. 과학과 종교는 동일한 진실을 지지합니다. 순수한 에너지가 창조의 아버지인 거죠." 댄 브라운, op. cit., 112-113.

4 폴킹혼은 과학과 종교의 계속적인 대화 프로그램의 특징을 이렇게 지적한다. "(1)신학자들과 여러 과학 분야 전문가들의 광범위한 참여, 여기서 인문학 분야들이 특별히 중요한 역할을 감당하게 될 것이다. (2) 세계종교 전통들의 광범위한 참여. 이는 과학과 신학 사이의 대

대화에 동아시아의 사상사적 맥락, 혹은 한국 신학적 맥락에서 참여하고자 하는 것이다. 동아시아, 혹은 한국 신학적 맥락은 무엇인가? 이를 한 마디로 정리할 수는 없겠지만, 하나의 가능한 대답으로서 이정배의 전망에서 찾을 수 있다. 그는 민중신학과 민족신학을 포괄하는 새로운 토착화 신학으로서 동학의 지기론至氣論에 근거한 한국적 생명신학 정립의 필요성을 주장하였다.5 여기서 지기론의 철학적 배경과 세계관은 기 철학이며 기 우주론이다. 또한 김흡영 역시 서구에서 시작된 과학과 종교의 대화에 참여함에 있어서 동양에 속한 한국신학자들은 동아시아 및 한국인들의 심성과 사상의 배경이 되고 있는 유교적 철학과 세계관을 가지고 기여할 수 있다고 지적한 바 있다.6 이 글은 이러한 문제의식에서 출발하여 빅뱅 우주론에 함축된 무로부터의 창조 신앙의 가능성을 새롭게 발견하고, 나아가 신유학 사상Neo-Confucianism의 기 우주론을 검토하고 태극개념과의 비교를 시도해보고자 한다.

2. 빅뱅 우주론과 무로부터의 창조

1) 빅뱅 우주론

뉴턴은 1687년에 출판한 『자연철학의 수학적 원리』라는 그의

화를 풍요롭게 해줄 것이고, 또한 에큐메니칼적 만남의 확고한 근거를 제공해줄 것이다 …
(이하생략)" 존 폴킹혼/이정배 옮김, 『과학시대의 신론』(서울: 동명사, 1998), 111.
5 이정배, 『조직신학으로서의 한국적 생명신학』(서울: 감신, 1996), 84, 134-150.
6 테드 피터스/김흡영 외 옮김, 『과학과 종교』(서울: 동연, 2002), 8. 역자 서문.

탁월한 저서를 통해 우주의 모든 운동 현상은 중력이라는 단 하나의 원인으로 설명될 수 있다고 주장하였다.[7] 우주는 절대시간 축을 따라 무한한 공간을 가지며 모든 항성의 운동은 중력이라는 하나의 효과만 고려하면 계산해 낼 수 있다는 것이 그의 생각이었다.[8] 그러나 스티븐 호킹은 이러한 생각이 전형적인 논리의 오류라고 말하고 있다. 사실, 무한한 수의 별들이 펼쳐진 무한한 공간에서는 모든 별이 그 자신을 기준으로 주변에 무한한 별을 갖고 있기 때문에 임의의 어느 별이나 중심점이 될 수 있다. 하지만 당시만 해도 물리학에서의 뉴턴의 권위는 너무 위대했기 때문에 아무도 이러한 질문을 끝까지 밀고 나갈 수 없었다. 뉴턴의 중력이론은 우주의 모든 운동을 설명할 수 있는 최종의 방정식으로 여겨졌다.[9]

그러나 19세기에 들어서 과학자들은 전자기장의 문제나 빛의 속도에 관한 의문들에 있어서 뉴턴 이론으로 해결할 수 없는 예외적인 문제들이 있다는 것을 알게 되었다.[10] 아인슈타인은 1905년

---

7 Stephen Hawking, *Brief History of Time* (London: Bantam, 1988), 18-21.

8 뉴턴도 자신의 정적 우주론이 모순을 가지고 있다는 것을 깨닫고 있었다. 즉 서로 잡아당기는 인력으로 작용하는 중력이 모든 별들을 서로 잡아당겨서 마침내 어느 한 점으로 붕괴할 수밖에 없으리라는 가정이 그것이다. 그는 이 문제를 다음과 같이 해결하고자 하였다. "만일 우주가 한정된 공간에 유한한 숫자의 별들을 가지고 있다면 그런 일이 생길 것이다. 그러나 만일 무한한 공간에 무한한 숫자의 별들이 다소 균일하게 퍼져있다면 한 점으로 모여 서로 붕괴하는 일은 안 생길 수도 있을 것이다. 왜냐하면 무한한 우주에서는 어느 한 지점도 중심이 될 수 없기 때문이다." Ibid., 5-6.

9 뉴턴의 역학은 일상적인 운동들을 계산해내는데 실용적으로 아직 무척 유효하다. 그러나 미시세계 그리고 빛의 속도에 근접한 빠른 속도의 운동들에서는 뉴턴 이론은 더 이상 유효하지 않다. Ibid., 12-13.

10 뉴턴 역학법칙이 전혀 적용되지 않는 전자기장에 관한 중요한 연구는 제임스 맥스웰에 의하여 1865년에 크게 진전되었다. Ibid., 21-22.

에 그 유명한 특수상대성이론을 통하여 절대시간 개념을 폐기하였다. 이로써 빛의 속도에 관한 당시 과학계의 난제, 즉 광원의 진행 방향과 관계없이 빛의 속도가 동일하게 측정됨으로써 야기된 심각한 딜레마를 풀었다. 그에 의하면 어느 사건의 시간이란 각 사건의 지점에 따라 다른 시간을 가지며, 시간은 공간과 분리된 것이 아니라 공간과 결합되어 소위 시공space-time을 이루고 있는 것이라고 주장하였다. 아인슈타인의 상대성 이론은 뉴턴의 운동의 법칙 이론과 절대시간이라는 개념에 종말을 가져왔다. 더욱이 1915년에 발표된 일반상대성이론에 의하면, 이 우주(시·공간, space-time)는 무한하지 않으며 중력에 의해 제한된다는 것이다. 시공이 중력에 의해서 휜다는 혁명적인 생각은 우리의 우주상에 심각한 변화를 가져오는 아이디어가 아닐 수 없다. 그럼에도 불구하고, 정적인 우주의 모델에 관한 믿음은 워낙 강해서 아인슈타인조차도 정적인 우주 모델상을 유지하기 위해 '우주상수cosmological constant'라는 것을 그의 방정식에 도입하는 타협을 하였다.[11] 일반상대성 이론은 그 자체로 우주가 빅뱅의 특이점을 가지며, 또한 마침내 전 우주가 '빅 크런치'라 불리는 한 점으로 붕괴하든지 아니면 지역 단위로 블랙홀로 붕괴하든지 아무튼 종말을 가질 것임을 예견함에도 불구하고, 팽창하는 우주 모델은 알렉산더 프리드만의 예측과 에드윈 허블의 발견이 있기까지는 소개되지 않았다.[12] 프리드만은 상대성 이론 자체로부

---

11 우주상수란 항상 인력으로 작용하는 중력에 반하여 서로 밀어내는 척력이 있을 것이라는 임의의 가정 하에 도입되었고, 그 수치는 정확히 중력의 인력을 상쇄하도록 설정되었다. 후일 아인슈타인은 이를 자신의 일생 최대의 실수였다고 부끄러워하였다. Ibid., 44, 168.
12 빅 크런치(Big Crunch)란 빅뱅의 장면을 찍은 비디오테이프를 반대방향으로 돌려보는

터 팽창에 대하여 닫힌 우주, 열린 우주 그리고 임계 팽창률을 유지하는 우주 등, 세 가지 모델을 도출해 내었다.

이 세 가지 우주 모델의 방정식은 모두 100억 년 전 내지 200억 년 전 사이의 과거에 이웃한 은하의 거리가 제로가 되는 즉, 전 우주가 한 점에 있을 수밖에 없다는 해^{solution}를 보여 준다. 우리가 오늘날 빅뱅이라 부르는 그 시점은 우주의 밀도와 시공의 곡률이 무한대였을 것이다.

첫 번째 모델은 팽창하던 우주가 중력으로 인하여 일정한 한계에 이르러 팽창을 멈추고 재수축하는 우주이다. 두 번째 모델은 급속한 팽창률이 중력의 작용을 넘어서기 때문에 영원히 팽창해 나가는 우주이다. 세 번째 모델은 중력과 팽창률이 절묘한 균형을 이루어 아슬아슬한 임계팽창률로 팽창해 나가는 우주이다.[13]

허블은 1929년에 우주의 모든 방향의 은하로부터 오는 빛에서 '적색편이$^{red\ shift}$' 현상을 발견하였다. 허블의 관측에 따르면 모든 은하들로부터 도달하는 광원이 붉은색 쪽으로 편이 되었고, 그 정도는 멀리 떨어진 은하일수록 편이가 심하였다. 이는 모든 은하들이 서로 멀어지고 있다는 것을 의미한다.[14] 빅뱅 이론을 반박하려는 몇 가지의 시도가 있었는데, '정상상태 이론'이나 '진동(반복적 수축팽창) 우주론$^{Oscillating\ Cosmos\ Theory}$' 등이 그것이다. 그러나 빅

것과 같이 시·공간을 포함하여 우주의 모든 물질이 하나의 점으로 붕괴하는 상태를 말한다. Ibid., 127.

13 Ibid., 45-53, 134.

14 Ibid., 43.

뱅 이론에서 예견되었던 '우주배경복사cosmic background radiation' 현상이 1965년에 우연히 두 과학자(Arno Penzias, Robert Wilson)에 의하여 발견되었다. 우주배경복사는 빅뱅 당시에 전 방향으로 폭발된 에너지(물질)를 반영하며, 그것이 지금은 절대온도에 가까운 복사선으로 식어져 전 우주공간에 떠돌아다니는 것으로서 빅뱅 우주론의 결정적인 증거로 받아들여졌다. 마침내 스티븐 호킹은 펜로즈와 함께 1970년에 우주는 빅뱅의 순간을 가질 수밖에 없다는 것을 증명하였고 오늘날 거의 대부분의 과학자들이 빅뱅 우주론을 표준 이론으로 받아들이게 되었다.[15]

한편, 나사NASA의 코비 탐사위성은 비교적 최근인 1992년에 우주배경 복사가 방향에 따라 극미한 온도 편차가 카오스적으로 펼쳐져 있음을 관측하였다. 이 편차는 인플레이션 팽창 빅뱅이론에서 주장하는 초기 우주의 인플레이션 팽창 중에 나타나는 양자 요동을 반영하는 증거로 간주된다. 이러한 양자 요동 현상은 우주가 전체적 모습으로는 균일성을 보이면서도, 국부적으로는 물질 분포가 상대적으로 높은 지역에서는 은하단이나 성단이 형성될 수 있는 지역적 편차를 보이는 이유를 설명한다.[16]

호킹은 "우주가 팽창한다는 발견은 20세기에 이루어진 가장 위대한 지적 혁명 중의 하나"라고 그 중요성을 강조한다. 과학자들은

---

15 이에 대해서 호킹은 다음과 같이 말한다. "로저 펜로즈와 나는 아인슈타인의 일반상대성 이론을 적용하여 우주는 시작과 그리고 아마도 끝을 가져야 한다는 것을 증명하였다." Ibid., 38.

16 Worthing. Mark William, God, *Creation, and Contemporary Physics* (Minneapolis: Fortress Press, 1996), 162.

이 우주가 출발하던 경이로운 순간의 모습을 이렇게 묘사한다.

한 처음에 우주의 크기는 제로였다. 온도는 무한대로 뜨거운 상태였다. 모든 것이 융합되어 끓고 있는 내부의 한 점으로부터 거대한 폭발이 생기면서 모든 것이 밖으로 쏟아져 나왔다. 빅뱅으로부터 약 10^{-43}초 후에 온도는 10^{32}도에 달하였다. 우주의 전체 크기는 원자 하나 정도에 불과했고, 밀도는 물의 밀도의 10^{96}배에 달하였다. 중력이 분리되어 우주의 하나의 근원적인 힘을 이루기 시작한 것도 바로 이 순간이었다. 약 10^{-35}초 후에는 온도는 10^{28}도로 내려갔고, 강한 핵력이 중력으로부터 분리되었다. 10^{-10}초 후에는 온도는 10^{15}도가 되었고, 그것은 약한 핵력과 전자기력이 다른 힘으로부터 분리될 수 있는 온도였다. 그때 물질의 기초 모양을 이루는 쿼크가 형성되었다. 약 10^{-4}초 후에는 온도는 10^{12}도로 식고 쿼크들이 모여 양성자와 중성자를 이루기 시작하였다. 그 후에 우주는 점점 팽창하는 비율에 따라 차차 식어 갔다. 수소와 헬륨 같은 원자핵과 원자들이 생겨났다. 이 물질들은 우주의 네 가지 기본적인 힘의 법칙 아래서 은하들을 구성하였다. 10억 년쯤 지난 후 은하의 가스 구름 속에서 별들이 태어나기 시작하였다. 수소가스들이 중력으로 뭉쳐진 별들은 불타오르기 시작하였다. 이때 핵융합 반응을 통해 수소원자들이 헬륨으로 바뀌었고, 그중 일부는 다시 생명체의 구성에 필수 원소인 탄소나 산소와 같은 무거운 원소들로 전환되었다. 수축하고 폭발하는 약 50억 년이 걸리는 별들의 일생을 통해 탄소와 산소들이 우주 공간으로 흩어지고, 다시 별들이 만들어지는 두 차례의 과정을 거친 뒤에 우리 은하 속에서 태양계가 생겨났다. 그

흩뿌려진 탄소와 산소 입자들이 모여 제2, 3세대의 별이 탄생하였고 그중의 하나로 태양과 그에 속한 한 행성, 지구가 형성되었다. 또한 그 먼지들은 마침내 생명의 발생과 진화과정을 통해 우리 몸과 같은 생명체의 일부가 되었다.[17]

이것이 빅뱅 우주론이 말하는 우주 탄생의 개략적 이야기이다. 빅뱅 우주론은 과거 한 시점에 우주의 시작이 있다는 점 때문에 20세기 과학에 있어 가장 큰 지적 충격을 몰고 왔다. 코페르니쿠스의 전환에 이어 또다시 몇 세기 만에 세계관의 혁명적 변화를 가져온 것이다. 이것은 과거 뉴턴 물리학에 의해서 우주의 모든 운동이 완벽하게 설명될 수 있다는 믿음을 폐기해야 함을 뜻했다. 이 우주가 하나의 정교한 기계처럼 무한한 과거로부터 영원한 미래까지 지금 모습 그대로 존속할 것이라는 뉴턴-데카르트 세계관의 근본적인 전복을 요구하는 것이었다.

빅뱅 우주론이 불러온 세계관의 지적 혁명은 기독교 신학의 창조 신앙과 관련하여 열띤 논쟁을 불러일으켰다. 그 이유는 빅뱅 우주론이 이 우주가 과거 어느 한 시점에 시작하는 순간(특이점)을 갖고 있음을 함축하기 때문이다. "그 시작의 순간은 바로 성서가 말하는 신의 창조의 순간, 나아가 전통적인 교리인 '무로부터의 창조'의 순간으로 이해할 수 있지 않을까?" 이것이 바로 빅뱅 우주론을 접하면서 많은 신앙인들과 신학자들이 바라는 기대일 것이다.

---

17 Ian, G. Barbour, *Religion in an Age of Science* (London: SCM, 1990), 125-128; John Polkinghorne, *Science and Christian Belief* (London: SPCK, 1994), 71-73.

2) 빅뱅 우주론과 무로부터의 창조

교황 비오 12세$^{Pius XII}$는 1951년에 빅뱅이론에 대해 호감을 표시하였다. 우주의 시작이 있다는 생각은 창조주 하느님과 창조의 순간에 대한 신앙을 지지하는 새로운 기반이 될 수 있다고 바티칸은 생각했던 것이다.[18] 교황 요한 바오로 2세도 1981년 스티븐 호킹을 접견한 자리에서 "빅뱅은 창조의 순간이고 하느님의 작품이기 때문에 과학자들이 빅뱅 이후의 우주의 진화과정을 연구하는 것은 정당하지만 빅뱅 그 자체에 대해서 물음을 제기해서는 안 된다"고 하였다.[19] 이러한 반응들은 과학이 빅뱅 우주론의 정립을 통해서 마치 돌아온 탕자처럼 교회와 갈등을 빚은 오랜 무신론의 여행을 종식하고, 마침내 하느님의 창조를 증거 하는 발견을 해낸 것이지 않을까라는 교회의 기대를 반영하는 것으로 보인다. 사실, "'빛이 생겨라!' 하시자 빛이 생겨났다"라는 창세기의 말씀과 모든 것이 쏟아져 나오는 빅뱅의 특이점과는 꽤 중요한 상응성이 있는 것처럼 보인다. 빅뱅 우주론이 과연 "무로부터의 창조$^{creatio ex nihilo}$" 신앙을 직접적으로 지지하는 이론으로 간주될 수 있는지 그리고 우주의 모든 물질과 시·공간이 쏟아져 나온 최초의 순간(t=0), 즉 특이점$^{singular point}$의 개념을 통해 과연 "무로부터의 창조" 신앙의 의미를 새롭게 발견할 수 있는지 검토해 보기로 하자.

갈릴레이가 코페르니쿠스의 지동설을 지지한 17세기 이후로 교회

---

18 Barbour, op. cit., 128. 또한 여러 신학자들도 빅뱅 이론이 하느님에 대한 우주의 의존성을 자각시킬 수 있다고 생각하였다. ed. W. Mark Richardson and Wesley J. Wildman, *Religion and Science: History, Method, Dialogue* (London: Routledge, 1996), 208.
19 스티븐 호킹, 김동광 옮김, 『시간의 역사』(서울: 까치, 1998), 145.

는 과학적 우주론과 불화를 겪어왔다. 더욱이 19세기 초 프랑스의 과학자였던 라플라스가 뉴턴의 역학법칙에 근거하여 기계론적 결정론을 주장하였을 때,[20] 교회는 더 이상 과학과 동거할 수 없는 것으로 여겨졌다. 이러한 기계론적 세계관으로부터 타격을 받아온 교회의 경험은, 과거 어느 한 시점에서 우주가 시작되었다고 주장하는 빅뱅 이론을 환영할 만한 충분한 이유가 되었다고 생각한다. 나사[NASA] 소장이었던 로버트 재스트로우[Robert Jastrow]는 "오늘날의 천문학적 증거는 세계의 기원에 관한 성서의 관점이 맞음을 드러낸다"고 강하게 주장하였다. 그는 다음과 같은 다소 충격적인 비유로 과학적 우주론과 신학적 우주론의 재결합을 묘사하였다.

이제까지는 아무리 과학이 발전한다 해도 창조의 신비를 가리고 있는 커튼 너머를 들여다 볼 수 있다고는 생각하지 못했지요. 이성의 힘을 신봉하며 살아온 과학자들에게 이제 이 이야기는 악몽으로 끝나게 될지 모릅니다. 과학자들은 아무도 올라가지 못했던 '미지의 산'을 자세히 조사하여 마지막 최고봉을 정복할 즈음에 이르렀지요. 그들이 그 가장 높은 봉우리에 올라가 꼭대기의 마지막 바위 위로 머리를 들어 올렸을 때, 그들은 놀랍게도 아무도 없는 줄로 알았던 그곳에서 한 무리의 사람들을 발견하게 되었습니다. 그들은 신학자들이었는데, 그들은 이미 아주 오래 전부터 그곳에 올라와 놀고 있었다는 겁니다.[21]

---

20 라플라스의 주장에 따르면, 우주는 그 모든 현상은 기계적인 원인과 결과로 설명할 수 있을 만큼 결정주의적일 뿐만 아니라, 나아가 인간의 행동까지 예측할 수 있다는 것이었다. Ibid., 68.

21 Robert Jastrow, *God and the Astronomers* (New York: W. W. Norton, 1978), 116.,

창조 신앙을 통하여 신학이 과학에 앞서 우주의 시작에 관한 진리를 알고 있었음을 우화적으로 묘사한 재스트로우의 이 비유는 과연 타당한 것일까? 재스트로우의 비유에서 '미지의 봉우리'는 다름 아니라 곧 '우주의 기원에 관한 지식'을 가리킨다. 과학자들은 아주 힘겹게 그 봉우리에 올라가 비로소 우주가 시작의 순간을 가지고 있다는 것을 발견했으나, 신학자들은 이미 옛날부터 우주가 저절로 존재해온 것이 아니라 시초를 갖고 있다고 주장했던 것이다.

'무로부터의 창조' 교리는 하느님이 이 세계를 완전한 무에서 창조했다고 가르쳐왔다. '무로부터의 창조' 교리는 히브리성서 자체로부터 유래한 것은 아니다. 히브리성서는 하느님의 창조가 '완전한 무로부터의 창조'인지 아니면 '혼돈으로부터의 질서 부여를 통한 창조'인지 명백히 진술하지 않는다. 문자적으로 볼 때에 오히려 후자 쪽이 더 가까울 것이다.[22] 그러나 만일 하느님의 창조가 '혼돈으로부터의 질서 부여를 통한 창조'라 한다면, 혼돈의 상태는 완전한 무는 아니므로 '선재하는 물질preexisting matter'의 존재를 인정하는 셈이 된다. 이 '선재하는 물질'의 존재는 하느님의 창조의 절대성을 제한하며, 이 세계의 하느님에 대한 절대적 의존성을 감소시킨다고 볼 수 있다. 창조 신앙의 요점 중의 하나는 이 세계가 신의 피조물God's creation이며, 세계는 하느님께 의존적이라는 것이다.

Barbour, op. cit., 128에서 재인용.

[22] 히브리성서의 창조설화와 바빌론 창조설화와의 관련성을 살펴볼 때 '혼돈으로부터의 질서 부여를 통한 창조'가 더욱 설득력을 얻는다. 바빌론 창조설화는 신들의 전쟁의 결과로 혼돈의 신의 죽음을 통해 세계가 생겨났다고 전한다. Barbour, op. cit., 30.

3) 어거스틴의 시간관과 무로부터의 창조

어거스틴은 시간이 하느님의 창조의 산물이라는 성찰을 통해 '무로부터의 창조' 교리를 정립하는데 공헌하였다. 어거스틴은 "창조 이전에 하느님은 무엇을 하고 계셨을까?"라는 질문에 대해서 "그런 쓸데없는 질문으로 성직자를 성가시게 하는 당신 같은 사람을 위해 지옥을 만들고 계셨지"라는 퉁명스런 대답 대신에 "시간도 신이 창조한 우주의 한 특성이므로 창조 이전에는 시간을 비롯한 아무것도 존재하지 않았다"라고 대답했다고 한다.[23] 평범한 사람들에게 '시간이 창조의 한 특성'이라는 말은 언뜻 듣기에 이해가 잘 안되지만 여기에 담긴 사고는 심오하다. '특성'이란 영어 단어 'property'는 '속성', '특질', '재산', '소유물'이란 말로도 번역될 수 있으며, 그 본래의 의미는 자체로 독립적인 존재가 아니라 '그 주인에게 소유되어 있는 재산, 또는 어떤 사물에 종속된 성질, 또는 의존적 존재'를 뜻한다. 그러므로 '시간이 창조의 특성'이라는 말은 시간이 창조의 결과물이며, 창조의 주인인 하느님에게 종속된 성질을 갖는 것이지 그 스스로 독립적인, 혹은 절대적인 존재가 아니라는 뜻이다. 보통 우리의 직관은 흔히 시간을 절대적인 것으로 인식한다. 왜 그렇게 인식하는가? 이 질문에 대한 대답은 "'절대^{absoluteness}'란 무엇인가?"라는 질문을 통해서 이해할 수 있다. 절대란 어느 다른 타자에 의존하지 않고 독자적으로 존재하며 고유한 값을 갖는 것이라고 설명할 수 있다. 시간은 어떠한가? 우리에게 시간은 그야

---

23 호킹, op. cit., 13.

말로 스스로 존재하고 어느 것으로부터도 간섭받지 않고 저절로 흘러가는 것으로 인식한다. 우리는 흔히 시간은 누구에게나 공평한 것이라고 말한다. 부자든 거지든 시간은 똑같이 흘러간다. 아무리 돈이 많거나 권력이 세다고 해서 시간을 컨트롤할 수는 없다. 그래서 우리는 시간을 절대적인 것으로 인식하는 것이다. 시간의 절대성에 대해 의심하지 않는 인식 하에서, 당연히 창조도 과거 어떤 시간의 한 순간에 이루어졌을 것이라고 생각하게 된다.

그러나 어거스틴은 시간도 하느님의 창조의 한 속성이며, 창조를 통해서 생겨났다고 사고하였다. 따라서 창조 이전에는 시간이 없었으므로 창조 이전에 하느님이 무엇을 하고 계셨는지 묻는 것은 의미 없는 질문이라고 단호하게 대답했던 것이다. 현대 물리학은 시간이 절대적인 것이 아니라 물리량을 갖는 상대적인 것이라고 정의한다. 현대 물리학을 총동원하여 성립한 빅뱅 우주론은 이 우주가 과거 어느 시간 속에서 태어난 것이 아니라, 한 특이점으로부터 시간과 공간space-time이 생겨났다는 것이 요점이다. 이런 점에서 어거스틴의 시간의 비절대성에 대한 성찰은 현대 물리학의 시간의 상대성 개념과 일맥상통한다. 그가 묵상한 시간의 창조에 대한 의존성은, 큰 틀에서 볼 때 오늘날 빅뱅 우주론의 모델과 일치한다고 볼 수 있다. 과학자들이 각고의 노력 끝에 힘겹게 올라선 최정상의 봉우리에 이미 오래 전에 신학자들은 앉아 있었다는 재스트로우의 우화가 떠오른다. 어거스틴은 분명코 산봉우리 정상에 앉아 놀다가 과학자를 맞이한 신학자 중에서도 우두머리일 것이리라.

시간이 절대값을 갖지 않으며 속도에 따라 변화하는 물리량을 갖는다는 사고는 천재 과학자 아인슈타인의 상대성 원리를 통해서 입증된 것이며, 이는 뉴턴 물리학의 근거를 뒤흔든 혁명적 사고이다. 어떻게 어거스틴은 거의 이천 년을 앞서 현대의 천재 물리학자들이 치열한 과학적 사고를 통해서나 도달 가능했던 개념에 그토록 쉽게 다가갈 수 있었던 것일까?

이러한 어거스틴의 놀라운 성찰은 자연과학적 직관에 의해서가 아니라, 신학적 성찰을 통해서 가능했으리라고 여겨진다. 어거스틴은 절대성에 대한 깊은 사색을 통해서 절대성이란 오직 하느님에게만 있으며 그 외의 모든 존재는 예외 없이 상대적이고, 의존적인 것으로 파악했다. 그리하여 그는 우리가 무의식적으로 절대적인 것으로 느끼는 '시간'조차도 상대적, 의존적 범주에 포함시켰던 것이다. 이러한 성찰은 곧 세계가 절대적인 것이 아니며, 하느님의 창조의 결과물로서 그 존재성은 하느님에 대해 전적으로 의존적이라는 창조 신앙의 요점과 부응되는 신학적 성찰이다. 이러한 어거스틴의 성찰을 통해 '무로부터의 창조' 신앙이 기독교의 정통적 교리로 자리 잡게 된 것이다.

이렇듯 하느님의 절대성에 대한 철저한 신학적 사색의 결과로 유추된 '무로부터의 창조'가 오늘날 빅뱅 우주론을 통해서 다시금 각광받게 된 것은 참으로 흥미로운 사실이다. 과학과 신앙은 어떤 시대에는 돌이킬 수 없을 정도로 반목하고 등을 돌리지만, 결국 양자는 완전히 갈라설 수 없음을 보여주는 사례이다. 그 이유는 과학이나 종교 양자 모두가 궁극적으로는 진리를 향한 길을 찾는다는 점에서 같기 때문일 것이다.

그러나 '무로부터의 창조'만이 기독교 창조 신앙의 전부는 아니다. '무로부터의 창조'와 더불어 '계속된 창조^{creatio continua}'에 대한 신앙도 기독교 창조 신앙의 중요한 요소이다. '계속된 창조' 사상 역시 시편 104편을 비롯한 여러 성서적 전거들을 바탕하고 있으며, 성령의 활동이 중요하게 부각된다. 특히 과정신학자들은 진화론적인 관점에 바탕하여 '무로부터의 창조'를 받아들이지 않았다. 과정신학적 관점에 따르면 신은 세계로부터 완전히 초월한 존재가 아니라 참여하는 존재이다. 창조는 세계에 내재하는 모든 존재가 원초적 상태에서 최종적 상태로 변화, 실현해 가도록 이끌어가는 창조적 잠재성^{creative potentialities}으로 표현된다.[24] 지면의 제한으로 인하여 '계속된 창조'라는 신학적 개념에 대한 자세한 논의는 이 글에서 다루지 않을 것이다.

아무튼 '무로부터의 창조' 신앙은 역사적 신앙고백이라기보다는 존재론적 사색을 통해 정식화된 교리로서, 과정신학에 의해 그 신학적 효용성을 도전받았으나 오늘날 빅뱅 우주론에 의해 재조명 받고 있다. 그러나 이 논쟁이 '무로부터의 창조'가 과학적 우주론에 의해 지지 받는다고 단정하는 것은 지나치게 성급한 결론일 것이다. 과거 신학이 '틈새의 신^{God of gap}' 전략에 의해 논증한 신학적 주장들이 새로운 과학적 발견이 추가되어 과학 이론이 수정될 때마다 위기를 겪었던 경험을 고려해야 한다. 현재 빅뱅 우주론이 '무로부터의 창조'를 함축하고 지지하는 것으로 보이기도 하지만, 빅뱅이 태초의 순간(특이점, t=0)을 직접적으로 지지하지 않는다는 반론도

---

24 Ibid., 146.

있다.[25] 그러므로 필자는 '무로부터의 창조'에 대한 신학적 토론은 창조 신앙의 핵심적 메시지, 즉 '이 세계의 하느님에 대한 의존성', '창조세계의 선함과 질서와 법칙의 일관성에 대한 긍정', '하느님의 자유로운 의지에 의한 창조와 축복'이라는 맥락 속에서 성찰되어야 한다고 생각한다.

3. 동양사상의 기 우주론

1) 기 철학의 우주 생성론

우주의 생성에 관하여 중국에서는 만물이 기氣로부터 생성되었다는 하나의 보편적인 개념이 고대로부터 전해져왔다. 이 개념에 따르면 세계가 형성되기 전에 원초적인 존재로서 기가 혼돈의 상태 속에 가득 차 있었다고 한다. 그 기는 맑고[淸] 가벼운[輕] 기와 탁하고[濁] 무거운[重] 기로 나눌 수 있는데, 맑고 가벼운 기는 떠올라 하늘[天]이 되고 무겁고 탁한 기는 가라앉아 땅[地]이 되었으며, 하늘의 기와 땅의 기가 서로 작용하여 만물을 낳았다고 설명한다. 세부적인 내용에서는 많은 다른 설명들이 있지만 위와 같은 기 생성

---

25 스티븐 호킹이 제안한 t=0 이전을 허(虛)시간으로 간주할 수 있다는 '무경계 개념'이 한 예가 될 수 있다. 그는 빅뱅과 창조를 연결 지으려는 시도에 대해 이렇게 경고한다. "(만일) 우주가 출발점을 가지고 있는 한, 우리는 창조자가 있다고 상상할 수 있다. 그러나 만약 우주가 진정한 의미에서 완전히 자기-충족적이고 어떠한 경계나 가장자리도 가지고 있지 않다면, 그 우주에는 시작도 끝도 없을 것이다. 우주는 그저 존재할 따름이다. 그렇게 된다면, 과연 창조자가 설 자리는 어디인가?" 호킹, op. cit., 75-181.

론의 골격은 변하지 않았다. 이런 점 때문에 야마다 케이지는 "어떤 의미에서 중국의 우주생성론의 역사는 '맑고 가벼운 것이 위로 올라가 하늘이 되고, 탁하고 무거운 것은 아래로 내려가 땅이 되었다'(淸輕者上爲天, 濁重者下爲地)라는 두 구절에 대한 해석의 역사, 혹은 거기에 살을 붙이는 역사였다고 해도 좋을 것이다"[26]라고 지적하고 있다.

　기우주론과 관련하여 중국 사상에는 우주의 모습과 구조에 관한 설명을 전개하여 우리가 '우주구조론'이라 부를 수 있는 여러 설이 있다.[27] 그러나 이 글에서는 현대 과학의 우주론과 상관성이 적은 우주구조론에 관한 토론은 다루지 않고, 상대적으로 현대 과학의 우주론과 풍성한 대화의 소재를 내포하고 있는 두 가지 사상에 초점을 맞추고자한다. 하나는 기 철학에 근거하여 만물생성론을 설명하려고 시도했던 신유학파의 선두 주자인 주돈이의 태극도설이고, 다른 하나는 상수학으로 진화론적 우주역사론을 제안한 소강절의 운회원세설이다.

　송대宋代에 성인들의 가르침을 담고 있는 고전적 유교 이념을 우주론적 지평에서 새롭게 구성하여 신유교의 발흥을 도모한 주도적인 다섯 인물 가운데 시대적으로 맨 앞에 섰던 이가 바로 주돈이(周敦頤,

26 야마다 케이지/김석근 옮김, 『朱子의 自然學』(서울: 통나무, 1998), 34-35.
27 중국의 여섯 가지 대표적인 우주구조론은 개천설, 혼천설, 선야설, 안천론, 궁천론, 혼천론이 있다. 이를 다시 대표적인 특징을 따라 개략적으로 분류하면 하늘은 둥글고 네모난 땅 위을 덮고 있다는 개천설과, 하늘이 달걀의 노른자위를 덮듯이 땅 전체를 감싸고 있다는 혼천설로 나눌 수 있다. Ibid., 35-39.

1017~1073)이다.[28] 그는 만물의 생성과 기원에 대하여 『태극도설太極圖說』에서 이렇게 설명한다.

무극無極이면서 태극太極이다. 태극은 운동하여 양을 낳고 운동이 극에 달하면 고요에 이르고 고요함으로써 음을 낳는다. 고요가 극에 달하면 다시 운동한다. 한번 운동하고 한번 고요하니 서로 각각의 근원이 되며, 음으로 갈리고 양으로 갈리니 음양의 양의兩儀가 수립된다. 양과 음이 변하고 합하여 수, 화, 목, 금, 토[오행]를 낳고, 이 5기氣가 순리롭게 펼쳐지면서 사계절이 운행된다. 오행은 하나의 음양이고, 음양은 하나의 태극이며, 태극은 본래 무극이다.[29]

여기서 주돈이는 만물의 생성이 태극으로부터 근원되었다고 설명한다. 이 태극은 동시에 곧 무극이기도 하다는 것이다. 태극에서 음양이 나오고, 음양의 조화에 의해 오행이 생겨났다. 오행은 다섯 가지 기, 또는 원소이다. 그러므로 천지와 인간과 만물이 모두 이 다섯 가지 기로부터 생성한 것이다. 이러한 주돈이의 설명은 동시대에 살았던 장횡거(張橫渠, 1020~1077)의 기학과 더불어 후대에 주자(朱子, 1130~1200)에 이르러 집대성된다. 장횡거는 기를 존재

---

28 주돈이는 정호(1032-85), 정이(1033-1107) 형제와 장재(1020-77) 그리고 중국사상사를 통털어 탁월한 종합가로 칭송받는 주희(1130-1200)와 더불어 송나라 시대의 신유학 사상가로 일컬어진다. 그의 호를 따라 주렴계(周濂溪)라고도 불린다. 그는 우주론적 도형인 태극도를 지어 천리의 근원을 밝히고 만물의 시작과 종말을 설명하고자 시도했다. 조셉 니덤(콜린 로넌 축약), 김영식, 김제란 옮김, 『중국의 과학과 문명: 사상적 배경』 (서울: 까치글방, 2000), 294-295.

29 풍우란/박성규 옮김, 『중국철학사』(하) (서울: 까치글방, 2003), 442.

론적이고 동시에 인식론적 핵심 개념으로 삼아 모든 사물의 존재와 상태를 기라는 단일한 실체로 환원하여 설명을 시도하였다. 주자는 주돈이의 태극도설과 장횡거의 기론을 종합하여 다음과 같이 우주의 생성을 설명하였다.[30]

처음에 일기一氣가 존재한다. 일기의 원초적인 존재 상태는 혼돈 미분으로 불린다. 공간의 여러 부분은 격렬하게 운동하여 짙어지거나 열어지는 등 끊임없이 변화하고 있다. 게다가 음양의 기로도 불리는 짙은 기와 옅은 기는 전 공간에 걸쳐 짙고 옅음이 거의 한결같은 패턴을 형성하고 있다. 일기의 전체적인 회전이 그 속도를 더해감에 따라 짙은 기가 중앙에 집중한다. 바깥쪽으로 갈수록 기는 옅으나 회전은 더 빠르고, 안쪽으로 갈수록 회전은 느리다. 이 과정에서 공간의 각 부분마다 기의 존재상태의 다양한 차이가 생기게 되며, 이로 인하여 기의 각 부분은 특수한 물리적 속성을 띠게 된다. 처음에 뜨거운 기가 모여 불[火]이 생성되었고, 습한 기가 모여 물[水]이 생겨났다. 뜨거운 기[火氣]는 모여서 태양이 되고, 별(항성)들이 되었다. 습한 기가 모여 만들어진 물속에서는 많은 앙금(찌꺼기)이 응결하여 흙[土]이 만들어졌다. 땅은 이와 같이 물속에서 만들어졌기 때문에 대지의 표면에는 물의 영향으로 인해 산맥이나 평야가 파도 모양인 것을 볼 수가 있다는 것이다. 한편 달도 땅과 같이 물의 앙금으로 만들어졌다고 생각되어진다. 흙으로부터 다시 나무[木]와 쇠[金]가 생겼다. 사람과 다른 사물들도 이와 같이 기가 모여 생겨났는데 기의 청탁淸濁에 따라 맑은 기는 모여 사람이 되고, 탁한

---

30 야마다 케이지, op. cit., 193-194.

기는 동물을 만든다. 그중에서도 더욱 맑고 좋은 기를 받은 사람은 군자가 되며, 동물들도 기의 맑고 흐림에 따라 빼어난 짐승이 되기도 하고 흉포한 짐승이 되기도 한다. 불, 물, 흙, 나무, 쇠의 기 일부는 위로 올라가 응결하여 다섯 행성(화성, 수성, 토성, 목성, 금성)이 된다. 하늘, 땅, 사람이 형성되면 빨라지던 회전의 가속도가 급속하게 둔해져서 일정한 속도를 유지하게 된다. 그리고 회전하는 속도에 따라 하늘은 아홉 개의 층으로 구분되는데 땅에 가까울수록 기는 짙으며 천천히 회전하며 위로 올라갈수록 기는 옅으며 더욱 빨리 회전한다. 여러 천체는 아마도 여덟 번째 층 이내에 존재 하고 아홉 번째 층은 무한하게 확대되어 있다.

한편 여기서 하늘이 9층으로 되어있다는 주장을 동양과 서양, 양쪽에서 발견하게 되는 것은 흥미로운 사실이다. 코페르니쿠스 전환이 일어나기 전까지 서구 기독교 세계관의 골격을 약 1500여 년 동안 지탱해준 것이 프톨레마이오스의 천문학인데, 여기서도 천체는 9개의 천구로 이루어져 있다고 주장한다.[31] 다만 기 우주론에서는 9번째 층 바깥은 옅은 기로 무한하게 확장되어 있다고 했으나, 프톨레마이오스 천문학에서는 9번째 천구 너머에는 영원한 불변의 제5원소로 이루어진 하늘나라의 존재를 상정한 점이 차이가 있다.[32]

---

31 프톨레마이오스 천문학에서 아홉 개의 천구는 다음과 같다: 1) 달의 천구, 2) 수성의 천구, 3) 금성의 천구, 4) 태양의 천구, 5) 화성의 천구, 6) 목성의 천구, 7) 토성의 천구, 8) 항성(다섯 행성을 제외한 모든 별들)의 천구, 9) 원동천구(천체의 모든 회전 운동을 주관하는 천사들이 머무는 하늘). 와다나베 마사오/오진곤·손영수 옮김, 『과학자와 기독교』(서울: 전파과학사, 1995), 30-34.

32 야마다 케이지, op. cit., 173, 와다나베 마사오, op. cit., 34.

위와 같은 기 생성론에 따르면 우주 만물은 한 처음의 태극과 일기(또는 원기)에서 비롯되어 음과 양이 갈라지고 오행이 생겨남으로 인해 하늘과 땅이 생겨나고 사람과 만물이 태어났다고 일목요연하게 설명하고 있다. 오늘날의 실험과 관측증거에 입각한 과학적 관점에서 보면 과학적 근거가 없는 비과학적 설명으로 보이지만 실험과학이 성립되기 전의 인식 수준에서 보면 세계의 기원에 대한 상당히 체계적이고 조리가 있는 설명으로 받아들여졌으리라 생각된다. 또한 프리코프 카프라가 『현대물리학과 동양사상』에서 제안했듯이 동양철학의 음양사상 등은 현대물리학이 발견한 소립자의 물리적 현상과 상당한 공명을 갖고 있기도 하다.[33]

2) 기 우주론의 역사관

주돈이와 비슷한 시대의 인물이었던 소강절(邵康節, 1011~1072)[34]은 상수학에 근거하여 순환론적인 역사관의 정식화를 시도하였다. 그는 역易의 수數는 천지의 시작과 종말을 규명한 것이라면서, 어떤 사람이 "하늘과 땅도 시작과 종말이 있습니까?"라고 묻자 이렇게 말했다. "이미 소멸과 성장이 있는데 어찌 시작과 종말이 없겠는

---

33 프리초프 카프라/이성범·김용정 옮김, 『현대물리학과 동양사상』(서울: 범양사, 1998), 122-125, 304-307.

34 소강절; 본래 이름은 소옹(邵雍)이며 사후에 강절(康節)이라는 시호를 받았다. 그는 북해 지방의 이지재를 스승으로 모시고 하도낙서, 복희의 8괘, 64괘 도상(圖象) 등을 전수받았다. 소옹은 심오한 이치를 탐색하여 오묘한 깨달음은 신기하게 들어맞았고 깊은 진리를 명확히 꿰뚫었는데, 한없이 넓고 넓은 그의 학문 대부분이 스스로 자득한 것이었다고 후세 사가들에 의해 평가된다. 풍우란, 455.

가? 하늘과 땅이 아무리 넓어도 형체[形]와 기[氣]일 따름이니 그저 두 개의 사물이다."35

소강절은 하늘과 땅도 시작과 종말이 있다는 자신의 신념에 따라 원회운세설元會運世說이라 불리게 되는 독특한 진화론적이고 순환론적 역사(시간)관을 정식화하였다. 그는 이를 통해서 이 세계는 자연사와 인류사를 포함하여 모든 역사가 시작과 종말의 순환주기를 갖는다고 주장을 체계화하였다. 여기서 원회운세는 시간의 단위로서 우주의 일월성신日月星辰과 상응한다는 것이다. 즉 '원'은 태양[日]의 경로를, '회'는 달[月]의 경로를, '운'은 별[星]의 경로를, '세'는 별자리[辰]의 경로를 나타낸다.36 그의 계산에 따르면 1원은 12회, 1회는 30운, 1운은 12세, 1세는 30년이라고 한다. 즉 1년이 12개월이고 한 달이 30일인 것처럼 그리고 1일은 12시이고 1시는 30분인 것처럼, 역사는 12와 30이라는 수로 구성된 시간단위가 반복, 순환하는 구조를 가졌다는 것이다.37 이러한 계산대로라면 1원은 12만 9천 6백 년이 되고, 1회는 1만 8백 년이 된다. 즉 1원인 12만 9천 6백 년 동안 12회가 진행되는데, 이 사이에 우주의 역사가 시작에서 종말까지 전개된다는 것이다. 그리고 1원의 역사의 흐름은 1년이 그러하듯이 음양의 기운이 성하고 소멸하는 춘하추동의 변화를 따라 전개된다. 1원이 마치면 하나의 세계가 끝나게 되고, 그 다음에서 다시 새로운 원이 시작된다. 그러므로 역사는 1년인 1원

---

35 Ibid., 469.
36 Ibid.
37 야마다 케이지, op. cit., 185.

을 주기로 하여 무한하게 반복된다. 그리하여 소강절은 1원의 네 제곱인 28,211조 997,456억 년이라는 어마어마한 시간을 계산해서 보여주기도 한다.[38]

　이 세계가 시작과 종말을 가지고 있으며, 소멸되고 그 뒤에 다른 신세계가 이어서 생긴다는 주장은 소강절 이전의 중국 사상에는 없던 내용이다. 이후 중국 사상가들은 모두 이 영향을 받았다고 풍우란은 지적한다.[39] 주자는 소강절의 원회운세설을 받아들여 우주진화론적인 역사관을 구성하였다. 이를 기초로 하여 주자는 우주의 진화과정을 1원 12회로 재구성하여 설명하였다. 이에 따르면 1원은 12지(자-축-인-묘-진-사-오-미-신-유-술-해)를 따라 12회의 단계로 전개되는데, 각 3회씩 봄, 여름, 가을, 겨울의 4계절에 해당된다. 봄에 해당되는 1~3회 사이에 하늘과 땅과 사람이 생성된다. 1원의 첫 회會, 즉 자子의 회에 혼돈미분混沌未分 상태에서 하늘이 열리고, 2회에서 땅이 열리고, 3회에서 인간과 사물이 생겨난다. 여름의 계절인 4회에서 6회까지, 즉 묘卯의 회에서 사巳의 회까지는 양陽이 극성하는 시기로서, 이때에 인류의 문명은 극성이 다다른다. 중국 역사에서 이상정치가 실현된 완전한 시대로 일컬어지는 요 임금은 바로 이 묘의 회의 30운 중 제9세였다는 것이다. 그리고 가을에 해당하는 7회에서 9회까지, 즉 오午의 회에서 신申의 회에는 음이 일어나기 시작하여 인류의 문명과 도덕도 사양길에 접어든다. 그리하여 겨울의 시대인 10회, 즉 유酉에 접어들면 음이 점점 성하여, 11회

---

38 Ibid., 86.
39 풍우란, op. cit., 473.

즉 술戌의 회에는 인류와 사물이 소멸하고, 12회 즉 해亥의 회에서 마지막 운의 마지막 세(30년)의 마지막 해에 이르면 음이 완전히 극성하여 현재의 천지는 수명이 다하여 소멸된다. 그 이후에는 다시 새로운 원, 새로운 천지가 시작되어 앞선 시간의 순서를 반복한다는 것이다. 이렇게 천지는 새로 생장하고 괴멸하여 무한히 반복된다는 것이다.[40]

혼돈미분의 상태에서 우주가 시작되어 역사의 단계에 따라 하늘과 땅과 사람과 사물이 생겨나고 생장하고 소멸하여 다시 혼돈미분으로 돌아가며, 그때로부터 다시 새로운 한 역사가 시작된다는 순환론적 역사관은, 시작과 종말을 상정한다는 점에서 기독교적 역사관과도 상당한 호응을 찾을 수 있다. 그러나 근본적으로 다른 점은 기독교적 역사관은 시작과 종말이 절대자의 자유로운 의지에 의해 주관되며, 신에 대한 충성스러운 삶의 여부를 근거로 심판이 있다는 것과 달리 기 우주론의 역사관에서는 이 모든 진행이 기와 이의 조화에 의해 저절로 이루어진다고 설명한다는 점이다. 과학적 우주론과 관련해서는 단 한 번의 폭발로 우주가 시작되었다는 빅뱅 우주론보다는 진동 우주론an oscillating cosmos theory과 상응점을 지닌다고 볼 수 있다. 이것은 우주가 끊임없이 수축과 팽창을 반복한다는 20세기 중후반까지 빅뱅 우주론과 경쟁하다가 우주배경복사를 비롯한 여러 가지 관측 증거에 의해 폐기된 프레드 호일의 정상상태 우주론과 더불어 또 하나의 경쟁이론이었다.

---

40 야마다 케이지, op. cit., 187-196.

4. 기 우주론과 빅뱅 우주론

1) 기 우주론과 인류원리

중국사상사에서 공자와 맹자를 비롯한 고전적 유교사상^{Classical} Confucianism은 정치와 윤리 등 인간론에 집중하고 있기 때문에 체계적인 우주론을 가지고 있지 못하였다. 물론 도교는 자연을 사색의 주요한 주제로 삼고 있으므로 유교에 비해서는 자연과 우주의 이치에 대한 사상을 담고 있다. 당대^{唐代}에 도교는 불교와 함께 크게 번성하였고, 민중들이 도교와 불교에 매력을 느끼고 그 가르침을 받아들이는 것을 보면서 유교 사상가들은 스스로 도교와 불교에 비해 유교의 결여점이 무엇인가를 발견하려고 노력하였다. 이러한 자기비판 의식에 의해 발견한 것이 바로 유교에는 도교의 우주론이나, 불교의 형이상학이 결여되어 있다는 사실이었다. 그리고 이러한 깨달음은 곧 유교의 장점인 윤리적 가르침에 도교와 불교의 장점인 우주론과 형이상학을 수용하여 유교 사상의 새로운 부흥을 가져오게 되는데 그것은 무엇보다도 "자연관 혹은 우주론"을 "윤리적 가르침"과 결합시키는 작업의 결과이다. 우리는 이 새로운 유교^{Neo-} Confucianism를 '성리학'이라 부르는데, 이 이름은 고전적 유교와 달리 "자연관 혹은 우주론"과 "윤리적 가르침" 모두를 담고 있다. 중국의 과학과 사상을 집대성하여 서양에 소개한 조셉 니덤은 이렇게 지적한다.

이들 두 학파(도가와 불교)로부터 다양한 요소들을 빌려서 만들어진 체계인 송대의 신유학은 이 필요를 만족시키는 쪽으로 진화했고, 그렇게 하는 과정에서 경전의 윤리적 가르침을 합리적인 우주의 이론과 밀접하게 연결시킴으로써 그것을 망각의 우리로부터 구했다.[41]

이리하여 도교와 불교의 사상을 연구하여 유교 안에 비판적으로 흡수한 신유학파들은 놀라운 철학적 통찰력과 상상력을 발휘하여 우주 또는 자연의 원리와 인간사회의 원리가 다르지 않다는 종합적인 학문을 재구성하기에 이르렀다. 이러한 신유학의 핵심적 골자는 인간의 가장 높은 도덕적 이상理想과 가치들이 자연의 거대한 구조 안에서 서로 정합성을 지닌다는 논설이다. 이리하여 윤리와 자연은 하나로 연결되고, 우주와 인간은 동일한 품성을 지닌 존재로 설명되었다. 이러한 새로운 학문의 구성에 있어 중요한 방법론적 역할을 하는 개념이 바로 기氣이다. 기는 우주와 그 안에 존재하는 모든

41 니덤은 계속하여 이렇게 지적하였다. "도가의 가치는 그 자연주의에 있으며, 그 결점은 인간사회에 많은 관심을 가지지 않았다는 것이다. 윤리적 고려가 과학적 관찰이나 과학적 사고와는 관련이 없다는 것을 인식한 도가는 사회에 표현되어 있는 인간의 가장 높은 가치들이 어떻게 비인간적 세계와 관련될 수 있는지에 대해서 아무런 설명도 제공하지 못했다. 수경이 말했듯이 "그들은 자연을 보았지만, 인간을 보지는 못했다." 한편 모든 창조물의 근원적인 본성에 관심을 가진 불교도들의 형이상학적 관념론은, 그것의 이름이 함축하듯이, 자연에도 인간사회에도 관심을 가지지 않았기 때문에 한 단계 더 나쁜 것이었다. 불교도들은 자연과 인간사회 양쪽 모두를 모든 존재들이 그것으로부터 도망가도록 도움 받아야 할 거대한 마술적 속임수의 요소들로 보았다." 조셉 니덤, 『중국의 과학과 문명』(서울: 을유문화사, 1992), 290-291.
우리는 여기서 도가와 불교에 대한 니덤의 평가 기준이 무엇인가 생각해볼 필요가 있다. 이어지는 문장을 통해서 우리는 니덤이 두 가지의 기준을 적용한 것을 알 수 있는데, 하나는 "이러한 세계관이 세계에 대한 합리적 이해, 또는 과학적 탐구에 얼마나 도움이 되는가?" 다른 하나는 "그것이 인간사회 속에 공공의 정의(正義)를 조장하는가?"이다.

것들의 존재론적 근원이다. 자연과 인간과 사물의 존재는 본질적으로 기의 발현에 의한 것으로 설명된다. 그러므로 기에 의해서 우주와 인간 그리고 사물의 변화까지도 모두 기의 변화로써 설명되는 것이다.

현대 과학의 빅뱅 우주론은 '인류원리Anthropic Principle'라 불리는 우주와 인간의 상관성에 관한 논쟁을 과학자와 신학자들 사이에 광범위하게 불러왔는데, 이는 기 우주론에서 전제가 되는 우주(하늘)와 인간 본성의 동일성과 상응점이 있다. 인류원리의 요점만 간단히 언급하자면 오늘날 우리가 바라보고 있는 우주는 거의 무한대의 수많은 실현가능한 우주 중에 하나의 우주가 실현된 것으로서, 우리 우주 외에 실현가능한 수많은 이들 대부분의 우주에서는 생명체의 탄생, 특히 지적 능력을 갖춘 인류의 탄생이 불가능하다는 사실을 새롭게 깨달았다는 것이다. 다시 말하면 임의의 어떤 한 우주에 인류와 같은 지적생명체가 존재할 가능성은 극단적으로 적다는 것이다. 그러므로 우리가 이 우주에 존재한다는 사실 자체가 실현 가능성이 거의 희박한 기적적인 이야기이며 이를 어떻게 합리적(과학적)으로 이해할 수 있는가를 둘러싼 논쟁이 바로 우주론적 인류원리 논쟁이다.[42]

지적 생명체로서 우리가 속한 우주가 존재할 수 있는 확률이 극도로 낮은데도 불구하고 이러한 우주가 실현되고 지적인 존재가 탄생한 우주적 사실에 대한 하나의 가능한 답은 자연선택 이론으로

---

42 필자의 졸고 "과학과 종교의 대화: 빅뱅 우주론과 창조 신앙," 「조직신학논총」 제 10집 (서울: 한들, 2004)에서 인류원리 논쟁을 소개하였다.

설명할 수 있다는 것이다. 생존경쟁을 위하여 최대한의 번식을 시도하지만 자연선택이라는 기제를 통하여 결국 소수의 선택된 종이나 개체만이 살아남는 진화의 법칙을 그대로 우주론에 적용한 것이다. 현재까지 과학이 내어놓을 수 있는 거의 유일한 추론이기는 하지만 이에 대해 지적인 불만족을 표현하는 과학자들도 상당수 있다. 이 세계는 물리적 차원과 생물의 차원 그리고 정신적 차원이 엄연히 구분될 수 있는 형식으로 존재한다. 어떤 한 차원에서 맞는 이론이라고 해서 반드시 다른 차원에도 그대로 통용될 수 있는 보편적 진리가 된다는 보장은 없다. 예컨대 같은 물리적 차원이라 해도 거시세계와 미시세계는 그 작동 방식이 완전히 다르며 두 세계가 어떻게 연결되는지조차 현대 과학은 설명하지 못하고 있다. 다시 말하면 아원자 세계의 물리적 현상을 설명할 수 있는 양자역학은 거시세계의 물리법칙과는 지적인 현기증을 불러일으킬 정도로 근본적으로 다르다. 아인슈타인 같은 천재 물리학자도 우주의 법칙은 합리성과 일관성을 지녀야 한다는 지적 직관과 위배되는 것처럼 보이는 양자역학의 함축성을 끝내 받아들일 수 없었기 때문에 "신은 주사위 놀이를 하지 않는다"라는 유명한 말을 남기고 구시대 물리학의 마지막 성인으로 남았다.

아무튼 다시 논점으로 돌아와 기 우주론과 인류원리가 공통적으로 제기하는 신학적으로 중요한 논쟁점은 우주와 인간 사이에 불가피한 상관성의 문제이다. 주지하다시피 프톨레마이오스의 지구중심적인 천문학이 폐기된 이후에 서양의 과학적 우주론에서 우주는 인간성humanity과 전혀 무관한 장소가 되었다. 그런데 빅뱅 우주론을 통해서 제기된 인류원리 논쟁으로 인하여 우리는 과학적 우주론에서 인간론이 다시 등장하는 전혀 예상치 못한 사태를 경험하고 있다. 본래 동양사상은 천성과 인성이 둘이 아니라 하나라는 뿌리 깊은 직관을 포기한 적이 없다. 인간은 우주(하늘)의 본성을 닮은 존재이며, 하늘은 인간의 지성을 외면하지 않는다는 것이다. 뉴턴 역학과 같은 진리의 작은 조각은 물리적 차원에 따라 맞기도 하고 틀리기도 하지만, 기라는 작업가설을 설정하여, 기는 우주와 인간의 본성을 구성하는 가장 근본적인 근원인 동시에 물리적이고 정신적인 요소를 통일하는 근원이며, 그렇기 때문에 우주의 본성과 인간의 본성을 관통하는 단 하나의 거대한 진리는 보편성을 지닌다는 주장을 펼치면 지나친 비약일까? 물론 이러한 '우주와 인간성을 관통하는 하나의 원리'라는 개념이 적어도 현재까지는 현대 과학의 패러다임에서 수용되거나 다룰 수 있는 실체는 아니라는 점은 밝혀둔다.

2) 특이점(t=0)과 태극(무극)의 비교

여기서 우리는 빅뱅 우주론에서의 과학적 용어인 '특이점$^{singu-larity}$'이란 개념과 기 우주론에서의 철학적 용어인 '태극'(太極, Supreme Ultimate) 또는 '무극'(無極, Ultimateless)이란 개념을 비교해 보고자 한다. 특이점에 관한 설명은 수학 방정식과 입자 충돌실험의 결과에 근거하며, 태극에 대한 묘사는 철학적 사색에 근거한다. 이렇듯 서로 다른 맥락에 속한 두 개념이지만, 시대와 동·서양의 차이를 넘어 어떤 의미 있는 상관성이 있는지 비교해 보고자 한다.

    빅뱅 우주론에서 특이점이란 우주 탄생의 순간에 시·공간과 물질이 쏟아져 나오는 하나의 점이다. 한편 기 우주론에서의 태극(무극)이란 모든 존재의 근원적 상태이다. 특이점과 태극의 두 개념 모두 우주의 출발과 존재하는 모든 실재의 원상태를 지시한다는 점에서 공통점을 갖는다. 이제 빅뱅 우주론의 특이점을 기 우주론의 태극의 상태와 관련하여 생각해보자. 곽노순은 빅뱅 우주론의 원시 우주의 상태를 동양사상의 태극의 개념과 연결하여 이해를 시도하였다.

    빅뱅 후 1초 뒤의 온도는 약 100억 도(=10^{10}도)라고 하는데, 이제 더 거슬러 올라가 원시 우주가 '10조도'(=10^{13}도) 수준에 있었을 때는 전자나 양전자보다 1800배가량 무거운 양성자와 중성자들도 각각의 반^{反} 입자들과 마주쳐 더 강력한 감마선으로 전환되기도 하며 감마선도 이들로 성육신한다고 한다. (중략) 더 높은 온도에서는 무엇이 일어나는가? 양성자와 중성자의 구별이 사라지고 '쿼크^{quark}'라는 형태로만 존재한다고 한다. (중략) 여하튼 10조 도를 훨씬 상회하는 지경에서는 우주는 쿼크와 렙톤^{lepton}의 세계라고 한다. 렙톤이란 전자와 뮤 중간자, 중성미자와 광자를 한 계통으로 지칭하는 이름이다. 그러니 당시의 우주를 한 그릇의 뜨거운 죽에 비긴다면 '렙톤 국물'과 '쿼크 건더기'로 이루어졌으니 음양의 혼연 일체라 할 수 있을까? (중략) 그리고 더 올라가면, 이 두 종류의 구별도 사라진다고 한다. 곧 소위 플랑크 수치

Planck value라는 '10^{32}도'에 이르면 다양한 물리 법칙도 하나로 수렴되고, 우주의 질료도 더 이상 여러 이름으로 부를 수 없는 한 종류가 된다. 이 '일질一質', '일법一法'의 상태를 태극太極이라 해도 무방할 것이다. 망망한 태허太虛에 떠있는 초고온, 초고밀한 한 점의 균일한 유有를 상상해 보라.[43]

이렇게 곽노순은 빅뱅 상태를 더 이상 구별 없는 하나의 원시적 질료와 단일한 법으로 통일되는 태극의 상태로 묘사하였다. 오늘날 양자역학과 상대성원리에 근거하여 물리학자들은 빅뱅의 초기 순간에는 모든 물리법칙이 단일한 하나의 법칙으로 통일되어 있었다고 말한다. 존재의 구별이 없고 법칙이 생기기 이전의 태극의 상태인 것이다. 빅뱅이 일어나던 순간의 우주도 그러하였다. 태극의 상태가 혼돈미분으로 묘사되듯이, 빅뱅의 순간에는 에너지-물질이 구별되지 않는 미분의 상태였고, 입자들의 특성이 나타나지 않던 통일의 세계였다. 태극에서 시간이 흐르면서 음양이 나타나고 오행이 생겨나듯이, 빅뱅 이후 우주는 에너지와 물질이 분리되고, 전자와 쿼크와 양성자와 중성자 같은 입자들이 생겨나 각자의 독특한 특성을 띠게 되며, 무엇보다도 서로 다른 네 가지 근본적인 힘들이 나오게 된다. 중력과 전자기력과 약한 핵력과 강력 등이 그것이다.[44] 이런 점에서 태극의 개념과 빅뱅의 t=0의 순간에 대한 설명은 상당한 유사성을 내포하고 있다고 보여 진다.

---

43 곽노순, 『우주의 파노라마』 (천안: 네쌍스, 1998), 224-225.
44 존 배로/최승언·이은아 옮김, 『우주의 기원』 (서울: 두산동아, 1997), 83.

한편 '무로부터의 창조'와 관련하여 급팽창 이론을 간단히 살펴보기로 하자. 스티븐 호킹은 빅뱅의 순간과 관련하여 물리학자들이 아직 대답을 찾지 못한 질문들이 남아있다고 했다:

1) 왜 초기 우주는 그렇게 뜨거웠는가?
2) 대규모 척도에서 볼 때 우주는 왜 어디서나 보아도 똑같은 모습으로 보이는가?
3) 왜 우주는 150억 년이 지나도록 임계팽창률을 유지하고 있는가?
4) 우주는 대규모 척도에서는 균질하면서도 왜 국부적으로는 은하단과 같이 물질이 집중되어 있는데 밀도의 요동을 불러온 원인은 무엇인가?[45]

이 질문들은 모두 우주 탄생의 순간에 여러 가지 물리적 조건이 극도로 좁은 범위 안에서 선택되어야 한다는 의미를 함축한다. 이는 마치 목적론적 우주론의 복귀를 요청하는 것처럼 보이기도 한다. 우리의 우주가 지금과 같은 모습으로 만들어지기 위해서는, 마치 신이 우리를 창조하기 위해서 특정한 선택을 했다고 해석할 수밖에 없을 정도로 극단적으로 정확한 물리적 조건을 요구하는 것이다. 호킹은 우주의 초기 상태와 관련하여 빅뱅 모델이 제기하는 과학적 난감함을 이렇게 표현하였다. "이것은 만약 뜨거운 빅뱅 모형이 시간의 출발점에까지 들어맞는 것이라면, 우주의 초기 상태가 실제로 매우 정확하게 선택되었음을 의미한다. 우리와 같은 존재를 창조하려고 의도한

---

45 호킹, op. cit., 154-156.

신의 행동이 아니었다면, 우주가 왜 이러한 방식으로 시작되었어야 했는지를 설명하기는 매우 힘들 것이다."[46]

이 난감한 문제에 대한 해답의 가능성은 매사추세츠공대[MIT]의 과학자 앨런 거스에 의해 제시되었다. 그는 '급팽창 가설'을 제안했는데, 우주가 초기에 아주 급속히 팽창하는 시기를 가졌을 것이라는 주장을 발표했다. 즉 1초의 몇 분의 일에 불과한 짧은 시간에 우주의 반경이 10^{30}배로 늘어났다는 것이다. 급팽창 가설은 '무로부터의 창조' 신앙과 관련하여 아주 의미심장한 내용을 갖는데, 급팽창 가설은 이 우주에 존재하는 물질의 기원을 설명할 수 있다는 점이다. 우리가 관측할 수 있는 우주의 영역에는 자그마치 약 10^{80}개의 입자들이 존재한다. 이 입자들은 어디서 온 것일까? 급팽창 가설에 따르면 우주가 급팽창하게 되면 에너지 보존의 법칙을 위배하지 않으면서 중력이라는 음의 에너지와 상쇄될 수 있는 양의 에너지를 가진 물질이 만들어질 수 있다. 즉 우주가 급팽창하면서 그 안에서 엄청난 물질이 만들어진 것이다. 이를 가리켜 앨런 거스는 "공짜 점심이란 없다는 말이 있지만, 우주는 결국 공짜 점심과 같은 것이다"라고 말했다.[47] 여기서 공짜 점심이란 우주의 에너지의 총합이 결국 영(0)임에도 불구하고 우리 눈앞에 많은 양의 물질이 존재하고 있다는 사실을 비유한다. 양의 에너지를 갖는 물질이 음의 에너지를 갖는 중력과 상쇄되면 결국 영(0)으로 돌아갈 것이기 때문에 에너지의 보존 법칙을 위배하지 않으면서 무로부터 물질이 생겨난 것

---

46 Ibid., 163.
47 Ibid., 166.

이다. 즉 급팽창 이론은 무로부터의 창조가 가능하다는 것을 과학적으로 설명해준다.

한편 기 우주론에서 일기一氣는 만물이 그것으로 구성되는 물질적 토대이며, 물질이며 곧 에너지이다. 동시에 그것은 공간 그 자체이기도 하다. 장횡거는 태극과 관련하여 기가 흩어져 응축되지 않은 본래의 상태를 태허太虛라고 칭했다. 그는 이렇게 말했다. "태허에서 기가 모이고 흩어지는 것은 마치 물에서 얼음이 녹는 것과 같다. 태허가 바로 기임을 안다면 무는 없다(無無)."[48] 장횡거의 이 말은 아무것도 없는 상태처럼 보여도 절대 무는 없다는 것이다. 왜냐하면 그는 허공이라 할지라도 기가 이미 존재하고 있다고 보았기 때문이다. 다시 말하면 완전한 무는 없다는 것이다. 기가 있기 때문이다.

서양의 분석적인 용어와 개념으로 정리하기에는 무리가 따르지만, 군이 표현하자면 태극은 존재이고 무극은 비존재이다. 그런데 '태극이 곧 무극'이라는 것은 존재가 곧 비존재라는 것이다.[49] 무와 유가 상반되는 것이 아니라 근본적으로 하나라는 것이다. 태극과 무극을 두 개의 상반된 극으로 구분하는 것은 편의적으로는 의미 있을지 모르지만 근본적으로는 구별되지 않는다는 것이다. 그러므

---

48 풍우란, op. cit., 479.

49 풍우란의 중국철학사 영문판과 조셉 니덤의 영문 번역을 참조하는 것이 이해에 도움이 될 것이다. 풍우란은 태극도설의 첫 구절, "태극이무극"(太極而無極)을 "The Ultimateless (wu chi)! And yet also the Supreme Ultimate (T'ai-chi)!"라고 번역하였다. Fung Yu-lan, *A History of Chinese Philosophy*, vol. II, 435. 한편 조셉 니덤은 무극을 'no pole'로, 태극을 'supreme pole'로 번역하였다. Needham, *The Science and Civilisation in China*, vol. 2, 460.

로 존재는 비존재와 동무하는 것이며, 유는 무에서 비롯되는 것이며 결국은 다시 무로 돌아갈 것이므로, 궁극적으로 유와 무는 상통한다고 해석할 수 있다. 무가 유로부터 비롯된다면 기독교의 무로부터의 창조 신앙도 긍정될 수 있을 것이다.

5. 맺는말

이제까지 빅뱅 우주론에 함축된 신학적 성찰을 무로부터의 창조 신앙에 초점을 두고 기 우주론과 연관하여 살펴보았다. 빅뱅 우주론은 현대물리학의 두 주축 이론인 상대성이론과 양자역학을 기반으로 성립되었으며, 엄밀한 이론적 검증과 관측 데이터의 검토를 통하여 우주론의 표준 이론으로 받아들여지고 있다. 과학은 항상 진보하며 그에 따라 과학 이론 역시 늘 수정되어 간다. 그런 점에서 빅뱅이론이 과학적 우주론에 있어 최후의 완벽한 설명이라고 말할 수는 없다. 세부적인 부분에서 앞으로 계속 수정과 보완이 이루어질 것이지만 우주론적 모델로서 빅뱅 우주론의 틀은 상당히 오랫동안 유지될 것으로 보인다.

빅뱅 우주론에서는 이 우주에 물질이 존재하는 이유에 대한 설명에 있어서 급팽창 이론을 채택한다. 급팽창 이론은 극도로 짧은 시간에 음의 에너지를 갖는 시·공간이 급팽창함으로써 양의 에너지를 갖는 물질이 생겨났다고 설명하는데, 여기서 필자는 무로부터 창조 신앙이 단지 초기 기독교 사상가들이 만들어낸 관념의 산물만은 아니라, 이 우주의 의존성을 깨닫게 해주는 신학적 함축성을 읽어 내고자 한다. 즉 우주 안에 있는 모든 존재는 스스로 자족적이고 절대적인 것이 아니라 의존적이고 상대적이라는 점을 인식할 수 있다.

신유교의 기 우주론은 우주의 삼라만상이 하나의 일기^{一氣}의 운행에 따라 생성하고 흥망하며 소멸하는 것으로 설명한다. 혼돈미분의 상태에서 우주가 시작되어 역사의 단계에 따라 하늘과 땅과 사람과 사물이 생겨나고 생장하고 소멸하여 다시 혼돈미분으로 돌아가며, 그때로부터 다시 새로운 한 역사가 시작된다는 순환론적 역사관은 시작과 종말을 상정한다는 점에서 기독교적 역사관과도 상당한 호응을 찾을 수 있다.

빅뱅우주론에서 특이점과 기 우주론에서의 태극(무극) 개념은 모두 우주의 출발과 존재하는 모든 실재의 근원을 지시한다는 점에서 공통점을 갖는다. 태극의 상태가 혼돈미분이었듯이, 특이점의 순간에는 에너지-물질이 구별되지 않는 미분의 상태이었으며 통일의 세계였다. 이런 점에서 태극의 개념과 빅뱅의 특이점($t=0$)의 순간은 상당한 공명점을 갖는다. 이 두 개념의 공통점을 통해 필자는 무와 유가 상반되는 것이 아니라 근본적으로 하나이며, 유가 무에서 비롯된다면 무로부터의 창조도 받아들일 수 있다고 주장한다.

과학적 우주론에 대한 신학적 성찰은 서구에서 시작된 '과학과 종교', 혹은 '과학과 신학'의 간학제적 연구를 통하여 활발하게 전개되고 있는 주제이다. 하지만 아직까지 동양사상과 관련한 토론은 아직 본격적으로 개척되지 않은 상태이다. 비록 프리초프 카프라에 의해 현대 물리학과 동양사상의 대화가 시도되었고 일정한 공헌을 남겼지만, 카프라 역시 유럽인이며 또한 신학 혹은 종교적 관심에서 출발한 것은 아니라는 점에서 일정한 한계가 있다. 서구 학자를 중심으로 전개되고 있는 간학제적 토론의 자리에 아시아적 사상 혹은 한국 신학적 맥락을 가지고 보다 본격적으로 참여할 필요성이 제기되고 있다.

생명, 그 경이로운 행진을 바라보는 몇 가지 시각에 대하여
— 현대 과학의 생명관과 신학적 질문들

이 글의 제목은 현대 진화론의 대가인 스티븐 제이 굴드의 저서인 『생명, 그 경이로움에 대하여』(*Wonderful Life*)에서 영향을 받았다. 굴드의 저서 *Wonderful Life* 또한 영화 〈It's a Wonderful Life〉(1964)에서 빌려왔다.

이 영화는 미국의 작은 타운에서 보잘것없는 인생을 살고 있던 주인공이 자신의 존재 가치를 도무지 찾지 못하여 자살을 시도하는데 이때 천사를 만나 자신이 얼마나 귀중한 존재인가를 깨닫는 내용의 영화이다. 천사는 주인공이 없었을 경우에 그 마을이 얼마나 나쁘게 변했는지를 필름에 담아 보여줌으로써 주인공의 존재의 소중함을 일깨워 준다. 영화는 이를 통해 여러 가지 사소한 우연한 일들이 결국 역사를 얼마나 크게 바꾸는지 잘 보여 준다. 굴드는 두 가지를 동시에 강조하기 위해 이 영화에서 제목을 빌려왔는데, 하나는 생물 그 자체

의 아름다움에 대한 경이감을 표현하기 위해서 그리고 또 다른 하나
는 진화의 역사에서 우연성이 얼마나 중요한 요소인지를 강조하기
위해서이다. 그는 오늘날 우리 눈앞에 펼쳐지는 생물들의 모습은 그
자체로도 경이롭지만, 이러한 결과가 여러 가지 우연적인 사건에 절
대적으로 영향 받아 이루어진 진화의 결과라는 점에서 이중의 경이
로움을 표하지 않을 수 없다고 말한다.

1. 시작하는 말

생명이 위기란다. 그래서 이 시대의 화두는 단연 생명이다. 어느
시인이 생명을 노래하자 신학자들이 생명을 사유하고 신학의 생명
화를 외친다.[1] 목사와 사제와 승려들이 생명을 살리겠다고 삼보일
배를 하고 심지어는 목숨 건 단식을 마다하지 않는다. 민중교회가
생명연대로 이름을 바꾸고 사회변혁을 꿈꾸던 운동가들은 그들의
깃발에 '혁명'이란 단어를 지우고 대신 '생명'이라는 글자를 새겨 넣
었다. 이러한 흐름에 목회자들도 함께 합류하고 있다.[2]

---

1 김지하, 『생명과 자치』 (서울: 솔, 1996). 한편 신학자로는 작고하신 선순화를 비롯하여
  생명신학을 정초하고자 노력하고 있는 이정배, 박재순, 구미정 외에도 상당수의 신학자들
  이 생명을 자신의 신학의 주요 테마로 삼고 있다. 한편 일각에서는 생명사상의 뿌리를 함석
  헌, 유영모 그리고 동학사상에서까지 찾고 있다. 이경숙·박재순·차옥숭, 『한국생명사상의
  뿌리』 (서울: 이화여대출판부, 2001).
2 새천년의 목전에서 크리스챤 아카데미의 기획으로 개신교 중진 목회자 20여 명이 시대의
  뜻을 읽어 내고자 함께 모였다. 그들은 이 시대의 가장 중요한 관심 주제는 '생명'이어야 한다
  는데 모두 의견이 일치하였다. 그들은 생명의 위기를 외치고 살림의 노래를 불러야 하는 이

이러한 일련의 과정을 설명하기에 '변화'라는 단어는 너무 옹색해 보인다. '사조思潮의 전환!' 맞다. 사조의 전환이다. '사상의 밀물'을 뜻하는 사조, 사조의 전환이라 불러야 마땅할 것이다. 생명사상이 밀물처럼 밀려오고 있는 것이다. 아니, 밀려오는 것이 아니라 이미 우리를 덮고 있다.

그런데 우리는 되물어야 한다. 과연 생명이란 무엇인가? 왜 생명이 소중한가? 우리는 생명의 문제를 다룰 때에 과연 어떤 학문의 방법론을 통하여 접근할 것인가? 제한된 지면에서 이 모든 질문을 다룰 수는 없다. 이 글은 위의 여러 질문 중에서 마지막 질문에 주된 관심을 갖고 출발하고자 한다.

생명의 문제를 다룰 때에 인문학적 관점에서만 다루는 것으로는 충분치 않다는 것이 나의 주장이다. 생명의 문제를 제대로 다루기 위해서는 자연과학적 검토를 우선하여 그 기반 위에서 철학적 내지 신학적 토론을 해야만 생명 문제를 보다 넓은 시각으로 바라볼 수 있다는 것이다. 생명의 문제는 단지 교회 안의 신앙의 문제라기보다 세계관의 문제이고 문명사적 차원의 문제이다. 과학을 외면하고서는 세계관과 문명사적 차원을 다룰 수 없을 것이다.

결코 방대하지 않은 나의 책꽂이도 생명에 관한 책들이 제법 여러 권 있다. 그런데 한쪽에는 신학자를 비롯한 인문학자들의 책이, 다른 한쪽에는 과학자들의 책이 꽂혀져 있다. 나는 이 두 종류의 서

유를 이렇게 설명한다. "우리가 '생명'을 주목하는 것은, 생태학적 차원에서의 생명의 보존과 지속을 넘어서, 인간 생명의 영성이 쇄신되어야 하고 심화 성숙되는 일이 시급히 요청되는 문명 전환기에 인류가 도달하였다고 판단하였기 때문이다." 김경재, 이정배, '생명의 존엄과 신비를 향하여', 『생명목회 콜로키움』(서울: 대화, 1999), 8.

적들을 같은 칸에 섞어 놓지 못한다. 실수로 인한 경우가 아니면 이 책들은 서로 표지를 맞대고 서있는 경우가 없다. 이 두 종류의 책들 사이에는 늘 칸막이가 있다. 이러한 분리는 무엇을 나타내는가? 단지 나의 도서정리 습관의 문제인가, 아니면 그 이상의 어떤 리얼리티를 반영하고 있는 것인가? 그것은 오늘날의 '학문의 현실'을 그대로 반영하고 있는 것이다. 여기서 '학문의 현실'이란 말은 진리를 탐구하는 연구자들의 집단과 조직, 연구 방법, 대학과 연구소들의 편제 등을 포괄하여 지칭한다. 나의 책꽂이의 책들이 서로 나누어져 있는 것처럼 이 모든 것들도 분리되어 있다.

이제 우리 신학자들은 과학자들이 생명에 대해서 무어라 말하고 있는지 경청할 필요가 있다. 창조질서의 보전을 주장하거나 생태신학을 전개하면서 올바른 과학적 자료를 인용하여야 한다. 신학자들이 생명을 말할 때 과학적 설명과 부합되는 지식에 기초해야 보다 설득력이 있을 것이다. 왜냐하면 창조신학이나 생태신학에서는 자연이 중심 주제이며, 자연에 대한 연구의 권위는 과학자들에게 부여되어 있기 때문이다.

이 글에서는 생명신학을 염두에 두고 현대 생물학에서 생명을 바라보는 몇 가지 시각을 소개하고자 한다. 물론 현대 생물학 전반을 요약 소개하는 것이 목표는 아니다. 현대 생물학의 대표적인 학자들이 생명을 어떤 시각으로 바라보는지 그리고 그것들이 내포하고 있는 신학적 질문을 제기해 보고자 한다.

2. 우주와 생명

생명체는 자신의 몸을 이루기 위해서 반드시 물질을 필요로 한다. 이와 관련하여 과학자들은 생명체들의 몸을 구성하는데 탄소가 가장 필수적이라는 점에 주목하여, 이 우주의 생명체의 물질적 특성을 나타내기 위하여 '탄소에 기반한 생명^{Carbon Based Life}'이라고 부른다.[3]

빅뱅 우주론에 따르면 우주는 지금으로부터 약 150억 년 전, 어느 한 순간에 거대한 시·공간의 폭발로 시작되었으며 우리 지구가 속한 태양계는 약 50억 년 전에 형성되었다고 한다. 초신성이 폭발한 잔해인 성운 속에서 가스 구름이 뭉쳐져 태양이 탄생되었다. 이 가스구름 속에는 먼 훗날에 생명체의 몸의 재료가 될 수 있는 탄소나 질소, 산소 등의 무거운 원소들이 포함되어 있다가 지구를 형성함으로써 생명 그리고 우리 자신이 태어날 수 있었다.

그런데 우주 탄생 초기에 물질의 대부분은 수소와 헬륨뿐이었다.[4] 그렇다면 탄소나 산소, 질소, 철 같은 무거운 원소들—수소나

---

[3] 어떤 공상과학 작가들은 탄소 대신 규소를 주된 신체 재료로 사용하는 외계 생명체의 가능성을 제시하기도 했지만, 탄소처럼 다양한 고분자 화합을 이루어 서로 응결이 있으면서도 유연한 변형이 가능한 몸을 만들 수 있도록 하는 원소는 없다.

[4] "물질은 빅뱅 이후 우주의 온도가 식어감에 따라 에너지가 질량을 가진 물질로 전환되어 만들어진 것이다. 이때 가장 단순한 구조인 수소나 헬륨이 생성되었다. 초기 우주의 물질 구성비는 수소75%, 헬륨 25% 정도이다. 수소는 우주에 존재하는 원소 중에서 가장 가벼운 물질로서 원자핵에 양성자와 중성자 각각 1개씩만을 가지고 있다. 만일 이 우주에 수소와 헬륨만이 가득 차 있다면 이 우주에서 생명체는 결코 탄생하지 못했을 것이다. 혹시 상상력이 뛰어난 어떤 과학소설(SF) 작가가 수소나 헬륨을 기묘한 방법으로 엮어서 자신의 몸을 만드는 생명체를 그릴 수 있을지는 모르나 그러한 가능성은 거의, 아니 절대로 이루어지기 어려울 것이다." 스티븐 호킹/김동광 옮김, 『시간의 역사』(서울: 까치, 1998), 147-154.

헬륨에 비해 수십 배의 질량을 갖기에 '무거운 원소'라 말한다—의 존재가 생명체 탄생의 필수적인 조건인데 이들은 어디서 왔는가? 이 원소들은 모두 별의 내부에서 만들어졌다. 즉 생명체의 재료가 되는 물질들이 탄생한 곳은 태양과 같은 별들의 내부이다. 태양보다 질량이 아주 무거운 별들이 일생을 마치고 죽어갈 때 마지막 단계에서 큰 폭발을 하게 되는데 이를 일러 초신성이라 한다. 이 원소들은 초신성이 마지막 생애를 마칠 때 그 별의 내부에서 무시무시한 압력으로 인한 핵융합 반응에 의해 만들어진 것이다.

그러니까 우리 몸을 구성하는 원소들은 저 광대한 우주 공간에서 찬연히 빛나고 있는 별들에게서 온 것이다. 우리 몸을 이루고 있는 물질들의 고향은 별인 셈이다. 우리가 별을 바라볼 때 알 수 없는 아련한 감상에 젖어드는 것도 바로 이 때문이 아닐까?

이러한 일련의 과정은 이 우주의 근본적인 네 가지 힘인 중력, 전자기력, 약한 핵력 그리고 강력의 물리법칙과 우리 우주에 부과된 우주상수들Cosmological Constants의 수치에 의해 결정된다. 그런데 놀라운 일은 이 모든 것이 아주 놀라우리만치 작은 차이만 있다 하더라도 오늘날 우리가 바라보는 우주와는 아주 다른 우주가 되었으며, 따라서 생물체 및 인간의 탄생은 불가능했다는 것이다. 이러한 '절묘한 조정fine tuning'을 과학자들은 '인류원리Anthropic Principle'라는 개념으로 표현하였다. 인류원리는 이 우주의 여러 물리적 조건들은 생명체와 지적 존재로서 인류의 출현을 가능하도록 고도로 정교하게 조정된 것처럼 보인다는 것이다.[5]

---

5 John D. Barrow & Frank J. Tipler, *The Anthropic Cosmological Principle* (Oxford:

캠브리지 대학의 물리학자로서 뛰어난 업적으로 석좌교수직에 오른 뒤 50세에 신학교 문을 두드려 영국 성공회의 사제가 된 존 폴킹혼은 인류원리를 통해 제시된 여러 가지 자료들을 해석함에 있어 이 우주의 배후에 어떤 신성한 목적이 존재하리라고 추론하는 것이 무신론 보다 더 지적으로 설득력이 있다고 주장하였다. 나아가 그는 초신성이 생명의 재료를 몸 안에서 생성해 내었다가 거대한 폭발로 자신은 죽으면서 우주 공간으로 그 재료들을 흩뿌려 놓아 장차 태어날 생명을 준비하는 과정을 지적하면서 죽음을 통한 생명의 십자가적 패턴은 생물체들에게만 적용되는 것이 아니라 우주적으로도 확장 적용될 수 있다고 주장하였다.6

나는 이와 같은 별들의 생성-사멸의 메커니즘은 여성신학적 관점에서 재해석할 수도 있다고 본다. 자신의 자궁에 새로운 생명을 잉태하여 자신의 몸을 나누어주고 결국 세상으로 내보내어 우주의 생명을 잇게 하는 여성의 출산 과정은 빅뱅 이후 우주 공간 속에서 지속적으로 일어나고 있는 별(초신성)을 통한 생명 탄생 과정의 연장선상에 있는 것이다. 여성의 생명 잉태와 출산은 범 우주적인 생명 작업이다.

Oxford University Press, 1986), 22.

6 존 폴킹혼, 이정배 옮김, 『과학시대의 신론』(서울: 동명사, 1998), 15.

3. 생명의 기원

지구는 약 46억 년 전에 생성되었고 최초의 지구 최초의 생명 탄생
은 10억 년이 지난 약 36억 년 전에 생겨났다. 최초의 지구는 생명체
가 살기에는 너무 가혹한 조건을 가진 행성이었다.

타임머신을 타고 40억 년 전으로 돌아간다고 생각해 보자. 주위는 어떤
모습일까? 푸른 언덕도 해변의 모래밭도 전혀 없다. 하얀 절벽도 무성
한 숲도 없다. 이 젊은 행성은 오늘날의 지구와는 확연히 다르다. 실로
'지구'라는 말이 어울리지 않는다. 주위가 온통 뜨거운 물속에 잠겨 있
기 때문에 '대양'이라는 말이 더 적당할 것이다. 이 뜨거운 바다를 가르
는 대륙이라고는 전혀 없고, 여기저기에 강력한 화산 봉우리만 수면
위로 솟아올라서 유독한 기체 구름을 내뿜는다. 대기는 유독가스로 가
득 차 숨을 쉴 수도 없다.[7]

그러나 이렇듯 생명체에게 가혹한 행성이었던 지구에 약 수억 년
이 지난 뒤에는 생명이 출현하였다. 생명의 최초의 흔적으로서 광합
성의 증거를 36억 년 전의 암석에서 찾아볼 수 있다. 직접적인 생명
의 가장 오래된 흔적은 오스트레일리아에서 발견된 34억 8천 5백만
년 전의 암석인데 세균 화석을 포함하고 있는 11개가 넘는 바위 조
각들이 발견되었다.[8] 어떻게 생명이 태어났을까? 이 생명은 어디서

---

7 폴 데이비스/고문주 옮김, 『생명의 기원』 (서울: 북힐스, 2000), 1.
8 린 마굴리스·도리언 세이건/황현숙 옮김, 『생명이란 무엇인가?』 (서울: 지호, 1999), 92-98.

왔을까? 생명의 기원에 관한 질문은 생물학에서 가장 오랜 질문이며 아주 근본적인 질문이다. 이 질문에 그들은 어떻게 도전했는가?

1950년대는 지금과 다른 시대였다. 오늘날에는 아무리 천재라도 20대 초반의 대학원생이 세계적으로 주목받는 중요한 학문적인 발견을 하거나 시도한다는 것은 가능하지 않다. 그러나 그 당시에는 가능했다. 1953년 시카고 대학의 헤럴드 유리 교수의 제자였던 23세의 스탠리 밀러는 생명의 기원에 관한 독창적인 실험을 시도했다. 플라스크에 원시 바다와 비슷한 성분의 물을 담고 가열하면서 이에 연결된 또 하나의 플라스크에 초기 지구 대기와 같은 메탄, 암모니아, 황화수소 등의 기체를 조성한 후에 전기 방전을 일으켜 인공적으로 번개가 치는 조건을 만들었다. 놀랍게도 며칠이 지나서 플라스크에서 아미노산, 지방산, 당을 비롯한 유기물이 혼합되어 있었다. 이 유기화합물은 생명의 기본물질이라고 할 수 있는 단백질의 재료가 되는 구성물이다. 그의 지도교수는 경탄하면서 "만일 신이 (생명을 창조할 때에) 이 방법을 쓰지 않았다면 엄청난 실수를 한 셈이다"라고 소리쳤다고 전해진다.[9]

이 실험 결과에 크게 고무된 일부 언론들은 이제 곧 프랑켄슈타인과 같은 과학자들이 실험실에서 생명을 탄생시켜 생명의 기원을 완벽하게 해명할 수 있는 날이 멀지 않았다고 보도했다. 밀러는 실험 직후 앞으로 25년 이내에 과학자들이 생명의 기원을 확실히 알아낼 수 있을 것이라고 의기양양하게 말했다. 그러나 50년이 지났지만 오늘날 그러한 실험을 하고 있는 과학자들은 찾아보기 어렵다.

---

9 빌 브라이슨/이덕환 옮김, 『거의 모든 것의 역사』(서울: 까치글방, 2004), 302.

그동안의 경험을 통해 생명을 실험실에서 만들어 낼 수 없다는 것을 깨달았기 때문이다. 계속된 그이 실험은 그저 아미노산만 만들어 냈을 뿐, 더 이상의 진전은 이룰 수 없었다.

린 마굴리스는 생화학적 계들은 역사적 축적물이며, 생명은 많은 변화들을 포괄하는 누적적인 과정으로 이해해야 한다고 주장한다. 그녀는 생명의 기원에 대한 연구가 밀러가 꿈꾸는 대로 명확한 답을 마련해 줄 수 있을지에 대해서 회의를 표현하면서 다음과 같이 말했다.

> 가장 작은 박테리아도 밀러의 화학적 혼합물보다는 인간에 더 가깝습니다. 그것은 이미 이런 계의 특성을 가지고 있기 때문이지요. 따라서 박테리아에서 인간에 이르는 도정은 아미노산 혼합물에서 박테리아까지의 길에 비한다면 훨씬 짧은 셈입니다.[10]

어찌 보면 오늘날 생명의 기원에 관한 질문은 다시 원점으로 돌아온 셈이다. 과거와 같이 생명의 기원을 실험실에서 재현할 수 있으리라는 기대는 사라졌다. 생명현상은 예상했던 것보다 복잡하고 전일적인 현상임을 인식하게 되었다. 우리는 아직 물질과 생명 사이에 가로놓인 불연속적인 갭이 얼마나 넓은지 그리고 그 차이가 과연 무엇인지를 정확히 알지 못한다. 우리는 생명의 특성에 대해서는 어느 정도 설명할 수는 있으나 생명의 정의를 명확하게 규정하는 데는 어려움을 겪고 있다.[11] 앞으로 생명을 이해하는데 도움

---

10 존 호건/김동광 옮김,『과학의 종말』(서울: 까치 1997), 199.
11 장회익,『삶과 온생명』(서울: 솔, 1999), 167-182.

이 될 수 있는 하나의 유력한 연구 분야는 카오스계의 '자기조직화'에 관한 연구이다. 프리고진의 자기조직화에 관한 연구는 분자 규모의 산일구조 속에서 특정한 질서가 자연 발생하는 것을 밝혀내었는데, 이를 확대해석하면 이 우주 안에는 특정한 방향이나 패턴의 질서가 발생하는 경향이 있으며, 그로인해 고도의 질서를 가진 '닫힌계'로서 생명체가 출현할 수 있다고 추론할 수 있는 여지를 제공한다.

여기서 우리가 신학적으로 관심하는 것은 오랜 무생물의 우주, 즉 물리적 차원만 존재하는 우주 속에 결국 생명이 출현했으며, 양자 간에는 불연속적 갭이 존재한다는 사실이다. 양자 사이의 불연속성을 주목하면서 신학자들은 생명의 존귀함을 강조할 수도 있으며, 다른 한편으로는 물질적 차원이 자기조직화의 경향을 통해 질서를 가진 생명을 배태했다는 점에 주목하면서 생명을 살리고 보살피는 것이 우주 진화와 순행한다는 점을 부각할 수도 있겠다. 또한 물리적 우주가 먼저 만들어지고 나중에 생명이 출현했다는 시간적인 순차를 신학적으로 받아들이면 신의 계속된 창조로서 생명의 출현을 설명해야하는 과제가 신학자들에게 주어진다고 생각한다.

4. DNA, 그들이 생명의 주인인가?

20세기 초반 파동함수론을 정리하여 양자현상을 이해하는데 뚜렷한 업적을 남긴 공로로 1933년에 노벨물리학상을 수상한 에르빈 슈뢰딩거(Erwin Schrödinger, 1887~1961)는 물리학자이면서 현대 분자생물학의 성립에 결정적인 기여를 한 과학자이다. 그는 1943년 2월 더블린에서 "생물이란 무엇인가?"(What is Life?)라는 몇 차례의 연속강좌를 진행하였다. 이 강연에서 그는 물리학자의 직관에 기초해서 DNA의 존재를 예측하였다. 즉 생명체의 유전을 가능하게 하는 물질로서 유전자의 정체를 예측하고 그것이 안정적으로 존재하기 위해서는 대략 어떤 구조와 어느 정도의 크기로 존재할 것인지를 제안하였다.[12]

이후 10년만인 1953년 제임스 왓슨James Watson과 프랜시스 크릭Francis Crick은 『네이처』지에 데옥시리보 핵산(Deoxyribo-Nucleic Acid, DNA)의 구조라는 논문을 발표한다.[13] DNA는 세포 속에 들어 있는 유전정보 전달 물질로서 생명의 가장 신비로운 현상인 유전을 가능하게 해준다. 이로부터 생물학은 분자생물학이라는 새로운 분야를 열게 되고 혁명적인 변화의 물결에 휩싸이게 된다. 생물학은 전통적인 분야인 박물학을 비롯해서 발생학이나 생태학 등이 눈에 보이는 거시적인 규모에서 생명현상을 이해하려는 시도였다. 그러나 분자생물학이 유전의 메커니즘을 밝혀냄으로써, 어떻게 종種들이 자신들의 형질을 세대에서 세대로 보존해 나가면서 또한 변화에 적응해서 살아남는가라는 질문에 답을 제공할 수 있게 된 것이다.

---

12 에르빈 슈뢰딩거/서인석 · 황상익 옮김, 『생명이란 무엇인가?』(*What is Life?: The Physical Aspect of the Living Cell*) (서울: 한울, 2003), 159-160.
13 브라이슨, 427.

DNA의 가장 중요한 특성은 완벽한 복제를 가능하게 한다는 점이다. 우리 몸의 몇 가지 특수한 세포를 제외한 모든 세포 속에는 염색체가 들어있고 이 염색체는 가는 두 가닥의 실이 꼬인, 그리하여 비틀어진 사다리 모양으로 생긴 DNA의 덩어리이다. 세포 하나에 뭉쳐져 있는 이것의 길이는 1.8미터나 된다. 여기에는 우리의 머리카락, 눈동자 색, 피부, 장기 등 우리 몸의 모든 특징을 나타내는 정보가 완벽하게 담겨있다. DNA의 한 가닥은 네 가지의 염기들(C-G-T-A)의 연속이며 이 염기들은 다른 가닥의 염기와 결합할 때 반드시 사이토신(C)은 구아닌(G)하고만, 티아민(T)은 아데닌(A)하고만 결합된다. 그리하여 한 가닥이 결정되면 상대편의 순서도 저절로 결정되기 마련이다. 새로운 DNA를 만들 때면 DNA의 한 가닥이 갈라져 나와 각각 새로운 나선구조를 만드는데 이때 원래의 순서가 그대로 전달된다. 이러한 기제를 통해 생명체는 자신의 유전정보를 손상 없이 자손에게 물려줄 수 있는 것이다. 그리고 놀라운 일은 과거 먼 옛날 지구상에서 DNA가 자기복제 능력을 획득한 순간, 바로 그때가 이 지구상에 생명이 존재하기 시작했던 순간이 된다는 점이다. 그러니까 현대생물학에서는 과거 36억 년 전,(혹은 38억 년 전) 우리가 아직까지 설명할 수 없는 조건들로 인해 단 한번 우연히 출현한 자기복제자, 곧 DNA의 역사가 곧 생명의 역사인 셈이다.

리챠드 도킨스같은 학자는 주저 없이 이 자기복제자가 곧 생명의 주인이라고 말한다. 우리 몸은 자기복제자가 만들어낸 생존기계이라는 것이다. 그는 자신의 대표적 저서인『이기적 유전자』의 초판 서문에 이렇게 썼다. "우리는 생존 기계이다. 즉, 이 로봇 운반자들은 유전자로 알려진 이기적인 분자들을 보존하기 위해 맹목적으로 계획됐다. 이것이 아직도 나를 경악하게 하는 사실이다."[14] 그에 따르면 생명현상은 바로 자신의 복제에만 관심이 있는 이 이기적인 자기복제자가 끊임없이 자신을 더 많이 더 효과적으로 이 세상에 퍼트리기 위해 몸체를 만들고 양분을 취하고 번식하는 과정일 따름인 셈이다.

돌이켜보건대 왓슨과 크릭의 DNA 발견은 생명의 주체이면서도 36억 년 동안 세포 속에 자신을 감추고 있었던 생명의 정체를 드러낸 일이었다. 오늘날 분자생물학자들은 DNA를 가지고 생명현상을 조작하는 실험을 하고 있다. 복제양 둘리 실험에서 보듯이 하나의 세포에서 추출한 DNA를 새로운 배아 세포에 주입시켜 원래의 생명체와 유전적으로 동일한 개체를 탄생시키고 있다.

몇 년 전 유전자분석 기술이 발달하면서 고등문명을 이루고 있는 우리 인간의 유전자가 저 동물원의 우리 속에 있는 침팬지의 유전자와 98.4%나 똑같다는 사실이 밝혀졌다. 이때 영국의 일간지는 일면 전면에 침팬지의 사진을 싣고서 "거의 인간인가?"(Nearly Human?)라는 제목을 붙였다. 여러분은 동물원의 우리 속에 갇힌 침팬지를 본적이 있을 것이다. 평생을 우리에 갇힌 채 사람이 던져주는 음식을 받아먹으며 살아가고 있는 저 침팬지들이 불과 우리 인간과 1.6%의 차이밖에 없다니? 저들은 우리 인간이 가지고 있는 정교한 언어를 갖고 있지 않을뿐더러 부끄러움도 모르고 사람들이

---

14 리처드 도킨스/홍영남 옮김, 『이기적 유전자』 (서울: 을유문화사, 2000), 5, 21.

보는 앞에서 실례를 하고 교미를 한다. 그뿐이랴? 저들은 정의가 무엇인지, 자유가 무엇인지 전혀 알지 못한다. 저들이 어찌 개인의 존엄성 같은 것을 알기나 하겠는가? 저들이 감히 우리 인간들이 알고 있는 뉴턴의 운동의 세 가지 법칙이라든지 만유인력 그리고 지구와 태양계와 우주에 관한 지식들을 어찌 알겠는가? 정말 침팬지와 인간은 근본적으로 비교할 수 없는 별개의 종이며 그 차이는 하늘과 땅보다도 더 커 보인다. 그럼에도 불구하고 동물생태학자들은 이렇게 말한다.

> 외계에서 동물학자가 온다면 그는 우리들을 자이르의 피그미침팬지, 그 밖의 열대 아프리카에 사는 일반적인 침팬지와 함께 단순히 '제3의 침팬지'로 분류할 것이다. 지난 6~7년 동안의 분자 유전학 연구에 따라, 우리 인간의 유전자 구조는 다른 두 종의 침팬지와 98% 이상이 동일하다는 것이 밝혀졌다. 인간과 침팬지의 전체적인 유전적 차이는 유전적으로 매우 가까운 사이인, 북아메리카의 붉은눈개고마리와 흰눈개고마리라는 두 종류의 새가 지닌 차이보다 더 작다. 즉 인간은 아직 과거의 생물학적 유산을 그대로 짊어진 채 살고 있는 것이다.[15]

오늘날 과학자들은 인간의 유전자가 쥐와는 90%, 초파리와는 60% 정도 동일하다는 것을 안다. 우리 인간과는 너무나도 차원이 달라 보이는 생물, 예컨대 지렁이라든가 진드기, 심지어는 박테리아 같은 아주 보잘것없는 미물하고도 상당히 많은 부분의 유전자를

---

15 제레드 다이아몬드/김정흠 옮김, 『제3의 침팬지』 (서울: 문학사상사, 1996), 31.

공유한다. 이러한 사실은 생물학자들에게 지구상의 생명이 단 한번 출현한, 단 하나의 자기 복제자로부터 시작되었다는 또 하나의 강력한 증거가 되었다. 외형적으로 볼 때에 인간은 다른 동식물이나 박테리아 같은 미물들과는 아예 차원이 다른 존재로 보인다. 그러나 분자생물학적 관점에서는 우리는 모두 하나의 연속선상에 있는 생명체들이다. 다른 말로 하면 지구 생명은 모두 가족이다.

이러한 분자생물학의 발달은 우리에게 심각한 신학적 질문을 던져준다. 그것은 생명 속에 우리 인간의 위치에 관한 질문이다. 우리는 우주 생명 속에서 얼마나 다른 지위를 가지고 있는가? 우리가 유전자 조작을 통해 생명을 조작하고 있는데 우리는 과연 신과 더불어 생명의 공동 창조자로 불리움 받았는가? 지구 생명이 하나의 가족일진대 인간은 왜 그렇게 다른 생물들에게 무자비한가? 인간은 지구 생명의 파괴자인가?

5. 인간은 우주의 외로운 나그네인가?

다윈의 『종의 기원』(1859)은 단일저작으로서 가장 많은 논란을 불러왔을 뿐만 아니라 또한 인류의 지성사에 가장 큰 영향력을 끼친 저서 중에 단연 으뜸에 꼽힐 것이다. 그는 이를 통해 인간을 비롯한 모든 생물의 종은 고정된 것이 아니라 진화의 결과라고 주장했다. 아울러 그는 생물체들의 이러한 진화는 변이(돌연변이)와 경쟁에 의한 도태(자연선택)라는 기제를 통해 이해할 수 있다고 제안하였다.[16] 다윈의 이론은 엄청난 함축을 내포하고 있다. 그것은 우리 눈앞에 펼쳐있는 엄청나게 다양한 수많은 생물들이 단 하나의 조상으로 유래했으며, 또한 외형적으로 보이는 생물 간의 엄청난 차이(예를 들어 인간과 지렁이, 또는 사자와 아메바 간의 차이를 생각해보라!)가 근본적으로 단지 변이와 선택의 연속된 결과라는 주장을 담고 있다. 나아가 어떤 경위에서든 먼 옛날에 단 하나의 생명체만 출현하여 성공적으로 살아남아 후손을 번식시키는데 성공했다면, 굳이 신의 창조를 끌어들이지 않더라도 오늘날과 같은 생명 현상들에 대한 설명이 가능하다는 것이다. 이러한 함축성으로 인해『종의 기원』의 출판 직후부터 현재까지 다윈의 진화론은 창조론자들의 거센 주장에 부딪혔음은 주지의 사실이다.

『종의 기원』출판 이듬해인 1860년 옥스퍼드에서 열린 왕립학회에서 다윈의 진화론을 지지하는 토마스 헉슬리와 이에 반대하는 옥스퍼드 주교 사무엘 윌버포스 간의 그 유명한 헉슬리와 사무엘 주교의 논쟁[17]은 새로운 시대의 시작을 알리는 상징적인 사건이었다. 아주 오랫동안 학문의 영역에서도 지배적인 위치를 차지하던 성직자들이 이제 새로운 시대의 지식인들에게 그 주도권을 양도해야할 때가 왔음을 알려준 대결이었다.[18]

---

16 1809년 영국 북서부에서 태어난 찰스 다윈은 의학 신학 등을 공부하고 1831년 해군측량선 비글호에 박물학자로 승선하여 남미와 남태평양의 여러 섬의 동식물을 탐사할 기회를 가졌다. 그는 특히 갈라파고스 제도의 동식물을 상세히 관찰하여 진화론의 기초 자료를 수집하였다. 그는 자신의 이론이 지니는 함축성의 중요성 때문에『종의 기원』의 출판에 무척 신중을 기하였던 것으로 알려졌다. 이 때문에『종의 기원』은 비글호 탐사로부터 28여 년 후에서야 세상에 나오게 되었다.

17 John Hedley Brooke, *Science and Religion: Some Historical Perspectives* (London: Cambridge University Press, 2001), 40-41.

18 모든 기독교 지식인들이 진화론을 반대한 것은 아니었다. 창조론자 외에 기독교 진화론자

그러나 다윈의 자연선택 이론은 아주 강한 이론이다. 140년이 넘는 기간 동안 수많은 사람들에 의해, 수많은 학설들에 의해 공격을 당했지만 아직도 다윈의 진화론은 건재하다. 중요하지 않은 점들에 있어서 부분적으로 수정되기도 했지만, 생물의 역사가 단 하나의 자기복제자에 의해 시작되어 변이와 자연선택이라는 아주 단순한 시스템을 통하여 오늘날에 이르렀다는 진화론의 골자는 현대의 분자생물학의 발달에 의해 더욱 확고하게 지지받고 있다.

한편 전통적인 진화론자들이 진화를 시간에 따라 누적적이고 점진적으로 다양성이 증가되는 발달과정으로 보는 것과 달리 스티븐 제이 굴드는 진화는 오랜 평형상태를 거치다가 폭발적으로 급격하게 일어나는 양태를 띤다는 '단속평형설punctuated equilibrium'을 주장하였다. 그럼에도 굴드가 다윈 이론의 핵심인 변이와 자연선택이라는 진화의 기제를 부인하는 것은 아니다. 굴드는 생명의 역사가 아주 지루한 역사이며 동시에 놀랍도록 급격한 격변의 연속이었음을 강조한다. 최초의 생명이 출현한 36억 년 전 이후 캄브리아 대폭발이라 부르는 5억 7천만 년 전까지의 30억 년에 이르는 아주 길고 긴 기간은 단세포 생물만 존재하였다. 캄브리아기 직전에야 생물은 다양한 모습으로 등장한다. 또한 2억 2천만 년 전에는 해양생물의 96%가 멸종하는 대격변을 겪으면서 이 시기에 살아남은 생물들에 의해 진화의 역사가 채워진다. 가장 최근의 격변은 6천 5백만 년

들도 있었다. 진화론에 대한 기독교의 다양한 반응에 대해서는 데이비드 린드버그 외 편/ 박우석 · 이정배 옮김, 『신과 자연 (하)』 (서울: 이화여대 출판부 1999), 제 14, 15, 16 장을 참조하라.

전에 있었던 백악기 말기의 대량 멸종인데, 이때 공룡들이 사라짐으로써 인간의 조상인 포유류가 생태적으로 주요한 지위를 차지하게 되었다. 공룡의 갑작스런 멸종은 거대한 운석의 충돌로 인한 것인데 운석의 낙하야말로 우연에 좌우되는 사건이다. 이러한 우연이 결국 인간의 출현을 가능케 한 결정적인 사건이 된 셈이다.[19]

다음의 다소 긴 인용문은 우리 인류가 이 지구상에 얼마나 최근에 나타났는지를 극적으로 잘 보여주기 위하여 캘리포니아의 환경보호론자 데이비드 브라우어David Brower가 서술한 진화의 과정이다. 그는 지구의 연령을 창세기의 창조설화처럼 6일로 압축하여 진화의 역사를 설명한다.

지구는 일요일 자정에 창조되었다. 최초의 생명이 박테리아 세포의 형태로 태어난 것은 화요일 아침 8시 정각이었다. 그 후 2.5일 동안 미생물 우주가 진화했고, 목요일 자정이 되자 완전히 발달해서 전체 행성 시스템을 조절하게 되었다. 금요일 오후 4시경에 미생물들은 유성생식을 발명했고, 창조의 마지막 날인 토요일에 눈으로 볼 수 있는 모든 생물형태가 진화했다. 토요일 오전 1시 30분 최초의 해양동물이 생성되었고, 오전 9시 30분 최초의 식물이 육지에 상륙했다. 두 시간이 지나자 양서류와 곤충들이 그 뒤를 따라 육지로 올라왔다. 오후 4시 50분에 거대한 파충류가 탄생해서 그 후 5시간 동안 무성한 열대우림을 배회하다가 오후 9시 45분에 갑작스럽게 사라졌다. 비슷한 무렵인 오후 5시 30분경에 포유류가 모습을 드러냈고, 저녁 7시 15분경에 조류가 나타

---

19 스티븐 제이 굴드, 75-86.

났다. 밤 10시가 조금 못되어 열대 우림의 나무에 사는 포유류가 최초의 영장류로 진화했다. 한 시간이 지나자 그 중 일부가 원숭이로 진화했다. 그리고 밤 11시 40분경에 대형 유인원이 나타났다. 자정이 되기 8분 전에 오스랄로피테쿠스가 일어서서 두 발로 걸었다. 5분 후 오스트랄로피테쿠스가 갑자기 자취를 감추었다. 최초의 사람종인 호모 하빌리스는 자정 4분 전에 나타나서 30초 후에 호모 에렉투스로 진화했고, 자정이 되기 30초 전에 원시 호모 사피엔스로 진화했다. 네안데르탈인이 유럽과 아시아를 지배하게 된 것은 자정이 되기 15초에서 4초 전이었다. 마침내 현생 인류가 자정 11초 전에 아프리카와 아시아에 그리고 5초 전에 유럽에 나타났다. 기록으로 남은 인류의 역사는 자정이 되기 2/3초 전에 시작되었다.[20]

스티븐 제이 굴드는 만일 누군가 지구에서 일어난 36억 년의 진화의 역사를 그대로 필름으로 찍었다가 다시 돌린다면 결코 똑같은 스토리를 볼 수 없을 것이라고 주장한다. 진화는 전통적인 다윈주의자들이 생각했던 것처럼 점진적이고 연속적 과정이 아니라 예측 불가능한 격변의 과정이었다는 것이다. 우리는 지구라는 이 행성에서 아주 오래 전부터 높은 자리를 차지하고서 주인노릇을 해온 존재가 결코 아닐뿐더러 과거에 일어난 우연한 사건의 결과로 운 좋게 이 자리에 있게 되었다는 것이다.

여기서 우리의 신학적 질문을 던져보자. 만일 진화의 역사가 우

---

20 프리초프 카프라/김동광·김용정 옮김, 『생명의 그물』(서울: 범양사, 1998), 343-344.

연의 결과라면 우리는 우연도 필연과 더불어 신의 생명창조의 수단으로 보아야 하는가? 진정한 우연성이란 무엇인가? 우연은 신의 예지 범위 안에 속하는가, 아니면 신조차도 예측할 수 없는 것인가? 절대적인 우연이란 신을 포함해 그 누구도 예측할 수 없는 것을 뜻할 것이다. 창조란 신이 주사위 놀이를 통해 만들어가는 것일까? 그렇다면 우주의 목적, 생명의 목적 그리고 신의 신실성은 어찌되는 것인가?

아울러 우리 인간이 진화의 역사 전체로 볼 때에 아주 최근에 등장했다는 것은 어쩌면 우리가 쉽게 사라질 수도 있는 존재라는 것을 의미하는 것은 아닐까? 우리의 지위 역시 운석이나, 지질학적 격변 같은 어떤 우연한 사건에 의해 사라질 수 있는 것이라면 우리는 도대체 왜 여기 있는 것인가? 이러한 질문들을 통해 우리는 영화 〈원더풀 라이프〉의 주인공과 같은 회의에 직면하게 된다. 영화의 주인공 조지 베일리에게 주인공이 부재하는 마을의 모습을 담은 테이프를 보여줌으로써 그의 존재가 얼마나 고귀한지를 일깨워준 천사는 진화의 역사를 통해 우리의 존재 이유를 묻고 있는 인류에게 과연 무얼 보여줄 것인가?

6. 결론을 대신하며: 인간은 생명을 이어갈 것인가?

생명에 대하여 인간은 책임은 무엇인가? 우주 생명과 한 가족이면서 동시에 가장 포악한 파괴자이기도한 인간을 '제3의 침팬지'로 명명한 제레드 다이아몬드의 말로 결론을 대신하고자 한다.

인간의 독특한 성질 가운데 서로 죽이는 성벽과 환경 파괴라는 두 가지 성벽이 인간 존재를 위태롭게 하고 있다. 물론 그 두 가지 경향은 동물에게도 있다. 예컨대 사자를 비롯한 많은 동물이 동료를 죽이고 코끼리를 비롯한 일부 동물들은 환경을 파괴하기도 한다. 그러나 인간의 기술력과 폭발적인 인구 증가 탓으로 다른 어떤 동물들의 경우보다도 훨씬 위협적이다. 만약 인간들이 그런 못된 성벽을 반성하고 고치지 않는다면, 세계의 종말이 멀지 않았다는 예언은 별로 새삼스러울 것도 없다. 새로운 것이 있다면 그 예언이 두 가지 이유 때문에 실제로 실현될지도 모른다는 사실이다. 그 첫째 이유는 인간을 순식간에 몰살시킬 핵무기라는 것이 인간의 손에 있기 때문이다. 인류는 일찍이 그런 것을 가졌던 적이 없었다. 둘째, 지구의 실제 생산량(태양에서 얻는 실질적인 에너지의 양)의 약 40%를 인간이 독점하고 있기 때문이다. 지금처럼 세계의 인구가 41년마다 두 배씩 계속 증가한다면, … 지구상의 한정된 자원의 몫을 둘러싸고 인류는 혈안이 되어 서로 생존을 위한 싸움을 전개하게 될 것이다. 게다가 앞으로도 지금과 같은 속도로 생물의 종을 멸종시켜 나간다면, 현재 지구에서 생존하고 있는 생물의 반 이상이 다음 세기 안에 멸종되든지 멸종의 위기에 처하게 될 것이다.[21]

---

21 제레드 다이아몬드, 32-33.

생태위기 시대에 생명의 상호의존성

1. 시작하는 말

이 글은 생태위기의 시대적 상황 속에서 생태위기가 곧 인류의 생존과 깊게 연관된 문제라는 인식에서 출발하여, 이 시대에 적절한 생태신학적 응답을 찾기 위하여 '생명의 상호의존성'을 조명하고자 한다. 이는 모든 생명이 서로 그물처럼 연결되어 있으며 상호 의존적이라는 사실을 깨닫는 것이 생태위기 극복의 출발점이 될 수 있다고 생각하기 때문이다. 이러한 자각이 온생명[1]에 대한 연민과 돌봄의 책임감으로 발전될 때 비로소 인간이 창조질서를 가꾸어 가는 청지기의 역할을 감당할 수 있을 것이다.

이 글은 먼저 2장에서 생태위기의 현상에 대해 살펴보고, 이어서 3장에서는 생태위기와 기독교의 책임의 문제를 검토할 것이다. 그 다

---

[1] 장회익 교수가 제안한 용어로서 지구생태계의 모든 생명을 포괄하며, 하나의 생명체를 지칭하는 '낱생명'과 대조되는 개념이다. 보다 자세한 내용은 이 글의 뒷부분에서 다시 다룰 것이다.

음 4장에서는 현대 분자생물학의 이기적 유전자 개념과 관련하여 생명의 본성의 문제를 다룬 후에 5장에서는 이 글의 가장 중요한 부분인 생명의 상호의존성을 세 가지 측면에서 살펴볼 것이다. 이러한 검토를 바탕으로 6장에서는 온생명 속에서 인간의 고유한 역할을 살펴본 후 결론을 제시하고자 한다.

이 글의 주제를 다루는 방법론적 접근은 '과학과 종교의 대화'에서 사용되는 간학제적 연구interdisciplinary studies 방법론을 택한다.[2] 이는 자연과학적 탐구와 종교적 성찰을 동등하게 존중하며 지적으로 진지한 태도를 견지함을 뜻한다.[3] 이 글에서 종교적 성찰은 기독교에 국한하였다.

---

2 이 간학제적 연구는 이안 바버(Ian Barbour)가 *Issues in Science and Religion* (London: SCM Press, 1966)를 출판한 이래 영국을 기점으로 해서 미국과 유럽의 학계로 확산되었다. 이 분야의 주요한 초기 공헌자로는 바버 외에 아서 피코크(Arthur Peacoke), 존 폴킹혼 (John Polkinghorne)을 꼽을 수 있다. 세 명 모두 과학과 종교의 상호 대화에 공헌을 인정받아 종교계의 노벨상이라 불리는 '템플턴상'을 수상하였다. 오늘날 주요한 연구소로는 미국 버클리의 신학과 자연과학 센터(CTNS), 영국 옥스퍼드의 이안 램지(Ian Ramsey) 센터 등이 있다.

3 필자는 특히 생태계 파괴 또는 환경오염의 문제를 다룰 때 과학적 연구결과와 종교적 성찰을 동시에 존중하는 태도가 중요하다고 확신한다. 그 이유는 양자가 상호보완적이기 때문이다. 둘 중 어느 한 가지 관점만으로 접근할 때에는 과학만능주의 아니면 근본주의와 같은 독단적인 결론에 이르게 되고, 결국 오해와 갈등만 증폭시킴으로써 결코 원만한 해결책을 제시하지 못하게 된다. 우리는 이와 같은 예를 새만금, 천성산 터널, 부안의 핵폐기장 건설 문제 등에서 찾아볼 수 있다. 양편이 일방적이고 극단적인 관점만 주장함으로써 원만한 타협점을 찾기 어렵게 하였다. 보다 자세한 생태문제에 있어 과학과 종교의 상호존중의 필요성에 대해서는 필자의 졸고를 참고하라. Kisuk Kim, *Towards a Dialogue of Science and Religion in the Context of Korea: A Comparative Study between John Polkinghorne's Revised Natural Theology and Lee Jung-bae's Korea Life Theology*, Diss. Ph. D. Univ. Birmingham, 2003, 398-400.

2. 생태위기와 패러다임의 전환

2007년 12월 초에 일어난 태안 앞 바다에서의 원유 유출로 인해 인간에 의한 생태계 파괴에 대한 관심이 크게 고조되었다. 시간이 흘러가면 외형적인 모습은 어느 정도 다시 회복되겠지만 파괴된 생태계 질서의 근본적인 원상회복까지는 상당한 세월이 지나야 가능할 것이라고 한다. 검은 기름을 뒤집어쓰고 죽어가고 있는 수많은 바다 생물들의 모습과, 사고 후 50여 일 만에 1백만여 명 이상 찾아온 자원봉사자들의 모습은 작금 인류가 직면하고 있는 생태위기의 문제에 내포된 절망과 희망의 양면을 극명하게 대비하여 보여주었다.[4]

금년 겨울도 어김없이 평년 기온보다 따뜻한 날씨가 이어지고 있다. 과거 20~30년 전의 겨울에 비해 너무나도 따뜻해진 겨울날씨로 인해 한강물이 거의 얼지 않는다. 반면, 여름에는 지나친 더위로 인한 고통이 해마다 가중되고 있다. 지구 온난화는 기상청의 통계나 기후학자들의 연구실 안에 있는 것이 아니라 우리들의 생활 속에서 직접 체험할 수 있는 현실적인 문제이다. 2007년도 노벨평화상은 지구환경 문제에 기여한 공로로 유엔 정부간기후변화위원회(IPCC)[5]와 엘 고어에게 공동으로 주어졌다. 엘 고어는 자신이 출

---

4 필자도 12월 19일 성공회환경연대 회원들과 더불어 태안 구름포 해안에서 기름제거 작업에 참가하였다. 필자는 검은 타르에 덮인 바위와 죽어가는 여러 생물들을 보면서 자연과 생명을 향해 가해진 인간의 죄악에 대해서는 뼈저린 반성과 절망을 느꼈다. 한편으로는 해변마다 구름처럼 몰려드는 자원봉사자의 물결을 보면서 깊은 감동과 희망을 느끼기도 하였다.
5 유엔 정부간 기후변화위원회는 1988년 창설된 이래 이산화탄소 발생량 측정, 지구 온난화 문제에 대한 경각심을 제기하여 왔다.

연한「불편한 진실」을 통하여 멀지 않은 미래에 지구 온난화가 초래할 파국적인 재앙들을 실감나게 보여주고 있다.6 실로 우리는 어느 때나 대중매체를 통해서 생태위기에 관한 암울한 제목의 보도를 쉽게 찾아 볼 수 있다.7 이러한 보도는 우리의 미래에 어두운 그림자가 서서히 덮쳐 오고 있음을 예감하게 한다. 인간으로 인한 각종 동식물의 대량멸종의 역사를 상세히 고발한 프란츠 브로스위머는 일상적인 생태계 파괴의 현실을 다음과 같이 고발하고 있다.

오늘도 무려 100종이나 되는 동식물이 멸종했고, 열대우림 5만 헥타르가 사라졌습니다. 전 세계적으로 사막이 2만 헥타르나 넓어졌으며, 오늘 세계 경제는 2200만 톤에 해당하는 석유를 소비했습니다. 따라서 우리는 24시간 동안 온실가스 1억 톤을 대기 중으로 방출하게 될 것입니다.8

다시 강조하지만 위에서 언급된 수치들은 일 년이나 한 달 동안 일어나는 일이 아니라 매일 반복해서 일어나는 생태계 파괴의 실상들이다. 이러한 결과가 누적될 때 다른 생명뿐만 아니라 인류의 문

---

6 데이비스 구겐하임이 제작한「불편한 진실」(파라마운트사, 2006)은 지구 온난화에 따른 사막화, 수자원 고갈, 식량난, 집중호우로 인한 홍수 및 강력한 태풍과 엘니뇨에 의한 파괴적 기상현상, 해수면 상승 등으로 인류 사회가 가까운 장래에 직면하게 될 파국적인 환경 재앙을 과학적 자료와 예측에 근거하여 묵시록적으로 보여주고 있다.

7 예컨대 2007년 3월 30일 하루만 살펴보더라도 다음과 같은 보도 제목을 찾을 수 있다. "25년 뒤 여름철 폭염 서울 300명이상 사망", "기온 1-2도 상승 땐 생물 30% 멸종 … 온난화 재앙"『경향신문』, "온난화 보복 … '빙하의 대학살'"『중앙일보』

8 프란츠 브로스위머, 김승욱 옮김,『문명과 대량멸종의 역사』(서울: 에코리브르, 2006), 16.

명은 지속될 수 없을 것이다. 오늘날 생태계 파괴 현상은 우리에게 호모 사피엔스의 운명도 한때는 지구상에서 흥성했으나 결국 멸종한 종들처럼 곧 사라질지도 모른다는 점을 경고하고 있다. 캘빈 드윗은 환경파괴의 현상을 창조물의 일곱 가지 붕괴로 묘사하면서 결국 인류문명의 위기로 귀결될 것이라고 지적하였다.[9]

이러한 생태위기를 극복하기 위해서는 세계관의 패러다임 전환이 반드시 필요하다는 주장이 몇몇 학자들에 의해 제기되었다.[10] 제레미 리프킨은 오늘날의 위기가 엔트로피 증가의 가속화에 의한 것으로 파악하면서 저(低)엔트로피의 사회로 전환하지 않으면 인류는 파멸을 피하지 못할 것이라고 경고하였다.[11] 엔트로피의 증가는 무질서도의 증가, 즉 사용가능한 에너지의 감소를 뜻한다. 그러므

---

9 창조물의 일곱 가지 붕괴는 1) 땅의 개조와 서식지 파괴, 2) 동식물 멸종, 3) 토지의 쇠퇴, 4) 자원 변형물과 폐기물과 위험물의 생산, 5) 세계적 독성화, 6) 지구 에너지 교환량의 변화, 7) 인간의 문화의 쇠퇴 등이다. 켄 그나나칸, 이상복 옮김, 『환경신학』(서울: UCN, 2005), 28-39.

10 "'패러다임'(paradigm)이라는 개념은 토마스 쿤이 그의 기념비적 저서 『과학혁명의 구조』 1962년판에서 과학철학의 핵심적인 방법론적 용어로 사용한 이래 20세기 후반 거의 모든 학문의 영역에서 가장 빈번하게 쓰이는 용어가 되었다. 그는 '패러다임'을 정상과학에 통용되는 연구 작업의 표준적 사례들로서 법칙, 이론, 응용, 실험기법 등을 포함하여 개념적이고 방법론적 가정의 집합이라고 규정하였다. 한편으로는, 패러다임은 어느 주어진 과학자 사회의 구성원들에 의해서 공유되는 신념, 가치, 기술 등을 망라한 총체적 집합을 가리킨다. 다른 한편으로는, 패러다임은 그런 집합에서 한 유형의 구성 요소를 가리키는 것으로서 모형이나 또는 예제로서 사용되어, 정상과학의 나머지 퍼즐 풀이를 나타낸다." 토마스 쿤/김명자 옮김, 『과학혁명의 구조』(서울: 까치, 1999), 34, 245-246.

11 엔트로피(entropy)란 열역학에서 사용되는 용어로서, 물체가 열을 받아 변화했을 때의 변화량을 가리키는 말이다. 열역학 제2법칙은 "모든 물질과 에너지는 사용이 가능한 것(질서도가 높은 상태)에서 사용이 불가능한 것(질서도가 낮은 상태)으로 변화한다"라고 규정한다. 이런 관점에서 볼 때 생태위기나 환경오염도 엔트로피의 증가로 파악할 수 있다. 제레미 리프킨/최현 옮김, 『엔트로피』(서울: 범우사, 2003), 261-268.

로 환경오염과 생태계 파괴는 대표적인 엔트로피의 증가에 해당한
다. 리프킨은 이러한 위기가 인간과 세계를 주체와 객체로 분리시
키고, 인간의 자연에 대한 지배권의 강화가 진보라고 믿는 뉴턴-데
카르트의 기계론적 세계관에서 비롯되었다고 지적하였다. 따라서
기계론적 세계관을 폐기하고 새로운 저엔트로피적 세계관으로 인
식의 패러다임을 전환하여 과학, 교육, 종교를 변혁함으로써 새로
운 문명을 시작할 수 있다고 주장하였다.[12]

또한 현대 물리학과 동양사상의 유사성을 탐구하여[13] 세계적인
명성을 얻은 물리학자 프리초프 카프라도 서구 문명의 위기가 뉴턴
의 기계론적 세계관에서 비롯되었으며 새로운 전체론적 세계관으
로 패러다임을 전환해야 한다고 주장한 바 있다.[14] 또한 카프라는
영성가들과 더불어 과학의 패러다임 전환에 걸맞도록 신학에서의
패러다임 전환의 필요성을 주장하였다.[15]

이러한 패러다임의 전환을 주장하는 담론을 핵심적으로 요약하
면, 인간과 세계를 이해함에 있어 인간 중심주의anthropo-centrism에
기반 하여 주체와 객체, 정신과 물질, 영혼과 몸을 근본적으로 분리
하는 이원론적 사고로부터 온 우주가 보이지 않는 그물망으로 서로
연결되었다는 전일론적 세계관holistic world-view으로 전환해야 한다
는 것이다. 이제 기독교의 세계관이 생태위기와 어떻게 관련되는지
살펴보기로 하자.

---

12 같은 책, 238-239.

13 Fritjof Capra, *The Tao of Physics* (London: Flamingo, 1982).

14 Fritjof Capra, *The Turning Point* (London: Flamingo, 1983).

15 프리초프 카프라, 『신과학과 영성의 시대』(서울: 범양사, 1997).

3. 생태위기와 기독교

린 화이트는 일찍이 기독교의 창조교리에 나타난 인간 중심주의
가 생태위기의 근본적인 원인을 제공했다고 주장하였다.[16] 그는 창
세기 1장 28절의 기록, 즉 "자식을 낳고 번성하여 온 땅에 퍼져서
땅을 정복하여라. 바다의 고기와 공중의 새와 땅 위를 돌아다니는
모든 짐승을 부려라!"라는 구절에 나타나듯이 기독교의 창조 교리
가 자연과 동물에 대한 인간의 지배를 정당화했다고 지적하였다.
또한 화이트는 인간이 하느님의 형상image of God에 따라 지음 받은
존재라는 성서 구절(창 1:26)은 자연과 환경으로부터 인간을 분리
시키는 이원론적 사고를 낳았다고 지적하였다. 기독교의 창조 이야
기가 인간과 세계의 관계에 있어 지나친 인간 중심주의와 이원론을
강화시킬 수 있는 소지가 다분히 있는 것은 부인하기 어렵다.

린 화이트의 비판과 관련하여 창조 이야기를 보다 생태신학적으
로 재해석하고자 하는 노력들이 시도되었다. 조셉 지틀러는 유대-
기독교의 창조 신앙은 이원론이 아니라 하느님, 인간 그리고 자연
의 연속성을 강조하며 모든 피조물의 우주적 구원의 메시지를 담고
있는 것으로 해석되어야 한다고 주장하였다.[17] 르네 드보 역시 인
간이 하느님의 형상이라는 이야기는 인간 중심주의를 강조하기 위
해서가 아니라, 하느님에 의해 세계에 대한 인간의 청지기직을 수

---

16 이정배, 『신학의 생명화, 신학의 영성화』 (서울: 대한기독교서회, 1999), 89에서 재인용.
Lynn White Jr., "The Historical Roots of our Ecological Crisis," *Science* 155 (March
1967), 1203-1207.
17 이정배, 『신학의 생명화, 신학의 영성화』 (서울: 대한기독교서회, 1999), 89.

행하라는 도덕적 책임을 강조하기 위한 것이라고 주장하였다.[18] 로즈마리 류터는 자연에 대한 인간의 권위는 언제나 하느님께로부터 위임된 권위라는 성서학자들의 주장을 소개하면서, 인간에게 자연의 모든 것에 대한 지배권을 주었다는 것은 '과장된 주장'이라고 말한다. 성서에는 인간 능력의 한계에 대하여 예리하게 묘사하고 있는 구절이 풍부하다고 지적하였다.[19] 앞에서 살펴본 창세기의 '정복하고 부려라'는 말씀은 인간이 자연을 사적으로 소유할 수 있다는 의미가 아니라, 세계와 생물들은 궁극적으로 하느님의 피조물로서 인간은 이를 돌보는 청지기직으로 부름 받은 것으로 해석해야 한다는 뜻이다.

위에서 검토했듯이 기독교의 창조교리는 생태위기와 관련하여 상반된 함축성을 함께 지니고 있다고 볼 수 있다. 즉 인간과 세계를 분리하는 이원론에 기반 하여 인간 중심주의적으로 해석할 때는 반생태적인 함축성을, 반대로 창조주와 피조물의 연속성 속에서 청지기적 사명을 강조할 때는 친생태적인 메시지를 끌어낼 수 있는 것이다. 이러한 점에 비추어볼 때 기독교 생태신학은 이원론과 인간 중심주의를 극복하고, 상호연결성inter-connectness 내지는 상호의존

---

18 로즈마리 류터/전현식 옮김, 『가이아와 하느님』(서울: 이화여대출판부, 2000), 249.

19 집회서 17장 1-2절은 "주님께서 사람을 흙으로 만드시고 흙으로 다시 돌아가게 하셨다"라고 기록되어 있다. 이는 인간 존재의 무상(無常)함을 잘 나타내고 있다. 또한 성공회 공동기도서의 사순대재 수일 성회축복식(聖灰祝福式) 양식에는 사순대재 수일에 성직자와 신자들의 이마에 재를 바르며 "인생아 기억하라. 너는 흙이니, 흙으로 돌아가라"라고 선포한다. 이러한 예배문 역시 인간의 유한성을 일깨우고, 나아가 인간과 자연의 합일성을 지시하는 내용으로 볼 수도 있다. 대한성공회 전례위원회, 『대한성공회 공동기도서』(서울: 대한성공회 출판부, 1994), 36.

성$^{inter-dependence}$을 강조하는 세계관을 적극 수용하여 생태신학적 담론을 확대해야 하는 임무를 요청받고 있는 것이다.[20] 이제 생명의 본성에 대한 인식에 있어서 이러한 세계관이 어떻게 반영되는지 살펴보고자 한다.

4. 이기적 유전자의 생존 기계로서의 생명 이해

"생명이란 무엇인가?" 이는 노벨 물리학상을 수상한 에르빈 슈뢰딩거$^{Erwin Schrödinger}$[21]가 1943년 2월 더블린에서 행한 연속강좌의 제목이다. 그는 이 강연에서 물리학자의 직관에 기초해서 유전자의 물질적 특성에 대하여 설명하였다. 즉 생명체의 유전을 가능하게 하는 물질로서 유전자의 정체를 예측하고 그것이 안정적으로 존재하기 위해서는 대략 어떤 구조와 어느 정도의 크기로 존재할

---

20 직면한 생태위기와 관련하여 여러 신학자들에 의해 적절한 생태신학의 구성을 위한 다양한 접근들이 시도되었다. 위르겐 몰트만의 삼위일체론적 접근, 존 캅의 과정신학적 접근, 레오나르도 보프의 해방(성사)신학적 접근, 샐리 맥페이그나 로즈마리 류터의 에코페미니스트적 접근 등이 시도되었다. 국내에서는 김균진, 이정배, 박재순, 구미정 등이 생태(생명)신학자로서 공헌하였다. 이러한 생태신학들이 일반적으로 형이상학적 성찰로부터 출발하는 것에 비하여 본 논문은 생명의 본성에 관한 과학적 검토로 시작한다. 이는 과학과 종교의 대화에 있어서 '아래로부터의 사고'(bottom-up thinking) 방법론을 적극 수용하기 때문이다. '아래로부터 위로 사고하기'에 관하여는 다음 자료를 참고하라. 존 폴킹혼/김기석 옮김, "과학과 종교의 대화에서 '아래로부터 위로 사고하기'", 『기독교 사상』(서울: 대한기독교서회, 2002. 7.)

21 에르빈 슈뢰딩거(1887-1961)는 20세기 초반 파동함수론을 정리하여 양자 현상의 이해 및 양자역학의 정립에 뚜렷한 업적을 남긴 공로로 1933년에 노벨물리학상을 수상하였다. 그는 물리학자였지만 생물의 주요한 특성인 유전을 가능하게 하는 유전자의 물질적 규모와 구조를 예측함으로써 현대 분자생물학의 태동에 결정적인 공헌을 하였다.

것인지를 예측하였다.[22]

그 후 정확히 10년만인 1953년 제임스 왓슨[James Watson]과 프랜시스 크릭[Francis Crick]은 *Nature*에 "데옥시리보 핵산(Deoxyribo-Nucleic Acid, DNA)의 구조"라는 논문을 발표한다.[23] DNA는 세포 속에 들어 있는 유전정보 전달물질로서 생명의 가장 신비로운 현상인 유전을 가능하게 해준다. 이로부터 생물학은 분자생물학이라는 새로운 분야를 열게 되고 혁명적인 변화의 물결에 휩싸이게 된다. 아리스토텔레스 이래로 전통적인 생물학은 박물학을 비롯해서 발생학이나 생태학 등, 눈으로 볼 수 있는 규모에서 생명체와 생명 현상을 이해하려는 시도였다. 그러나 분자생물학이 눈으로 볼 수 없는 작은 유전자의 실체와 자기복제의 원리를 밝혀냄으로써, 어떻게 종들이 자신들의 형질을 세대에서 세대로 보존해 나가면서 환경 변화에 적응해서 살아남는가라는 질문에 보다 정확히 설명할 수 있게 된 것이다.[24]

---

22 에르빈 슈뢰딩거/서인석 · 황상익 옮김, 『생명이란 무엇인가?』 (서울: 한울, 2003), 159-160.

23 빌 브라이슨/이덕환 옮김, 『거의 모든 것의 역사』 (서울: 까치글방, 2004), 427.

24 DNA의 가장 중요한 특성은 복제를 가능하게 한다는 점이다. 우리 몸의 세포 속에는 염색체가 들어있고 이 염색체는 두 가닥의 실이 비틀어진 사다리 모양으로 생긴 DNA의 덩어리이다. 세포 하나에 뭉쳐져 있는 이것의 길이는 1.8미터나 된다. 여기에는 우리의 머리카락, 눈동자 색, 피부, 장기 등 우리 몸의 모든 특징을 나타내는 정보가 완벽하게 담겨있다. DNA의 한 가닥은 네 가지의 염기들(C-G-T-A)의 연속이며 이 염기들은 다른 가닥의 염기와 결합할 때 반드시 사이토신(C)은 구아닌(G)하고만, 티아민(T)은 아데닌(A)하고만 결합된다. 그리하여 한 가닥이 결정되면 상대편의 순서도 저절로 결정되기 마련이다. 새로운 DNA를 만들 때면 DNA의 한 가닥이 갈라져 나와 각각 새로운 나선구조를 만드는데 이때 원래의 순서가 그대로 전달된다. 이러한 복제 시스템을 통해 생명체는 자신의 유전정보를 손상 없이 자손에게 물려줄 수 있는 것이다.

현대생물학에서는 과거 약 36억 년 전 단 한번 우연히 출현한 자기복제자^{DNA}가 성공적으로 자기복제를 거듭하면서 환경에 적응하여 다양한 생명체로 진화해 온 역사라고 설명한다. 곧 생명의 역사는 곧 DNA의 역사인 셈이다. 이러한 전제에 근거하여 오늘날 분자생물학자들은 DNA를 가지고 생명현상을 조작하는 실험을 하고 있다. 복제양 둘리 실험이나 배아줄기세포 연구 등이 대표적인 사례이다. 그런데 이러한 분자생물학의 발전은 생명 현상의 이해에 있어 기계론적이고 환원주의^{reductionism}적 관점을 강화시켰다. 분자생물학자들은 유전자 공학을 통하여 생명 현상을 조작하는 실험이 성공함에 따라 결국 생명이란 DNA에 기록된 유전 정보에 의해 만들어지는 기계에 불과한 것이라고 여기게 되었다.

나아가 옥스퍼드의 생물학자인 리처드 도킨스는 '생명의 주체'는 몸을 가진 생명체들이 아니라 그 세포 안에 숨겨진 DNA라고 말한다. 그러니까 인간을 포함하여 모든 생물들은 눈에 보이는 생명체들이 생명의 주체가 아니라 그 개체들의 세포 안에 숨겨진 자기복제자가 바로 생명의 주인이며 그것의 가장 중요한 특질은 이기적이라는 것이다.

이 책이 주장하는 바는 사람과 기타 모든 동물이 유전자에 의해 창조된 기계에 불과하다는 것이다. 성공한 시카고의 갱과 마찬가지로 우리의 유전자는 경쟁이 격심한 세계를 때로는 몇 백만 년이나 생을 계속하여 왔다. 이 사실은 우리의 유전자에 무엇인가의 특별한 성질이 있다는 것을 말하고 있다. ⋯ 성공한 유전자에게 기대되는 특질 중에 가장 중요

한 것은 '무정한 이기주의'라고 하는 것이다.[25]

도킨스에 따르면 생명 현상은 바로 자신의 복제에만 관심이 있는 이기적인 유전자가 끊임없이 자신을 보다 많이 그리고 효과적으로 이 세상에 퍼트리기 위해 몸체를 만들고 양분을 취하고 번식하도록 조종하는 과정에 불과한 셈이다.

특정한 종교적 관점과 어울리지 않는다고 해서 다윈의 진화론이 지닌 과학적 정당성을 부인할 수 없듯이 현대 분자생물학의 과학적 타당성을 무시할 수 없을 것이다. 그러나 과학적 설명의 유효성과 그것이 지닌 메타과학적 함의는 구분되어야 한다. 현대 분자생물학의 생명관은 우주를 하나의 정교한 기계로 이해하고자 했던 뉴턴-데카르트의 기계론적 세계관을 생물의 세계로 확장한 것이다. 즉 생명을 DNA에 따라 조작되는 기계로 파악하는 것이며, 다양한 생물체들의 모습과 행태를 유전자로 환원하여 이해하는 것이다.

우리는 앞서 기계론적 세계관이 이원론과 인간 중심주의와 결합하여 자연에 대한 인간의 착취를 정당화함으로써 생태위기를 초래하였음을 검토하였다. 다윈의 진화론 이후에 영국시인 테니슨이 그의 시에서 표현한 '피로 물든 이빨과 발톱red in tooth and claw'이란 구절은 약육강식의 법칙이 지배한다고 믿어지는 생물의 세계를 묘사하는 아주 유명한 경구가 되었다. 다윈의 진화론 자체가 '약육강식'을 의미하지 않음에도 불구하고 마치 생물계의 절대 원리처럼 잘못 인식되었다.[26] 이러한 관점은 은연중 서구 자본주의의 과도한 경쟁

---

25 리처드 도킨스/홍영남 옮김, 『이기적 유전자』(서울: 을유문화사, 2000), 21.

과 식민지 쟁탈전을 정당화시켜 주었다.

마찬가지로 오늘날 생명을 이기적인 유전자의 생존기계로 묘사하는 도킨스의 관점에는 메타과학적 함의가 포함되어 있다. 이러한 관점에서 볼 때 생태위기의 가장 큰 원인 중 하나로 지적되는 인구폭발은 그저 맹목적인 인간 유전자의 복제전략의 승리일 뿐 다른 의미는 없기 때문이다. 비록 도킨스가 문화를 발명해낸 인간만이 유일하게 생물 유전자의 지배에 반역할 수 있는 존재라고 말했지만, 필자가 보기에 이 말은 그다지 진정성이 깃들어 있다고 여겨지지 않는다.[27] 왜냐하면 그는 우주와 생명의 존재를 근본적으로 맹목적인 것으로 보고 있기 때문이다.

만일 우주가 단지 전자들과 이기적 유전자들에 불과한 것이라면, 버스 충돌과 같은 무의미한 비극적 사건들도 우리는 행운과 마찬가지로 무의미한 것으로 간주해야 할 것이다. … 물리적 힘들과 유전적 증식이 맹목적으로 이루어지고 있는 우주 속에서 … 우리는 어떤 이유나 원인을 발견할 수 없을 것이고 정의 같은 따위도 찾을 수 없을 것이다.[28]

---

26 다윈의 진화론의 골자는 변이(variation)와 자연선택(natural selection)으로 생명의 전개 과정을 설명하는 것이다. 즉 모든 생물종은 각자 가능한 한 최대한 번식하려는 경향을 갖으며 세대를 이어가면서 변이가 발생한다. 이 중에서 최적의 생존조건을 가진 개체와 종들이 살아남는다는 것이며 그 결과로 오늘날과 같은 진화가 이루어졌다고 설명하였다. 약육강식은 생태계 안에서 일정한 먹이사슬의 모습을 나타내는 개념이지 다윈의 진화론이 지시하는 결론은 아니다. 최재천, 『최재천의 인간과 동물』 (서울: 궁리, 2007), 43-65.

27 도킨스는 인간의 특성으로서 문화를 밈(meme)이라고 명하고, 생물 유전자(gene)와 다른 새로운 형태의 자기 복제자로 파악한다. 그는 이렇게 말했다. "우리는 유전자 기계로서 조립되어 밈 기계로서 교화되어 왔다. 그러나 우리에게는 이들의 창조자에게 대항할 힘이 있다. 이 지상에는 유일하게 우리 인간만이 이기적인 자기 복제자들의 전제적 지배에 반역할 수 있다." 도킨스, 301.

여기서 우리는 도킨스가 과학 자체를 넘어서 자신의 메타과학적 관점을 선전하고 있음을 확인할 수 있다. 존 폴킹혼은 도킨스의 결론이 결코 과학 자체의 결론이 아니며 그의 암울한 형이상학적 판단이라고 지적한다. 실로 이러한 생명관 속에는 생태위기에 대한 인간의 도덕적 책임을 설파할 여지가 별로 없어 보인다. 이제 생명을 이기적인 자기 복제자가 만들어낸 맹목적인 생존 기계로 파악하는 관점과 달리, 보다 우아하고 소중하며 협동적인 존재로 보는 관점을 소개하고자 한다.

5. 생명의 상호의존성

1) 공생기원설과 생명의 협동성

지구 생명의 가장 오래된 증거는 약 35억 년 전에 형성된 것으로 보이는 오스트레일리아의 퇴적암에 남아있는 남조류의 세포의 흔적이다.[29] 그런데 생명의 역사의 상당히 오랜 기간은 거의 변화가 없는 매우 지루한 역사였다. 최초의 생명이 등장한 이후 생명 전체 역사의 3분의 2에 가까운 기간인 24억년 동안 원핵세포prokaryotic를 가진 단세포 생물만이 존재하였다.[30] 그런데 진핵세포의 등장으로

---

28 존 폴킹혼/이정배 옮김, 『과학시대의 신론』(서울: 동명사, 1998), 12에서 재인용, Richard Dawkins, *River out of Eden* (Weidenfield and Nicholson, 1995), 132-133.
29 린 마굴리스·도리언 세이건/황현숙 옮김, 『생명이란 무엇인가?』(서울: 지호, 1999), 92-98.

말미암아 비로소 생명의 세계는 오늘과 같은 다양한 모습으로 변화하기 시작하였다. 만일 진핵세포[31]가 등장하지 않았다면 지구의 모습은 결코 지금처럼 아름답지 않을 것이다. 왜냐하면 진흙이나 바닷물 속에 단세포로서의 생명체는 존재하겠지만 눈으로 볼 수 있는 생명은 전혀 존재하지 않을 것이기 때문이다. 모든 동물, 즉 아프리카 평원을 뛰노는 얼룩말과 호숫가를 기품 있게 거니는 홍학, 사막의 도마뱀과 연못의 개구리, 바닷물 속의 고등어와 땅속의 지렁이 그리고 모든 식물들이 모두 진핵세포의 등장으로 인해 지구상에 출현이 가능하게 된 것이다. 그러므로 진핵세포의 등장은 생명의 역사에서 혁명과도 같은 중요한 전환점이라 할 수 있다.

원핵세포로부터 진핵세포의 진화는 어떻게 가능했을까? 린 마굴리스는 일부 원핵세포들이 박테리아 같은 다른 이질적인 원핵세포와의 공생을 통해 마침내 진핵세포로 진화할 수 있었다고 주장한다. 즉 박테리아들이 서로 잡아먹는 과정에서 잡아먹힌 박테리아가

---

30 원핵세포란 세포소 기관을 갖추지 않은 세포를 말한다. 원핵이라고 불리는 원시적인 세포핵을 가지는 생물로 대부분 단세포로 되어 있으며 원핵균류와 남조식물 등이 이에 해당된다. 원핵생물에서는 핵산(DNA)이 막으로 둘러싸이지 않고, 분자 상태로 세포질 내에 존재하며 세포핵, 염색체쌍, 미토콘드리아 그리고 엽록체 등을 가지고 있지 않다. 그 발생은 29억 내지 34억 년 전으로 추정되며, 34억 년 전의 남조화석도 발견되는 등, 생물진화에서 가장 오래된 것으로 보고 있다. 스티븐 제이 굴드/김동광 옮김, 『생명, 그 경이로움에 대하여』(서울: 경문사, 2004), 83.

31 진핵생물(眞核生物, eukaryote): 세포에 막으로 싸인 핵을 가진 생물로서 원핵생물(原核生物)에 대응되는 말이다. 단세포 및 다세포 동물, 남조류를 제외한 식물 그리고 진핵균류가 이에 해당된다. 진핵생물의 세포에서는 핵산·히스톤 단백질·핵소체(核小體)로 이루어지는 핵이 핵막에 둘러싸여 있으며, 유사분열을 할 때에는 핵이 일정한 수의 염색체를 만들어낸다. 또, 세포질에는 소포체와 미토콘드리아 등의 구조체가 분화·발달하여 존재한다. Ibid.

죽지 않고 공생의 결합을 이룸으로써 진핵세포가 되었다는 것이다. 오늘날 세포 내에 존재하는 세포핵과 미토콘도리아의 공존은 서로 다른 두 종의 박테리아가 결합한 증거라는 것이다.[32]

진화의 원동력으로서 공생이 지니는 힘은 개체성을 확고하고 안정된 신성한 그 무엇으로 생각하는 현재의 통념을 가차 없이 깨부순다. 특히 인간은 단독자가 아니라 복합체이다. 우리들 개개인은 여러 박테리아와 균류, 회충, 진드기 등 우리의 피부와 몸속에서 살고 있는 생물들에게 훌륭한 환경을 제공해 준다. 우리의 잇몸에서 살고 있는 왕성한 박테리아는 백화점 바겐세일에 몰려든 고객들과 흡사하다. 미토콘드리아를 포함하는 우리의 세포는 발효하고 호흡하는 박테리아의 합병에 의해 진화했다.[33]

이러한 공생기원설은 생명의 진화가 흔히 알려진 대로 경쟁이 아니라 협동에 의해서 발전하였음을 지시한다. 다윈의 진화론 이후에 영국시인 테니슨이 그의 시에서 표현한 '피로 물든 이빨과 발톱red in tooth and claw'이란 구절은 약육강식의 법칙이 지배한다고 믿어지는 생물의 세계를 묘사하는 아주 유명한 경구가 되었다. 그러나 공생기원설은 생명현상의 본질이 살벌한 자연선택과 생존의 투쟁으로 점철된 것만은 아니라는 점을 보여준다. 공생과 협동이 생명 역사의 본질이라는 것이다.

마굴리스는 인류가 최초로 달에 발을 내디디면서 암스트롱이 외친 "한 사람의 인간에게는 작은 걸음이지만 인류에게는 거대한 도

---

32 린 마굴리스, 169-189.
33 앞의 책, 343.

약이다"[34]라는 말을 공생의 관점에서 되새겨 볼 것을 주문한다. 즉 암스트롱은 혼자 달에 간 것이 아니라 그의 피부와 내장에 살아가는 엄청난 수의 박테리아도 함께 갔다는 사실을 간과했다는 것이다. 우리와 함께 공생하고 있는 이 박테리아들은 우리가 거의 잊고 있지만 실상 우리 자신을 이러한 모습으로 존재할 수 있게 한 이웃 생명들이다.

2) 가이아 가설과 생명의 상호의존성

제임스 러브록은 지구의 생명체와 환경을 포함하여 생태계 전체를 하나의 통일된 유기체와 같이 살아있는 시스템으로 볼 수 있다는 '가이아Gaia' 가설을 제안하였다.[35] 가이아란 그리스 신화에 등장하는 대지의 여신의 이름으로서, 이 신화는 우리가 살고 있는 이 지구가 살아있다고 느끼는 인간의 원초적 의식을 반영한다. 러브록은 우리가 살고 있는 지구란 행성을 그 위에 살고 있는 생물, 대기권, 대양, 토양까지를 포함하는 하나의 유기체로 간주할 수 있다는 것이다. 즉 지구를 생물과 무생물이 서로에게 영향을 미치는 생명체로 바라보면서 지구가 생물에 의해 조절되는 하나의 유기체임을 강조한다.

예를 들어 지구 온도의 변화를 보더라도 35억 년 전 지구에 생명

---

34 앞의 책, 348.

35 James E. Lovelock, *Gaia: A New Look at Life on Earth* (Oxford: Oxford University Press, 1979)

이 최초로 나타났을 때 태양열은 지금보다 약 25-30% 약했으며 차차 증가하여 오늘과 같은 수준을 유지하고 있다(먼 훗날에는 다시 약해질 것이다). 만일 태양열의 변화와 똑같은 비율로 지구 온도가 변화했다면 생명체가 살수 없는 환경일 것이다. 그런데 지구의 온도 변화는 지난 35억 년 동안 평균 섭씨 13도 정도의 안정된 온도를 유지해왔다. 이것은 박테리아의 가스 생산과 대기의 온실 효과에 의해 변화의 폭이 최소화되었다는 것이다. 즉 생명체가 지구에 출현한 이래 생명체는 이 행성의 환경을 자신이 살아갈 수 있는 최적의 조건으로 변화시켜왔다는 것이다.

또한 지난 수십억 년 동안 지구 대기 중의 산소 비율은 21%로 유지되고 있는데, 만일 1%만 높아지면 화재 발생률은 60% 증가하여 산불이 끊이질 않고, 4%가 높아지면 지구는 화염에 휩싸여 살아 있는 모든 것 타버린다. 산소의 비율은 식물이 광합성을 통해 산소가 만들어지고 동물은 산소를 소비함으로써 조절된다. 그런데 동물들이 산소를 다 흡수 못하므로 산소는 증가하게 된다. 그런데 박테리아와 반추동물 그리고 흰개미들이 매년 100억 톤 이상 메탄을 생산하고, 메탄은 공기 중의 산소를 감소시키는데 메탄 생산이 없을 경우 1만 2천 년 내에 산소 1%씩 증가할 것이다.[36] 러브록은 생명체의 존재 유무에 따라 지구의 대기 조성비율과 온도가 이웃 행성과 비교하여 어떻게 변화할지 그 수치를 계산하였다.[37]

이 수치(각주 37의 표 참조)에서 알 수 있듯이 지구에 생명체가

---

36 앞의 책, 72.
37 앞의 책, 39. 표: 생명체에 따른 지구의 대기와 온도, 압력의 변화

없을 경우 지구의 대기와 온도는 이웃한 행성인 금성이나 화성과 비슷하다는 것을 알 수 있다. 그러한 경우 지구 환경은 지금보다 훨씬 혹독하여 오늘날 지구 생명체 대부분이 살아갈 수 없을 것이다. 예컨대 지구의 온도가 평균 섭씨 290도에서 50도 상하로 오르내린다면 미생물 외에는 살아남지 못할 것이다. 그런데 보잘 것 없는 미생물들이 지구의 대기를 산소가 풍부한 행성으로 변화시켰다.[38] 그리고 이러한 대기 구성비율의 변화를 통해 지구는 생명체가 살기 적당한 온도로 유지되어 온 것이다. 오늘날의 지구 환경은 처음부터 이런 상태로 주어진 것이 아니라 생명이 출현하여 변화시킨 결과이며, 생태계는 지구라는 행성과 결합되어 하나의 유기체와 같은 살아있는 시스템을 형성하고 있다는 것이다.

이러한 가이아 가설의 생태학적 함의를 적극 수용하여 로즈마리 류터는 생태여성학적 관점에서 가부장적 질서하에 형성된 기독교

공기	금성	지구(생명체 없을 경우)	화성	지구(생명체 존재)
이산화탄소	98%	98%	95%	0.03%
질소	1.9%	1.9%	2.7%	79%
산소	trace	trace	0.13%	21%
표면온도 (섭씨)	477도	290(+-50)도	-53도	13도
대기압	90	90	0.064	1.0

38 "10억 년 전쯤부터 식물들이 협동 작업을 통해 지구 환경을 엄청나게 변화시키기 시작했다. 그 시절 바다를 가득 메운 단순한 녹색 식물들이 산소 분자를 생산하자마자 자연히 산소가 지구 대기의 가장 흔한 구성 물질 중 하나가 되었다. 원래 원시 지구의 대기는 수소로 가득했다. 이렇게 해서 지구 대기의 성질이 근본적으로 바뀌었다. 생명 현상에 필요한 물질이 그 때까지는 비생물학적 과정을 통해서 만들어졌으나, 산소 대기의 출현으로 지구 생명사의 신기원이 세워진 것이다… 지구 대기의 99퍼센트가 생물 활동에 그 기원을 두고 있다고 해도 과언이 아니다. 그러므로 '파란 하늘은 생물이 만든 것'이라고 주장할 수도 있는 것이다." 칼 세이건/홍승수 옮김, 『코스모스』(서울: 사이언스 북스, 2004), 84-85.

전통을 비판적으로 검토하고 자연과 인간의 상호의존적 관계로 재구성되는 치유 사회의 비전을 제시하였다.[39] 김균진은 가이아 가설이 자연환경과 그 안에 있는 모든 생명에 대한 인간의 경외심을 요구한다고 지적한다. 그는 여기에 인류가 유아독존적 관점에서 벗어나 생명공동체의 일원으로 거듭나고, 자연과 조화를 이루는 삶으로 전환해야 한다는 메시지가 담겨져 있다고 평가한다.[40]

3) 생명권의 소중함에 대한 자각

한편 생명의 전일적 특성 및 지구 환경과의 일체성을 나타내는 용어로서 '생명권biosphere'이란 개념이 있다. 생명권을 한 그루의 나무에 비유하여 설명하자면, 나무의 중심부 97%는 비활성의 죽은 부분이지만 바깥부분 3%의 생명활동 작용을 통해서 나무 전체가 살아있는 것처럼, 지구 생명계를 살아있는 생물들의 아주 얇은 층으로 덮어진 하나의 생명권으로 인식할 것을 제안한다. 그러나 얇은 나무껍질이 조직을 외부의 손상으로부터 지키고 뿌리에서 흡수한 영양분을 위로 공급하고 잎사귀에서 광합성을 통해 생산한 탄소화합물을 조직으로 보내 나무 전체의 생명을 유지하고 자라나게 하듯이, 이 지구행성을 얇은 막으로 둘러싼 생명권이 지구 전체의 온도나 공기의 구성비 등을 조절해서 생명이 번성할 수 있는 적당한

---

39 로즈마리 래드퍼드 류터/전현식 옮김,『가이아와 하느님: 지구 치유를 위한 생태 여성학』
　　(서울: 이화여자대학교 출판부, 2000).

40 김균진,『자연환경에 대한 기독교 신학의 이해』(서울: 연세대학교 출판부, 2006),
　　284-287.

공간으로 유지하고 만들어 나간다는 것이다. 우리 머리 위의 대기나 발밑의 암석도 살아있는 유기체에 의해 형성되고 변형되었다.

이 층의 권역은 해양으로는 5~6마일 깊이에 달하며, 대기권에서도 비슷한 거리만큼 뻗어 나간다. 따라서 지구 전체의 크기에서 볼 때 생명이 살고 있는 영역은 아주 얇은 막인 셈이다. 지구를 농구공에 비유한다면, 생명권은 농구공에 칠해진 페인트 두께 정도밖에 되지 않는다.[41] 즉 드넓은 우주 안에서 우리 생명이 살아가고 있는 보금자리는 너무도 좁은 권역 안에 제한된다는 것이다. 그리고 이 생명권은 너무도 연약하여 쉽게 손상 받을 수 있으며 그렇게 된다면 생명체는 더 이상 생존할 수 없게 되는 것이다.

이러한 생명권의 개념은 단지 추상적인 개념이 아니며 지구를 떠나 우주에서 지구를 바라본 경험이 있는 우주 비행사들에 의해서 생생하게 느껴지는 생태계의 실체적 모습이기도 하다. 우주 비행사 제임스 어윈은 그가 우주에서 지구를 바라보며 느꼈던 경이로움을 다음과 같이 전한다.

지구가 암흑 속에서 보였다. 아름답고 온기를 가진 듯 살아있는 물체로 보였다. 그러나 동시에 너무나 섬세하고 연약하며 덧없는 듯, 부서지기 쉬워 보였다. 공기가 없는 탓인지 그 먼 거리에도 불구하고 손을 뻗으면 바로 닿을 정도로 가까이 있는 것처럼 느껴졌다…. 처음에는 그 아름다움, 생명감에 눈을 빼앗기고 있었지만, 나중에는 연약함을 느끼게 되었다. 감동했다. 우주의 암흑에서 빛나는 푸른 보석, 그것이 지구였다.

---

41 프리초프 카프라/김용정·김동광 옮김, 『생명의 그물』(서울: 범양사, 1998), 282.

지구의 아름다움은 그곳, 그곳에만 생명이 있다는 사실에서 오는 것이리라. 내가 바로 그곳에서 살아왔다. 저 멀리 지구가 오도카니 존재하고 있다. 다른 곳에는 어디에도 생명이 없다. 자신의 생명과 지구의 생명이 가느다란 한 가닥 실로 연결되어 있고, 그것은 언제 끊어져버릴지 모른다. 둘 다 약하디 약한 존재이다. 이처럼 무력하고 약한 존재가 우주 속에서 살아가고 있다는 것. 이것이야말로 신의 은총이라는 사실을 아무런 설명 없이도 느낄 수 있었다.[42]

지구는 광대한 우주의 사막에 홀로 떠있는 생명의 오아시스임을 우주 비행사들은 실감한다. 아폴로 13호의 선장이었던 제임스 라벨은 지구로 돌아온 후 첫 소감을 이렇게 말했다. "지구를 떠나 보지 않으면, 우리가 지구에서 가지고 있는 것이 진정 무엇인지 깨닫지 못한다."[43] 그들은 우주 비행사가 우주에서 얻은 새로운 비전, 새로운 세계 인식을 전 인류에게 나누어 주어야할 책임이 있다고 생각한다. 자신들이 우주에서 본 지구의 이미지, 전 인류가 공유하고 있는 우주선인 지구호의 진정한 모습을 전하고, 인간 정신을 보다 높은 차원으로 인도하지 않으면 지구호를 조종하는데 실패하여 인류는 멸망해 갈 것이라고 어원은 강조하였다.[44] 우주에서 지구를 바라본 체험에 기반한 이러한 인식의 전환은 생태위기에 처한 전 인류가 함께 나누어야할 영적 각성이 되어야 할 것이다.

---

42 다치바나 다카시/전현희 옮김, 『우주로부터의 귀환』(서울: 청어람미디어, 1983), 127.
43 앞의 책, 61.
44 앞의 책, 139.

같은 맥락에서 제레미 리프킨도 오늘날의 위기가 근대 기계론적 세계관에 기초하여 지구를 구획화함으로써 초래되었다고 파악하면서 이제 인간이 자연에 귀속되어 있다는 의식이 필요하다고 주장한다.

> 오늘날 선택은 우리의 것이다. 자각 하에 생명권에 재참여하려고 선택하는 것. 우리가 우리의 지구와 우리의 영혼에 입혀왔던 상처들을 치유하는 것. 세계를 안정스럽게 만드는 것. 우리 자신과 우리 존재를 안전하게 하는 것. 도약하는 것.45

6. 온생명과 인간의 역할

생태위기의 시대에 이웃 생명에 대한 도덕적 자각의 중요성과 관련하여 장회익은 '온생명'이라는 개념을 제시하였다. 그는 생명 현상에 대한 기존의 분석적 정의가 결코 생명의 본질에 대하여 만족스럽게 설명하지 못한다는 문제를 지적한다. 생명 현상이 본질적으로 상호 의존적이라는 점을 강조하면서 어느 개별적인 생명체 하나에 국한하여 생명 현상을 설명할 수 없다고 주장한다. 따라서 생명을 올바르게 이해하기 위해서는 낱개의 생명체를 일컫는 '개체생명'에만 주목할 것이 아니라 생명 전체로서의 '온생명'의 관계 속에서 파악해야 한다고 주장한다.

---

45 제레미 리프킨, 『생명권 정치학』 (서울: 대화출판사, 1996), 474.

지구상의 생명은 긴밀한 시공적 연계를 통해 구성되는 하나의 정합적 체계를 이루고 있으며, 우리가 기왕에 알고 있는 모든 개별 생명체들은 모두 이 하나의 정합적 체계를 이루는 부분들에 해당하는 것으로서, 본질적으로 이 안에서 한시적인 생존을 유지해가는 의존적 존재들이다. 한편 이 모두를 포괄하는 정합적 체계로서의 전체 생명은 그 자체로서 하나의 분명하고 특징적인 실체를 구성하고 있는데, 이를 이 안에 포함되어 의존적 한시적 생존을 유지하는 개별 생명체들과 구분하여 '온생명'이라 부를 수 있다.[46]

그가 개체생명과 대비하여 온생명이라는 개념을 부각시키는 이유는 그동안 생물학에서 논의해온 생명 개념이 대체로 개체생명의 개념에 해당하는 것임을 새롭게 깨닫게 하고, 생명에 대한 보다 총체적인 모습과 온생명이라는 개념으로 표상되는 하나의 단일체로서의 생명 이해를 제시하기 위해서이다.[47]

온생명 개념은 생태계, 생물권 그리고 제임스 러브록의 가이아 개념 등과 유사성을 지닌다. 그러나 온생명 개념을 통해서 장회익이 강조하고자 하는 점은 온생명 안에서의 인간의 위치와 역할의 문제이다. 인간은 단순히 온생명 내의 한 개체가 아니라, 의식과 지능을 지닌 존재로서 자기 자신에 대한 반성적 사고를 할 수 있을뿐더러 자신이 속한 생명의 전모, 즉 온생명을 파악해내는 존재라는 것이다.[48] 이것은 곧 인간이 온생명의 의식 주체로서 마치 신체 내

---

46 장회익, 『삶과 온생명』 (서울: 솔출판사, 1998), 274.
47 앞의 책, 181.

에서 중추 신경계가 지니는 것과 같은 위상을 지니게 되었다는 것이다. 즉 35억 년의 생명의 역사를 거쳐 온생명 자신을 파악할 수 있는 의식이 탄생했다는 것이다. 그러나 인간은 아직도 온생명 안에서 자신이 지닌 위상에 걸맞는 역할을 못하고 있다고 지적한다. 왜냐하면 중추 신경계는 자신의 몸에 어떤 위해가 가해질 때 이를 재빨리 인지하고 보호하는데 아직 인간의 의식은 온생명에 대하여 그러한 역할을 해내지 못하고 있기 때문이다. 반대로 인간은 온생명을 무분별하게 파괴하고 있는 중이다.

장회익은 인간의 급격한 번영에 대한 두 가지 가능한 해석이 가능하다고 본다. 첫째로는 암세포와 같이 무분별하게 확장되어 온생명의 생리를 교란하고 있는 암적 존재로 볼 수 있거나, 둘째로는 온생명이 의식을 가진 존재로 깨어나기 위하여 중추 신경계가 온 몸으로 확장해 나가는 과정으로 볼 수 있다는 것이다.[49]

위의 첫 번째 가정은 가이아 가설에 내포된 함의를 재고하게 한다. 가이아 가설은 하나의 유기체와 같은 거대한 시스템인 가이아가 지구를 생명체들이 살 수 있는 곳으로 변화시켰을 뿐만 아니라, 그것을 유지하기 위해서 전체 생명에 해로운 요소들은 제거해왔다는 의미도 내포하고 있다. 만일 인간이 지구 생명에 그야말로 암적인 존재라면 결국 가이아 시스템에 의해 인류는 제거되고 말 것이라는 두려운 전망에 이르게 한다.

---

48 앞의 책, 195.
49 앞의 책, 196.

두 번째 가정과 관련하여 떼이야르 드 샤르뎅이 전망한 인간의 위치에 관한 사유를 연관지어 생각해볼 수 있다. 샤르뎅은 인간이 아직 진화 중에 있으며 최종적으로 진화가 완성된다면 인간은 예수와 같이 기꺼이 자기희생을 실천할 수 있는 이타적 존재로 도약할 것이라고 전망하였다. 만일 인간성의 미래를 이와 같이 낙관적으로 전망한다면, 현재의 생태위기는 의식을 지닌 존재인 인간이 하나의 몸과 같은 온생명 안에서 급격히 중추 신경계를 확대해 나가는 과정에서 생겨나는 일시적 위기로 해석할 수 있을 것이다. 그리고 인류는 마침내 더 깊고 넓은 생태적 영성을 지닌 존재로 거듭나서 우주의 모든 이웃생명과 더불어 창조주가 선물로 내린 생명과 원복을 경축할 것이다.[50]

7. 결론

오늘날 인류가 직면하고 있는 가장 중요한 도전 중의 하나는 생태위기의 문제이다. 현재의 생태위기는 단지 환경을 오염시키고 타 생물들을 멸종시키는 것뿐만이 아니라, 궁극적으로 우리 인류 자신조차도 멸망으로 이르게 하는 종말론적 위협이기도 하다. 이제 인간이 인간 중심주의와 기계론적 세계관에서 벗어나 생명의 상호의존성에 대한 인식을 바탕으로 생명공동체의 일원임을 자각해야 할 때이다.

---

50 매튜 폭스/황종렬 옮김, 『창조영성 길라잡이 원복』 (왜관: 분도출판사, 2004), 271.

생명은 오로지 경쟁과 투쟁만이 아니라 상대방의 존재를 받아들이고 인정하는 공존과 협력을 통하여 중요한 진보를 이루어 온 것이다. 가이아 가설은 지구 생명이 지구라는 행성에 출현하여 수동적으로 머무르고 있는 나그네가 아니라 지구 환경을 생명체가 살아가기에 적합한 장소를 변화시켜온 주체적인 존재임을 깨닫게 해준다. 생명권은 지구에 생명체가 살아갈 수 있는 물리적 조건이 허용되는 좁은 권역으로서 쉽게 손상될 수 있는 가냘프고 연약하다. 생명권은 광막하고 황량한 우주 공간 속에 오아시스처럼 홀로 떠있는 아름다운 생명의 장소이다. 이곳에 출현한 생명은 상호의존하면서 지구를 아름다운 녹색의 행성으로 변화시켜왔다.

온생명이란 개념은 생명 현상의 본질로서 연속적이고 상호보완적인 속성을 잘 나타낼 뿐만 아니라, 온생명 내에서 중추 신경계와 같이 생명 현상 전체를 인식하고 돌봐야할 인간의 역할에 대해서도 자각할 수 있게 해준다. 우리 인간이 의식을 가진 존재로서 더 깊고 넓은 생태적 영성을 획득하여 우주의 모든 이웃생명과 더불어 창조주가 선물로 내린 생명과 원복을 경축하는 삶으로 전환해야 할 것이다.

이제 우리는 생명이냐 죽음이냐 갈림길에 서있다. 생명의 길은 모든 지구생명에 대한 연민과 동질성을 느끼는 생태신학적 영성을 회복하여 생태중심적인 삶을 뿌리내리고 이웃생명과 환경과 더불어 살아가는데 있고, 죽음의 길은 계속 이대로 탐욕과 이기심의 노예가 되어 인간 중심적인 삶을 살면서 뭇 생명을 짓밟고 환경을 파괴하는데 있다. 예수 그리스도는 침략과 지배의 시대에 사랑과 자기희생의 복음으로 구원의 길을 제시하였다. 오늘 생태계 위기의 시대에 외쳐야할 복음은 살림과 돌봄의 메시지여야 한다.

III부
과학신학자가 본
생명 현실

GMO에 관한 신학적 성찰
'4대강 사업'에 대한 생태신학적 고찰
— 생명의 강으로의 부활을 고대하며
노랑나비와 들꽃으로 다시 오렴, 얘들아!
생명의 정치 · 은총의 경제 · 개혁하는 교회

III부에 실린 글 출처

"GMO에 관한 신학적 성찰"
　　: 「농촌과 목회」 제66호(2015년 여름)
"'4대강 사업'에 대한 생태신학적 고찰 ─ 생명의 강으로의 부활을 고대하며"
　　: 「신학논단」 76집(2014년 6월)
"노랑나비와 들꽃으로 다시 오렴, 얘들아!"
　　: 『남겨진 자들의 신학: 세월호의 기억과 분노 그리고 그 이후』(동연, 2015)
"생명의 정치·은총의 경제·개혁하는 교회"
　　: 제66회 한국기독교교회협의회(NCCK) 정기총회 주제 강연문(2017년 11월 20일)

GMO에 관한 신학적 성찰

1. 들어가며

오늘날 우리는 GMO(Genetically Modified Organisms: 유전자 변형식품, 유전자조작유기체)의 홍수 속에 살고 있다. GMO는 자연 상태의 생물체가 지닌 유전자를 분리하거나 다른 생물체의 특정한 유전자를 결합하여 개발자가 목적한 특성이 나타나도록 변형한 식품을 말한다. 유전자 변형 식품은 기존의 작물이 지닌 단점을 극복하는 데 유리하다. 예를 들면 제초제나 특정 해충에 대한 저항성이 높은 작물을 생산할 수 있다. 전 세계적으로 유전자 변형 식품은 콩(대두), 옥수수, 면화, 카놀라가 대부분을 차지하고 있으며, 2013년 12월 31일 기준 우리나라에서 안전성 심사를 거쳐 승인된 것은 7개 농산물(콩, 옥수수, 면화, 카놀라, 알파파, 사탕무, 감자), 121개 품목이다. 우리나라는 세계 2위의 GMO 수입국으로서 우리가 알지 못하는 사이에 엄청나게 많은 GMO 식품이 우리들의 식탁에 오르고 있다. 그럼에도 불구하고 관련 법규는 유럽에 비해 상당히 미비하고 지나치게 관대하여 소비자의 권리는 충분히 보장하지 않는 반면에 GMO 수출국과 생산자인 다국적 기업과 유통업체에게는 상당히 유리한 실정이다.[1]

GMO를 둘러싼 찬반 논쟁은 아직까지 진행형이다. 찬성론자들은 생명공학자, 다국적 기업들로서 GMO의 기술혁신으로 인해 소비자들에게는 농산물을 값싼 가격에 살 수 있게 해주고, 재배 농가에 경제적 이익을 안겨줄 수 있으며, 무엇보다도 식량 부족으로 기아에 허덕이는 인류에게 먹을거리를 제공해 줄 수 있는 현대 과학의 놀라운 성취라고 주장한다. 이들 찬성론자들은 GMO 식품의 건강에 대한 해악은 지나치게 과장되었다고 반론한다. GMO 식품을 장기간 섭취했지만 아직까지 건강에 나쁘다는 아무런 증거도 나타나지 않았다고 주장한다.

반면에 GMO를 반대론자들은 농민들, 환경운동가, 소비자단체들로서 GMO로 인해 발생되는 다양한 문제점을 지적한다. GMO로 인한 새로운 질병과 생태계 교란, 특정 농약에 대한 내성 강화 농작물과 농약 사용량 확대에 따른 토양 오염 및 미생물 박멸, 전통적 농업 붕괴 및 고유한 농작물 멸종, 생물 종 다양성 파괴, 다국적 기업의 지배와 종자 시장의 장악으로 인한 토착 농업의 예속화, 식량 무기화의 위험성 등 수많은 문제점을 야기하고 있다. 그리고

---

1 우리나라에서는 GMO 안전성 관리체계를 구축하기 위해 관련 법률을 제정 중에 있다. 소비자에게 올바른 구매 정보를 제공하기 위해 농수산물품질관리법에 근거하여 2001년 3월 1일부터 콩, 옥수수, 콩나물에 대한 GMO 표시를 시행하고 있고, 2002년 3월부터 감자도 여기에 적용되었다. 이에 따라 유전자 변형 농산물을 판매하는 자는 '유전자변형'(농산물명), '유전자변형(농산물) 포함', '유전자변형(농산물) 포함 가능성 있음'으로 표시한 상태에서 판매해야 한다.

GMO 찬성론자들이 주장하는 녹색 혁명을 통한 식량난 해결에 대해서 반대론자의 관점에서 볼 때, 오늘날 인류의 기아 문제는 근본적으로 식량 생산이 부족해서 생기는 것이 아니라 자본주의 시장 시스템이 만들어낸 불의한 분배 구조로 인한 문제라고 파악한다. 그러므로 GMO를 통해 아무리 식량 증산이 이루어진다 해도 현재와 같은 불의한 시스템이 개혁되지 않으면 결코 기아로 인해 고통받는 인구는 줄어들지 않는다고 비판한다.

무엇보다도 가장 심각한 문제는 GMO 식품이 본래 자연에 존재하지 않던 유기체를 유전자 조작에 의해 인공적으로 만들어 낸 것이므로, 동물 실험을 통해 면역 저하와 수명 단축 등의 결과가 나왔듯이 GMO를 장기간 섭취했을 때 사람의 건강에도 심각한 문제를 초래할 것이라고 주장한다.[2]

이러한 찬반양론을 인식하면서 필자는 GMO에 대한 신학적 성찰을 시도하고자 한다. 먼저 기독교 창조신학 및 과학과 신학의 학제적 접근 방법에 근거하여 하느님의 창조와 생명의 의미와 창조질

---

[2] GMO가 인간과 다른 생명체의 건강에 심각한 위해를 끼친다는 연구 결과는 다양하게 보고되고 있다. 최근 미국에서는 벌들의 대규모 멸종이 자주 보고되는데 GMO 화분과 관련이 있는 것으로 추정되며, 2004년 스위스에서는 GMO 옥수수를 급여한 젖소가 사망했다는 보고가 있었으며, 2005년 영국에서는 몬산토 GMO 식품을 먹인 쥐의 내장과 간에서 혈액 질환이 발견되었다. 또한 호주에서는 GMO를 먹인 쥐에서 폐질환 현상 등이 보고되었다. 2007년 오스트리아와 프랑스의 과학자들이 몬산토 GMO 옥수수를 인체에 실험했을 때 간, 신장 등에 독성이 검출됐다는 보고, 2010년 러시아에서 쥐들에게 식용 GMO 콩을 계속 급여했을 때 3대째는 절종(絶種)한다는 불임이 관찰되었다. 같은 해 중국의 과학자들이 GMO 위해성을 선언했고, 2011년 러시아 과학자들이 재차로 GMO 식품이 여성의 자궁내막과 외연의 상관적인 질병 발생률 상승 현상을 발표했다. 2012년 프랑스에서 2년간 GMO 식품의 쥐 실험 결과 간의 부종, 내장 위축, 신체 부풀기, 암컷의 조기 사망, 암과 자폐증 유발, 제2대의 불임현상 등 다양한 증상을 보고했다.

서 안에서 인간과 생명의 관계를 검토할 것이다. 그리고 교회의 GMO에 관한 입장을 살펴보고, GMO의 위험성을 심각하게 주목하면서 동시에 신학적으로 보다 유연한 시각도 제시하고자 한다.

2. 하느님의 창조와 생명

기독교 신앙에 의하면 모든 생명은 하느님으로부터 온 것이다. 창세기에는 하느님께서 모든 생명을 지으시고 이 땅에 번성하도록 축복하셨다고 기록되어 있다. 21세기는 기독교의 창조 신앙이 도전받고 있는 시대이다. GMO 문제를 포함하여 거시적인 관점에서 볼 때 2015년 들어 지난 백만 년 이래 최초로 대기 중 평균 이산화탄소 농도가 최초로 400ppm을 초과하는 것이 관측 되었듯이 지구 온난화로 인한 기후 변화 및 생태계 파괴, 자원 고갈, 핵무기 및 원자력 발전소 사고로 인한 방사능 오염 등, 인류 문명의 존속이 근본적으로 위협 받고 있는 시대이다. 이러한 맥락에서 오늘날의 기독교인들은 하느님의 창조를 현대 과학과 충돌 없이 이해할 수 있고, 생태계 파괴와 위기에 의미 있는 메시지를 찾아내고 적절히 대응할 수 있는 생명에 대한 이해와 창조 신앙의 재구성이 필요한 상황에 놓여 있다.

만일 우리가 창세기의 천지창조 이야기를 문자주의적 해석[literal interpretation]으로 읽는다면 필연적으로 현대 과학의 여러 분야와 충돌할 수밖에 없을 것이다. 이러한 문자주의적 해석에 집착하는 것은 과학과의 불필요한 전쟁에서 헤어 나오지 못할 뿐만 아니라, 생태계 파괴의 시대에 요구되는 생태 영성적 의미를 찾아내야 하는 신앙적 요청에도 부응할 수 없다. 이런 점에서 "창세기에서 과학적 지식을 발견하려는 시도는 신학적으로나 과학적으로나 모두 성공적이지 못할 것"[3]이라는 이얀 바버의 지적은 타당하다. 창세기에 기록된 창조 이야기에 담겨있는 이스라엘 공동체의 인간적 경험과 신학적 깨달음을 요약하면 이 세계와 모든 생명체가 하느님의 선하신 창조 사역에 의해 만들어진 피조물이라는 고백이다. 그것은 곧 이 세계의 하느님에 대한 의존성, 유한성과 우연성의 지각, 생명에 대한 경이로움과 신뢰 그리고 감사와 물리적 세계에 대한 긍정의 표현, 이 세계에 깃든 상호의존성, 질서, 아름다움에 대한 인식 등이다.[4] 고대 자연 종교의 세계관과 구분되는 이러한 이스라엘의 독특한 고백은, 비록 그 문학적 형식과 소재는 바빌론 제국의 창조설화와 제의에서 상당 부분 빌려왔지만, 그 안에 하느님의 절대 주권에 대한 긍정과 동시에 인간의 자유와 존엄성에 대한 긍정이 핵심적 메시지로 담겨 있다 . 이스라엘의 창조 이야기가 하느님의 선민이었지만 비참하게 패배하여 나라와 신앙의 자유를 잃고 바빌론 제국에 포로로 끌려와서 고대 제국의 억압적 체제 아래서 강제노역에 시달리는 삶의 자리와 체험에서 우러러 나온 내용임을 상기해야 한다.

세계와 생명과 인간이 신들의 전쟁 혹은 우발적 사건들로 인해 생겨났다고 말하는 바빌론 창조설화와 근본적인 차이는 창조주가

---

3 Ian Barbour, *Religion in An Age of Science* (London: SCM Press, 1990), 133.
4 위의 책.

선한 본성과 의지로 세계와 생명과 인간을 만들었다는 것이다. 그렇다면 창조 신앙의 핵심은 이 세계가 인간에 대해 호의적이고 질서정연한 장소로서, 결코 물리적 세계가 스스로 신성이나 마성魔性을 지닌 두려워할 대상이 아니라는 것이다. 이는 인류의 고대종교 문화에서 보편적으로 발견되는 뿌리 깊은 자연숭배나 동물숭배로 인한 인신희생 제사 등과 같은 인간을 억압해온 악습과의 단절 내지는 투쟁을 의미하는 것이다. 즉 히브리성서에 기록된 창조 신앙의 본뜻은 한 마디로 자연 세계로부터 인간의 해방에 있는 것이다. 다시 한 번 천지창조 이야기에 담긴 신학적 의미를 세 가지 요점으로 정리하자면, 첫째, 세계가 본질적으로 선하고 질서정연하며 일관되고 지성으로 이해 가능한 대상이라는 것, 둘째, 세계는 하느님께 의존적이라는 것, 셋째, 하느님은 전능하시고 자유로우시며 초월적인 분이고, 당신의 목적과 의지를 가지고 세계를 이끌어 가신다는 것이다.5 이러한 하느님과 세계의 특성에 관한 신학적 주장은 역사 전체를 꿰뚫어 유효한 진술이 되어야 한다. 창조 신앙은 우주와 생명, 인간의 기원과 그 의미 그리고 하느님과의 관계성에 관한 신학적 선언이다.

그런데 이 신학적 선언과 병행하여 우리가 살펴보아야 할 설명이 있는데, 그것은 과학이 말해주는 이야기이다. 과학에 따르면 이 우주는 약 138억 년 전에 빅뱅으로 생겨났으며, 태양과 지구는 약 50억 년 전에 그리고 최초의 생명이 지구에 등장한 것은 약 36억 년 전이라고 설명한다. 원시 지구는 수많은 소행성과 운석이 충돌

---

5 위의 책, 133.

하는 불덩어리의 땅이었으며 그 후에도 오랫동안 끊임없는 화산 분출로 인해 마그마와 수증기와 유해가스로 가득한 장소로서 결코 생명이 살수 없는 환경이었다. 이러한 과학적 설명을 나열하는 이유는, 하느님의 창조가 그저 문자적으로 말하는 것처럼 단 순간에 지금과 같은 상태로 우주, 태양, 지구가 맨 처음에 완성된 것이 아니라 오랜 시간을 두고 차츰차츰 변화하여 현재의 상태에 도달했다는 점을 상기시키려는 것이다. 생명의 역사도 마찬가지이다. 생명은 최초로 지구에 자기복제능력을 지닌 단백질 구조로 출현한 이래 부단한 진화의 시간을 거쳐 오늘에 이르렀다. 따라서 하느님의 창조란 최초에 '무로부터의 창조'가 있었다고 인정한다 해도 그 이후 '계속된 창조'가 이어졌음을 부인할 수 없다. 한편 '무로부터의 창조' 교리는 히포의 어거스틴에 의해 본격적으로 제시 되었으며, 창세기의 최초 구절이 명백하게 '무로부터의 창조'를 지시한다고 보기에는 무리가 따른다.

비록 일찍 세상을 떠났지만 한 때 리처드 도킨스와 생물학계를 쌍벽을 이루었던 생물학자 스티븐 굴드는 진화는 오랜 평형상태를 거치다가 폭발적으로 급격하게 일어나는 양태를 띤다는 '단속평형설$^{Punctuated\ Equilibrium}$'을 주장하였다. 굴드는 생명의 역사가 아주 지루한 역사이며 동시에 놀랍도록 급격한 격변의 연속이었음을 강조한다.6 과학이 설명하는 생명의 역사에서 가장 놀라운 이야기는

---

6 최초의 생명이 출현한 36억 년 전 이후 캄브리아 대폭발이라 부르는 5억 7천만 년 전까지의 30억 년에 이르는 아주 길고 긴 기간은 단세포 생물만 존재하였다. 만일 가상적으로 우리가 타임머신을 타고 이 시기의 지구를 살펴본다면 우리의 눈에 보이는 생명체는 전혀 존재하지 않을 것이다. 캄브리아 대폭발에 이르러서야 생물은 다양한 모습으로 등장한다. 또한 2억

오늘날과 같이 생명이 살기에 적합한 지구의 생태적 환경조차도 생명에 의해서 만들어졌다는 것이다. 1979년 영국의 과학자 제임스 러브록은 지구의 생명과 환경 전체를 살아있는 하나의 유기체로 볼 수 있다는 '가이아Gaia' 가설을 제안하였다.7 그리스 신화에서 대지의 여신인 가이아가 많은 자녀를 낳아 풍성한 생명이 이 땅 위에 넘치게 했듯이, 지구의 박테리아를 비롯한 다양한 생물, 대기, 대양, 토양 등 모든 것이 서로 협력하여 마치 자기 조절 능력이 있는 것처럼 하나의 살아있는 시스템으로 작동하였다는 것이다. 러브록은 즉 지구를 생물과 무생물이 서로에게 영향을 미치는 생명체로 바라보면서 지구가 생물에 의해 조절되는 하나의 유기체임을 강조한다. 이런 점에서 지구에 등장하여 지금과 같은 지구 환경을 만드는데 역할을 감당한 지구 생명들, 특히 아래 각주에 표기한 것처럼 지구 대기를 극적으로 변화시킨 미생물들과 녹조류 플랑크톤들은 모두 하느님의 계속된 창조 사역에 동참하도록 부름 받고 그 사역에 참여한 '피조된 공동창조자Created Co-creator'들로 볼 수 있다.8 가

2천만 년 전에는 해양생물의 96%가 멸종하는 대 격변을 겪으면서 이 시기에 살아남은 생물들에 의해 진화의 역사가 채워진다. 가장 최근의 격변은 6천 5백만 년 전에 있었던 백악기 말기의 대량 멸종인데, 이때 공룡들이 사라짐으로써 인간의 조상인 포유류가 생태적으로 주요한 지위를 차지하게 되었다. 스티븐 제이 굴드, 생명, 그 경이로움에 대하여.

7 James Lovelock, *Gaia: A New Look at Life on Earth* (Oxford: Oxford University Press, 1979), 39.

8 '피조된 공동창조자'(Created Co-creator)라는 용어는 필립 헤프너(Philip Hefner)가 인간의 피조물과 창조적 주체를 동시에 표현하기 위해 사용하였다. 그는 이 개념을 통해 인간이 하느님에 의해 주도된 생물학적 진화과정을 통해 피조된 존재이면서도, 동시에 자유의지를 가지고 생명공학을 통하여 미래의 생명세계를 만들어가는 능력을 획득하여 하느님과 함께 창조에 참여하는 존재라는 양면적 속성을 묘사하였다. 필자는 이 개념을 가이아 가설에 적용하여 단지 인간만이 아니라 지구환경의 변화와 유지에 참여한 모든 생명체들이 하느님의

이아 가설이 제기하는 지구 생명의 특성을 신학적으로 성찰해보면 결국 하느님의 창조는 이 세상을 초월한 존재로서 하느님 혼자 이루신 것이 아니라는 점을 깨닫게 된다. 그러므로 뭇 생명을 파괴하는 일은 단지 피조물을 죽이는 행위일 뿐만 아니라 동시에 하느님의 '공동 창조자'를 죽이는 인간의 신성모독 행위이다.

모든 생명의 근원은 창조주 하느님이시다. 하느님께서는 인간을 포함한 모든 생명들의 터전이자 집^{oikos}으로 지구를 선물로 주셨다. 하느님께서는 지구라는 행성이 생명을 내고 품기에 적당한 장소로 지으셨으며, 오랜 시간을 거쳐 바다와 강과 대지에 창조의 숨결, 즉 성령을 불어넣으심으로써 수많은 생명들을 지어내셨다. 그러나 과학적 관점에서 볼 때 생명이라는 실체는 처음부터 고정된 존재가 아니라 시간 속에서 부단히 진화해온 것이라고 말하고 있다. 물론 우리는 이 과정 역시 하느님의 창조 사역이 계속하여 섭리로 작동하고 진행된 시간이라고 해석할 수 있다. 하느님의 최초의 창조와 더불어 계속된 창조를 통하여 이 세계와 생명을 지어낸 것으로 보는 것이다. 생명은 고정된 실체가 아니라 변화하는 존재이다. 창세기의 내용을 문자적으로 읽으면 최초에 하느님의 창조한 생명의 모습이 오늘날 우리가 보고 있는 생명의 모습과 똑같다고 여기겠지만, 실제 생명의 역사를 살펴보면 오늘날 우리가 바라보는

창조에 참여하는 '피조된 공동창조자'라고 해석한다. Philip Hefner, "Biocultural Evolution and the Created Co-Creator", Science and Theology (Colorado: Westview Press, 1998), 174-188.

생명의 모습은 끊임없는 변화와 진화를 통해 이룩된 것이다. 신학적으로는 하느님께서는 계속된 창조를 통해 생명을 보다 아름다운 모습으로 만드신 것이다.

모든 생물은 존재 자체로 인해 자연과 생태계에 개입한다. 창조질서란 물리적 우주의 탄생과 유지, 계절의 순환 같은 무생물적 자연 환경의 존속 그리고 생명체가 자연 및 다른 생물들과 서로 관계를 맺고 개입하는 그물망이라고 말할 수 있다. 이러한 창조질서 속에서 GMO의 등장은 낯선 것이다. 또한 GMO는 자연 그 자체로부터 탄생한 것이 아니라, 최초로 인공적인 유전자 조작을 통해 만들어진 것이기 때문에 이 낯선 등장이 매우 파국적인 결과를 낳을지도 모른다. 그런데 다른 한편으로 생각하면 생명의 역사는 지속적으로 새로운 생명의 출현을 경험해 왔다는 점이다. 이러한 새로운 출현이 단기적으로는 재앙과 파국적 결과를 가져온 경우도 있지만, 지금의 생태계는 이러한 낯선 출현과 만남의 결과이기도 하다. GMO는 전대미문의 새로운 방식을 통해 만들어진 생명체이기 때문에 창조질서를 심각하게 파괴할지 모른다는 점, 그러나 이와 함께 본질적으로 새로운 생명체의 출현이 자연의 역사에서 완전히 생소한 일은 아니라는 점을 동시에 고려할 필요가 있다.

3. 인간과 생명

인간은 하느님의 형상대로 지음 받은 피조물이다. 하느님께서는 인간에게 다른 뭇생명들과는 구별되는 특별한 역할을 부여하셨다. 하느님께서는 인간을 창조하시고 그들에게 복을 베푸시면서 "생육하고 번성하여 땅에 충만하여라. 땅을 정복하여라. 바다의 고기와 공중의 새와 땅 위에서 살아 움직이는 모든 생물을 다스려라"라고 말씀하셨다(창세 1:28, 새번역). 한편 이 구절로 인해 서구 기독교 세계가 지나친 '인간 중심주의Anthropo-centrism'에 사로잡혀 자연과 동식물을 마구 파괴하여 오늘날의 생태 위기를 초래한 역사적 원인이 되었다고 일찍이 린 화이트는 지적하였다.9 생태신학의 이정표가 된 "생태계 위기의 역사적 뿌리"라는 논문을 통해 그는 창세기 1장 28절에 근거하여 기독교가 자연과 동물에 대한 인간의 무분별한 착취를 정당화했다고 지적하였다. 인간이 하느님의 형상에 따라 지음 받은 존재라는 성서 구절을 오직 인간만이 영적인 존재라고 해석함으로써, 자연과 다른 생명을 지닌 존재들로부터 인간을 분리시키는 이원론적 사고를 낳았다는 것이다. 이러한 반성은 곧 인간과 피조세계와의 관계를 새롭게 성찰하면서 하느님의 창조사역에서 피조세계의 소중함에 대해 재인식하는 계기를 마련하였다. 이러한 비판은 신학계에서 이미 그 타당성을 널리 인정받아 생태학적 신학의 중요한 기초가 되었다.

그러나 이러한 문제제기를 인식하면서 동시에 생태계 안에서 인간이 지닌 특별한 지위와 역할에 대해 무조건 비판적으로 보거나 과소평가하는 관점도 문제가 있다고 생각한다. 우리는 생태계 속의

---

9 Lynn White, Jr. "The Historical Roots of the Ecological Crisis", *Science* 155 (1967), 1203-1207.

인간을 정확히 이해하기 위해서는 인류가 문명을 이뤄온 지난 1만여 년 동안 자연 속에서 어떤 역할을 해왔는지 객관적으로 살펴보아야 한다. 인간은 뛰어난 지능을 가진 종으로서 자연 속에서 생존하고 보다 안락한 삶의 질을 개선 육종을 통해 자연에 개입해왔다. 오늘날 우리가 먹는 쌀, 보리, 밀과 같은 주요 곡물들이나 먹음직스러운 과일들은 1만 년 전에는 존재하지 않았다. 이것들은 모두 아주 빈약한 열매를 맺는 야생종으로부터 온 것으로서 인간의 부단한 선택을 통해 오늘날의 모습으로 변화되었다.[10] 인간은 오래 전부터 동식물의 인공선택을 통한 육종이라는 방법을 통해 새로운 품종을 만들어왔다. 인간이 가장 사랑하는 반려동물인 개는 야생 늑대로부터 인간이 길들인 것이다. 2만여 년에 걸친 인간의 선택은 오늘날 다양한 품종의 개를 만들어냈다. 개뿐만 아니라 인류가 길들인 모든 가축들이 모두 이와 같은 과정을 밟았다. 인간이 자연에 개입하는 영향력을 가장 뚜렷하게 실감하자면 과일을 살펴보면 된다. 사과나 배, 수박과 참외의 외형과 질은 불과 20~30년 전만 해도 오늘날의 그것과 현저한 차이가 있다. 인간이 자연에 개입해온 영향력과 정도를 고려할 때 GMO의 출현도 전혀 새로운 일은 아니다. 다만 과거에는 전통적 육종 방법, 즉 선발법이나 교잡법, 잡종 강세 육종법, 배수성 육종법, 돌연변이법 등을 통해 품종을 개량하고 만들어온 것과 달리 유전자를 분리하거나 결합하는 유전자 조작이라는 방법을 통해 새로운 품종을 만들었다는 것이다.

인간은 그야말로 '피조된 공동창조자'이다. 하느님께 피조되었

---

10 재레드 다이아몬드, 『총, 균, 쇠』(문학지성사, 1998), 173-280.

지만 그 어떤 생물체보다도 능동적으로 자연을 조작하고 새로운 생명체를 만들어냈다. 하느님께서 만들어 주지 않은 것도 만들어낸 존재이다. 이러한 인간의 특성과 능력을 신학적으로 어떻게 보아야 하는가? 하느님께서 주시지 않은 것을 만들었으니 마치 허락하지 않은 선악과를 따먹은 아담과 하와의 행위처럼 하느님의 뜻을 거역한 교만한 행위로 단죄할 것인가? 필자는 그렇게 생각하지 않는다. 인간이 그야말로 맛과 영양이 형편없는 보잘 것 없는 야생식물을 벼나 보리, 밀 등의 훌륭한 먹거리로 변화시킨 인간의 노력은 결코 단죄 받을 일은 아닐 것이다. 인간을 두려워했던 야생동물들이 수천 년에 걸친 선택에 의해 사람과 교감할 수 있고, 정을 나눌 수 있는 동물로 새로 태어난 것은 놀라운 창조적 과정이 아닐 수 없다. 창세기에는 "주 하느님이 들의 모든 짐승과 공중의 모든 새를 흙으로 빚어서 만드시고, 그 사람에게로 이끌고 오셔서, 그 사람이 그것들을 무엇이라고 하는지를 보셨다. 그 사람이 살아 있는 동물 하나하나를 이르는 것이 그대로 동물들의 이름이 되었다"(창세 2:19)라고 기록되어 있다. 이는 수천 년 동안 인간이 동물들과 맺어온 관계 그리고 야생동물들을 가축을 길들여온 길고도 지루한 과정을 함축적으로 표현한 은유적 묘사이다. 하지만 이 과정을 통해 인간과 동물의 관계는 전에 없던 새로운 차원으로 접어들게 되었다. 물론 이를 두고 인간 중심주의에 기반을 둔 동물에 대한 착취와 부당한 고통을 가한 과정으로 비판할 수도 있을 것이다. 나아가 동물신학 내지 동물보호주의 입장에서 현재의 인간에 의한 가해지고 있는 동물에 대한 잔혹행위와 반생명적 축산 방식에 대해 날카로운 비판적 입장도 매우 정당한 비판이며 조속히 지양해야할 악습이라고 생각한다. 그럼에도 불구하고 필자가 제시하려는 것은, 물론 가축화의 과정에는 동물들의 고통이 필연적으로 수반되었지만, 이를 통해 인간과 동물 사이의 새롭고도 특별한 관계가 만들어졌으며, 양자 사이에 진정한 교감을 이루는 것은 매우 흥미진진한 창조의 선물이라는 점을 부각하고자 한다.

GMO는 인간이 자연에 개입해온 역사의 연장선상에서 등장한 산물이며, 가장 획기적 방식을 보여주고 있다. 그동안 육종이라는 방법을 통해 점진적이고, 생물종의 특성의 연속성이 보장되는 범주 내의 변화 그리고 불예측성이 수반된 생명 창조의 과정이었다면, GMO는 전에 없던 새로운 종의 등장, 토마토와 감자 같은 서로 다른 생물종의 병합 그리고 정확한 유전자 분석과 설계에 따른 계획적 생명 창조의 과정을 보여준다. 이러한 획기적 변화로 인해 그 부작용의 가능성을 우려하는 우리의 불안감은 증폭된다. 일찍이 함석헌 선생은 핵무기 기술이 하느님께서 인간에게 금지한 생명나무의 선악과와도 같다고 지적하였다. 그는 '사물의 중심', '과일의 씨앗', '세포의 중심에 있는 구형'을 뜻하는 '핵核'의 뜻이 곧 하느님의 창조 동산의 한 가운데 있는 생명나무의 열매라고 해석하였다. 이러한 뜻풀이에 근거하여 물질의 씨앗을 조작하는 원자핵 기술을 만든 핵무기, 핵 기술은 곧 하느님께서 금지한 선악과를 따먹는 것과 같은 죄악이라고 주장한 것이다. 이와 같은 함석헌 선생의 해석을 비교적 최근에 벌어진 배아줄기 및 생명복제 기술을 둘러싼 논란, 생명 공학, GMO 문제에 적용해도 똑같은 결론을 얻을 수 있다. 즉 생명의 씨앗이 되는 세포 핵 안의 유전자를 조작하는 것은 신학적으로 하느님께서 금지한 영역을 침범하는 행위로 규정할 수 있는 것이다.

신학적으로 GMO에 대해 신학적으로 반대할 수 있는 근거를 제시하기란 어렵지 않다. 인간의 교만과 욕망에 의해 탄생한, 하느님의 창조질서를 왜곡하는 악한 흉물, 전 세계의 수많은 소박한 농민들과 다양하고 전통적인 농업을 파멸로 내몰고, 다국적 기업가들의 배를 채우고, 가난한 시민들에게는 저렴한 가격 때문에 장기간 섭취하다가 자신도 모르게 건강을 잃게 만드는 악마의 유혹일는지도 모른다. 이러한 직접적 해악과 잠재적 위험이 도사리고 있음에도 불구하고 필자는 GMO를 존재론적으로 악으로 규정하는 입장에는 매우 조심스럽게 동의를 유보한다. 교회는 그동안 새로운 과학기술의 발전으로 인해 새로운 생명윤리적 문제를 야기하는 등장할 때마다 윤리적으로 거부하다가 나중에 이러한 기술이 보편화, 대중화되면 슬그머니 타협적 태도로 변하는 관행을 되풀이해 왔다. 문제는 앞으로 생명공학의 영역과 영향력이 획기적으로 확대될 것이며, 이에 따라 GMO 역시 폐기될 가능성이 현실적으로 거의 없다는 점이다. 이는 인간이 생명의 영역에 개입해온 오랜 역사의 연장선상에서 등장한 것이며, 이 모든 과정을 기독교 신앙에 근거하여 사악한 범죄로 규정하는 것은 선언적 의미 이상의 효과를 기대하기는 어렵다는 점을 고통스럽게 인정해야 한다.

4. 기독교와 GMO

1) 가톨릭교회와 GMO

농민단체와 소비자조직, 환경운동에 관심 있는 시민들의 광범위한 반대에도 불구하고 로마가톨릭 교황청이 GMO 문제에 대해서는 아직까지 공식적인 입장을 표명하지 않고 있다. 이러한 가톨릭교회의 태도는 인공수정이나 배아줄기 세포 연구 등 여러 가지 생명윤리 문제에 대해 명백하게 반대하는 입장을 견지하고 있는 것에 비추어볼 때 다소 의외이기도 하다. 아마도 이러한 애매한 태도를 보이는 이유는 GMO가 기아 문제를 해결한 유력한 수단이라는 주장을 어느 정도 인정하기 때문일 것이다. 사실 교황청 안에는 GMO 반대론자와 더불어 찬성론자들도 있다고 한다.[11] 교황청이 설립한 대학인 '사도들의 모후' 대학의 생명윤리학과에 속한 곤잘로 마린다^{Gonzalo Malinda} 신부는 "교회가 GMO를 단지 해로운 먹거리로만 볼 것이 아니라, 그것을 통해 가난한 사람들을 도와줄 수 있는 방법을 제공할 가능성을 발견한다면, 교회는 그 가능성을 결코 소홀히 볼 수 없다"고 말했다. 이와 반대로 아일랜드 출신의 선교사인 골롬반수도회 숀 맥도나^{Sean McDonagh} 신부는 GMO를 '새로운 식민주의의 씨앗'이라고 규정하였다. 기아 문제의 해결은 개발도상국의 농지 개혁, 선진국의 과도한 육식 위주의 식생활 개선 그리고

---

11 가톨릭신문, 2004. 10. 31. "유전자 조작 식품, 무엇이 문제인가?"; 주요한, "기아(굶주림)의 해결책으로서의 유전자 조작(GMO) 식품 (굶주리는 세계와 유전자 조작 식품에 관한 윤리 신학적 고찰)", 대구가톨릭대학교 대학원 석사학위 논문, 2007, 80.

미국을 비롯한 대규모 농산물 수출 국가들이 자국 농민을 보호하기 위한 농업보조금 중단 등의 정책을 통해 실마리를 찾아야 한다고 주장하였다. 그는 기아문제 해결은 GMO 확산을 위한 명분일 뿐이며, 실제로는 몬산토 등 다국적 기업의 탐욕스런 이윤창출이 GMO 확산의 주요 동기라고 지적하였다.

2000년 11월 30일, 유엔에서 교황청을 대표하는 발언자로 나온 아고스티노 마르케토^{Agostino Marqueto} 대주교는 "GMO의 이점이 선전된 실제적 이유는 안전성이나 식량문제에 대한 필요성 때문이 아니라 상업적 이익에 근거한 것"이라고 비판하면서, 건강에 대한 위험, 환경 훼손, 경제적 불평등의 문제가 내포되어 있다고 발언하였다. 또한 비슷한 시기인 200년 12월 1일, 남아프리카공화국 가톨릭 주교회의는 "유전자 조작은 부정확한 기술로서 GMO의 장기간 섭취는 건강에 나쁜 영향을 미칠 것이며, 건강과 환경에 심각한 위험을 야기할 가능성이 있는 GMO를 생산, 유통하는 것은 도덕적으로 무책임한 일"이라는 내용의 주교단 성명을 발표하였다. 한편 2003년 11월에 교황청 정의평화위원회가 처음으로 GMO의 기술, 경제적 측면과 환경 및 보건에 미치는 영향을 검토하는 국제 학술회의를 개최하였다. 이 자리에서 의장인 레나토 마르티노^{Renato Martino} 추기경은 이 학술 세미나가 GMO에 대한 올바른 정보와 인식을 통해 미래의 윤리적 사목을 위한 근거를 세우기 위한 자리라고 규정하면서, 자신은 오랫동안 GMO 식품을 섭취했으나 특별한 건강의 문제를 느끼지는 못했으며, GMO 유해성 논란은 다소 과장된 측면이 있다고 발언하였다. 그는 GMO의 잠재적 위험성에 대해서 분명히 인식하고 공정하게 평가해야 하지만, 동시에 현재 지구 상에 8억 명이 넘는 인구가 기아로 인해 영양실조 상태에 있다는 현실을 심각하게 받아들여야 한다고 주장하였다.

이와 같은 견해들에 볼 수 있듯이 교황청이 GMO의 위험성과 생태계 파괴, GMO 수입국의 농업 붕괴 등 여러 가지 문제점에 대해 어느 정도 인식하고 있으면서도 단정적인 반대를 유보하고 있는 이유는 GMO를 통해 기아 문제를 해결할 수 있다는 기대감을 여전히 버리지 못하고 있기 때문이라고 보인다. 결론적으로 가톨릭교회의 GMO에 대한 태도는 우선 광범위한 반대 의견이 지배적이다. 그러나 일각에서는 만일 GMO 식품이 인간의 건강과 환경에 대한 해로움이 아주 심각한 정도가 아니라면, 근본적으로 부정할 것이 아니라 정의롭게 사용할 방법을 강구하여 식량부족 문제를 해결하기 위한 방편으로 활용할 수 있다고 보는 입장도 존재한다.

2) 개신교와 GMO

세계교회협의회 WCC를 비롯하여 세계 교회와 기독교 신학의 주류는 GMO에 대한 근본적인 반대 입장을 표명하고 있다. 세계교회협의회는 일찍이 1979년 미국 메사추세츠에서 "신앙, 과학 그리고 미래"라는 주제로 컨퍼런스를 개최하였고, 그 십년 후 1989년에는 이에 관한 연구보고서를 발표하였다. 이 기간 동안 교회는 새롭게 빠른 속도로 부각되는 생명과학 기술의 다양한 윤리적 문제들과 힘겨운 씨름을 해야 했다. 그러한 과정을 거쳐 '유전자 공학에 관한 정의, 평화, 창조 자문위원회'는 연구와 토의를 통해 이 문제에 대한 교회의 대응방침을 마련했다. 활동 그룹은 지속적인 노력을 통해 이 주제에 관한 많은 자료와 안내 소책자, 책들을 출판했다. 또한 이 주제가 단지 과학기술이 발달한 북반부 교회만의 이슈가 아니라 남반부 교회들에게도 당면한 문제라는 인식을 확산시켰다. 2005년 6월 제네바에서 "유전자, 농업 그리고 인간의 생명"이란 주제로 열린 컨퍼런스에서 세계교회협의회는 "창조질서를 보전하기 위해 정의로운 자들과 연대하시는 하느님의 경륜은 온 세계의 농부와 시민들이 자신들의 고유한 농작물을 지속적으로 생산하고 소비할 권리가 있으며, 여기에는 생물종 다양성을 보존하고 생명의 자원을 지켜나갈 권리가 포함된다고 밝히고 있다. 그러므로 각국 정부는 소규모 농민들의 생계 수단을 지키기 위해 지원할 책임과 권리가 있으며, 이를 위해 파종에서 수확, 유통, 소비에 이르기까지 생명의 전반적인 영역을 장악하려는 다국적기업의 압력과 요구를 거절할 권리를 보장해야 한다고 못 박고 있다.[12]

이 자문위위회가 토의 자료로 제시한 문서는 하느님의 창조가 사람과 다른 생물들에게 양식을 주시는 것으로 마무리된다는 점에 주목해야 한다고 지적한다. 우리는 흔히 창조의 마지막 날에 하느님께서 인간을 지어냄으로써 창조가 완료되었다는 기록(1장 26절)에 관심을 갖는다. 그러나 사람의 창조에 뒤이어 "생육하고 번성하여 땅에 충만하여라. 땅을 정복하여라"는 28절의 말씀이 나오고 마

---

12 World Council of Churches, JPIC Team, *Alternative Globalization Addressing Peoples and Earth*, Geneva 2005, 22.

침내 "내가 온 땅 위에 있는 씨 맺는 모든 채소와 씨 있는 열매를 맺는 모든 나무를 너희에게 준다. 이것들이 너희의 먹거리가 될 것이다"(29절), "또 땅의 모든 짐승과 공중의 모든 새와 땅 위에 사는 모든 것, 곧 생명을 지닌 모든 것에게도 모든 푸른 풀을 먹거리로 준다"(30절)는 말씀으로 창조가 마무리 된다는 점에 주목해보면, 먹거리야말로 하느님 창조의 절정인 것이다. 성서의 기록이 사람과 동물에게 양식을 주심으로써 하느님의 창조가 완성된다는 점에 주목해볼 때 먹거리의 문제는 창조 신앙의 핵심적인 주제가 아닐 수 없다. GMO는 하느님의 창조를 통해 나타난 유전자를 인간이 조작, 변형하여 새로운 먹거리를 만든 것이다. 인간이 GMO를 만들어 하느님의 창조 사역의 마지막 단계인 양식을 베푸는 일에 참여한 행위를 두고 신학적으로 두 가지 상반된 시각으로 볼 수 있다. 하나는 하느님의 고유한 영역을 침범한 교만한 행위로 규정하면서 부정적으로 보는 것이고, 다른 하나는 하느님의 창조 사역이 인간을 통해 계속 진행되는 것으로 여기는 관점이다.

한편 일부 신학자들은 레위기 19장 19절에 비추어 GMO에 대한 신앙적 판단을 시도하기도 한다. "너희는 내가 세운 규례를 지켜라. 너는 가축 가운데서 서로 다른 종류끼리 교미시켜서는 안 된다. 밭에다가 서로 다른 두 종류의 씨앗을 함께 뿌려서는 안 된다." 서로 다른 생물종의 유전자를 결합시켜 만든 GMO는 이 구절에 비추어 비성서적이라는 해석이다. 그러나 "레위기 19장 19절과 GMO 논쟁"이라는 논문에서 장세훈 교수는 "오늘날 그리스도인들이 음식법을 엄격하게 적용하는 것이 불가능하듯이, 레위기 19:19의 이

계명을 엄격하게 문자적으로 적용하는 것은 이제 의미가 없다"고 주장한다.[13] 구약시대에 이스라엘과 이방인을 갈라놓았던 본질적 구별이 신약의 예수 그리스도의 새로운 약속에서 사라진 것처럼 레위기의 구별법은 이스라엘과 이방인을 정결과 부정으로 구분하는 이분법적 사고에 근거하기 때문에 현대 신학의 관점에서는 극복해야할 사고방식이라는 것이다.

5. 결론

이글은 GMO에 대한 필자의 생각을 밝힌 '하나의 신학적 성찰'이다. '하나의 신학적 성찰'이라고 표현하는 것은 GMO에 대한 필자의 견해가 다른 사람들의 견해와 다를 수 있기 때문이다. 먼저 저자의 기본 입장을 밝히자면, GMO의 여러 가지 문제점과 잠재적 위험성을 인지하고 있다. 하지만 그렇다고 해서 저자는 GMO 자체를 "하느님의 창조질서에 반하는 악", 내지는 "건강과 생태계를 죽음으로 내모는 반생명적 괴물"로 규정하고 무조건 반대하는 의견에는 전적으로 동의하지 않는다. 이와 같은 필자의 부분적인 유보적 입장, 즉 GMO를 둘러싼 다양한 문제점과 해악을 인지하고 비판하면서 동시에 GMO 자체를 반대하는 것에는 유보하는 입장은 아마도 대부분의 에큐메니칼 신학자, 혹은 생명운동가들의 목소리와

---

13 장세훈, "레위기 19장 19절과 GMO 논쟁", *Canon & Culture*, 제2권 2호(2008년 가을), 94.

는 상당히 차이가 있을지 모른다. 그리고 이러한 견해 차이로 인해 저자가 속한 신학적, 선교적 공동체로부터 행여 '변절자'로 비판받을지 모른다는 두려움(?) 때문에 이글을 쓰는데 상당히 주저하였다. GMO 관련 교회의 자료를 살펴보면서 찬성론자들을 비난하는 대목들을 쉽게 발견할 수 있기 때문에 비록 부분적이기는 하나 유보적 입장을 표명하는 것이 쉽지 않았고, 심적으로 고통스럽게 느껴지기조차 했다. 그러나 에큐메니칼 진영이든, 생명운동 네트워크이든 하나의 이데올로기와 같이 교조적인 입장이 아니라 다양한 목소리를 수용한다면, 우리는 보다 유연하게 이 문제에 대처할 수 있다는 이점이 있다고 생각한다. 그래서 아직 미흡하기 짝이 없고 GMO에 대한 깊이 있는 연구를 하지 못했음에도 불구하고 저자의 관점을 드러내게 되었다. GMO에 대한 저자의 부분적인 유보 입장의 근거는 생명윤리의 다양한 문제를 다루는 접근 방법 중에서 '의무론적 윤리Deontological ethics'에 찬성하지 않기 때문이다.[14] 오늘날 인류는 과학기술, 특히 생명공학과 의료기술의 발달로 인해 전통적으로 하느님의 영역으로 여겨졌던 생명에 관여하는 영역이 과거와 비교할 수 없을 정도로 확대되었다. 따라서 과거에는 전혀 접해보지 못한 다양한 생명윤리의 이슈들에 직면하게 되었다. 의무론적 윤리란 개념은 '의무'나 '원칙'을 뜻하는 희랍어, '데온deon'에서 유래

---

14 생명윤리의 방법론으로서는 의무론적 윤리 외에도 도덕과 윤리가 판단 기준이 아니라, 주어진 상황과 조건을 감안하여 공리주의 입장에서 기대되는 최선의 결과를 택하는 '결과론적 윤리', 개인 혹은 당사자의 자유와 권리를 기준으로 삼는 '권리론적 윤리' 그리고 마지막으로는 어떤 특정한 원칙과 규정에 의존하지 않고 옳고 그름의 판단을 상황에 처한 인간의 직관과 본능에 따라 판단하는 '직관론적 윤리' 등이 있다.

되었다. 이 입장은 "무엇이 인간으로서 마땅히 해야 할 의무인가?"라는 질문을 통하여 결단을 내리는 것이다. 이 이론에서 가장 중요한 개념은 의무와 책임, 도리와 당위성이다. 대표적인 예가 십계명인데, 이 열 가지 조항들은 어떤 조건이나 상황에 관계없이 반드시 지켜야할 의무를 명시하고 있다. 이 이론의 장점은 명쾌하고 분명하다는 점이다. 어떤 문제에 부딪히든 흔들림 없이 단호한 결정을 내리고 일관되게 독려할 수 있다. 그러나 단점은 오직 명확한 의무 조항에만 충실함으로써 율법주의라는 비판을 받을 수 있다는 점이다. 경직된 처방으로 인해 상황을 종합적으로 고려하지 않음으로써 최선의 결과를 외면할 수도 있다는 것이다. GMO에 대한 의무론적 입장은 그것이 하느님의 창조질서를 거스르는 인간의 교만의 산물이며, 생명의 원리를 왜곡시키는 반생명의 산물이므로 악으로 규정하고 반대하는 입장이라고 정의할 수 있을 것이다. 그러나 이렇게 규정하고 나면 우리는 무조건적 전면 반대 외에는 다른 선택이 없게 된다. 그러나 현재의 상황에서 어떤 결정적인 증거나 대규모 문제점이 드러나기 전까지 GMO가 전면 중단되거나 폐기될 가능성은 현실적으로 매우 적어 보인다. 그리고 앞에서 언급했듯이 교회와 과학기술의 역사적 관계를 살펴보면, 예를 들어 인공수정과 같은 경우에서 잘 드러나듯이 과학기술의 발달로 인해 이와 같은 새로운 기술이 등장할 때마다 교회는 신학적, 교리적, 성서적 근거를 들어 반대했으나, 어느 정도 시간이 흐르고 그 기술이 대중화되면 교회의 반대 입장은 결국 흐지부지되고 마는 사례를 찾을 수 있다. GMO의 문제도 심각한 폐해로 인해 폐기될 수도 있지만, 반대로 어쩌면 시험관 아기나 피임기술의 경우와 같이 처음에는 신학적, 윤리적 이유로 반대했지만 나중에는 보편화되는 경우가 될 가능성도 없지 않다.

그러나 이러한 GMO의 출현과 존재를 신학적으로 완전히 부정하는 판단을 잠정적으로 유보한다 해도 이를 둘러싼 다양한 문제점에 대해 묵인하거나 창조질서를 보전하는 기독교인의 활동을 유보한다는 뜻은 결코 아니다. 따라서 기독교인들은 앞으로 다음과 같은 과제를 실천해야 할 것이다. 첫째, 앞서 발표된 GMO가 건강에 끼치는 위험성에 대한 연구 결과를 보다 철저히 검증하고 널리 알려야 한다. 수많은 연구결과가 발표되었음에도 불구하고 이러한 연구결과가 과장되었다는 찬성론자들의 반론이 있고, 또 이러한 반론은 다국적 기업의 후원을 통해 연구 정직성이 훼손되었다는 음모론이 뒤섞여 있어서 대중들로서는 무엇이 과연 진실인지 판단하기 어려운 현실이다. 가능하다면 기독교인 과학인과 생명공학자, 생명운동가와 신학자들이 합동으로 연구팀을 구성하거나, 혹은 유기농 농민과 친환경 소비자 단체가 주도하여 독자적인 연구를 수행하는 프로젝트도 시도해야 할 것이다. 둘째, GMO 유통에 있어 유럽과 같이 보다 엄격한 기준을 적용하여 소비자의 알 권리를 보장해야 한다. 교회는 이를 위해 조속히 관련 법규를 개정하도록 정부와 국회를 상대로 조직적인 청원활동을 벌여야 할 것이다. 셋째 국내 농업, 특히 소규모 농민을 보호하고 다양한 생물종 다양성을 지키기 위한 농업 정책을 정부차원에서 후원하고 시행하도록 영향력을 행사해야 할 것이다. 넷째, 지구적 차원에서 농업과 식량 문제에 있어서 정의가 실현되도록 투쟁해야 한다. 한편에서는 과잉 섭취로 인해 당뇨 등 각종 성인병으로, 다른 한편에서는 영양실조로 인해 생명이 파괴되는 오늘날의 세계 자본주의 질서는 기독교 신앙과 배치된다. 미국의 경우 해마다 수백만 명씩 늘어나는 당뇨병 환자로 인해(영양 과다 섭취로 발생한다) 투입해야 하는 정부 예산의 증가로 수십 년 이내에 미국의 국가 재정이 파탄날 것이라는 전망이 있다. 그야말로 한쪽에서는 굶어 죽고, 다른 한쪽에서는 배 터져 죽는 기막힌 일이 오늘날의 세계의 모습이다. 다섯째, 국내적 차원에서 기아의 문제를 식량의 무기화가 염려되는 미래를 바라보면서 밑바닥에 떨어진 세계 최저의 수준의 우리나라의 식량 자급률을 끌어올리기 위한 다양한 정책을 시행해야 한다. 대기업의 수출 경쟁력을 위해 한 나라의 농업을 포기하고 식량주권을 팔아 버리는 근시안적 정책에 대한 비판과 대안을 제시하는 일에 기독교인이 나서야 한다. 이를 위해 도시와 농촌의 교회는 전통적인 대속신앙의 패러다임을 벗어나 기독교의 핵심 메시지가 생명을 살리는데 있다는 녹색복음을 발굴하고 전파해야 할 것이다.

GMO는 마치 원자물리학을 통해 등장한 원자력처럼 대단한 위력을 지닌 과학기술의 산물이다. GMO가 야기하는 수많은 폐해와 위험성을 온전히 극복하기란 요원하겠지만 생명공학은 앞으로 더욱 발전할 것이며 지금보다 더욱 요상한 생명체를 우리 앞에 등장시킬지도 모른다. 과학기술로 인해 제기된 새로운 생명윤리의 문제에 대하여 생명과 정의가 넘치는 하느님 나라의 파수꾼인 기독교인들의 관심과 실천이 요구되는 시대이다.

'4대강 사업'에 대한 생태신학적 고찰
― 생명의 강으로의 부활을 고대하며*

1: 시작하며

1) 연구 동기

역사적인 세계교회협의회 제10차 총회가 지난 2013년 10월 30일부터 11월 8일까지 부산에서 "생명의 하나님, 우리를 정의와 평화로 이끄소서!"라는 주제로 개최되었다. 1990년 JPIC(Justice, Peace and Integrity of Creation) 대회 이래로 세계 교회의 가장 중요한 의제 세 가지는 "정의, 평화, 생명"이다. 새로운 밀레니엄을 맞이하면서 세계 교회가 '생명' 혹은 '창조질서'를 세 가지 주요 의제 중 하나로 채택하고 있는 것은 이 시대가 당면하고 있는 생태 위기의 긴급성을 반영한다. 작금의 생태적 위기는 21세기 내내 인류가 직면할 장

---

* 이 글은 「신학논단」 76집(2014년 6월)에 수록되었다.

기적인 문제이며, 현대인의 지배적인 생활양식과 연결되어 있는 근본적인 문제이고, 특정한 지역의 문제가 아닌 전 지구적인 문제이다. 신학은 언제나 당대의 긴급한 문제에 응답할 책무를 지니고 있음을 고려할 때, 지역 교회가 직면하고 있는 생태계 위기에 대응하여 적절한 신학적 응답을 제기할 사명을 요구받고 있다.

이러한 관점에서 지금 이 시대 우리 사회가 당면한 가장 심각한 생태계 파괴를 초래한 "4대강 살리기 사업"[1]에 주목하지 않을 수 없다. 단군 이래 최대의 사업이라는 표현이 무색하지 않게 이 사업은 "새로운 녹색 뉴딜 사업"이라는 거창한 명분을 내걸고 여름철 홍수 방지, 가뭄 대비 용수 확보, 하천 환경과 생태계 보전, 여가 활동 공간 마련 등을 목표로 약 22조 원의 예산을 들여 한강, 낙동강, 금강, 영산강에 16개의 보와 3개의 댐을 건설하고, 96개 농업용 저수지의 둑을 높이며, 4대강 총 377km 구간에 제방을 보강하고, 4대강을 따라 총 671km 구간을 수심 6m 이상으로 유지하기 위하여 모래와 자갈 5억 7천만㎥를 준설하는 공사를 포함하고 있다.[2] 이렇게 어마어마한 사업을 하려면 최소한 몇 년에 걸친 환경영향평가가 필수적임에도 불구하고 정부는 단 5개월 만에 환경영향평가를 끝내고 2009년부터 공사를 강행하였다.[3] 이와 같이 4대강 사업은 우리

---

1 2009년 6월 8일 정부가 발표한 이 사업의 공식 명칭은 "4대강 살리기 사업 마스터플랜"이다. 본 논문에서는 대다수 언론 및 학술논문에서 이 사업을 지칭하는 관행적 용어에 따라 "4대강 사업"으로 표현한다. 알베르트 라이프/노시내 옮김, "4대강 사업이 대한민국 하천환경에 미치는 영향과 용어상의 문제점," 「기독교사상」 622 (2010), 260.
2 박창근, "녹색성장과 4대강 살리기 사업의 문제," 「경제와 사회」 83 (2009), 122.
3 라이프, "4대강 사업이 대한민국 하천환경에 미치는 영향과 용어상의 문제점," 261.

나라 강과 강변 생태계에 엄청난 충격을 가할 초대형 토목사업임에
도 불구하고 불과 2년 4개월이라는 짧은 기간 내에 급속도로 추진
하여, 2011년 10월 22일 공사를 마무리 지었다. 이 결과 4대강 생
태계는 급속도로 종 다양성이 감소하였다. 하느님의 소중한 피조물
들이 인간의 잘못된 욕망과 교만에 의하여 파괴된 것이다.

　한편 필자는 2008년 5월 기독교 환경운동연합이 조직한 4대강
순례 행사에 참가하여 남한강 이포교 아래 강변을 걸으면서 아름다
운 모래톱과 아늑한 갈대숲, 그 숲에서 우리들의 인기척에 날개 짓
하며 날아오르는 새들, 곳곳의 크고 작은 물웅덩이마다 가득한 작
은 뭇 생명들을 보았다.[4] 그리고 이들 모두가 4대강 살리기 사업이
라는 명분 아래 사라진다고 생각하니 가슴이 미어지는 고통을 느꼈
다. 결국 4대강 사업은 강바닥을 준설하여 자연적인 강물의 흐름을
직선화하고 보와 제방을 쌓아 물을 담아둠으로써 우리가 걸었던 그
강변길과 생명들은 사라져 버렸다. 또한 필자는 2010년 사순절 기
간 45일 동안 4대강 사업으로 강변 농지를 빼앗길 위기에 처한 팔
당 유기농민들의 투쟁에 연대하기 위해 목회자 남양주시 조안면 유
기농 단지 강변에 설치한 농성망루에서 지속된 기독교 목회자 릴레
이 기도회에 참가하였다.[5] 필자가 담당한 날 홀로 하룻밤을 강변 망
루에서 보내면서 4대강 사업의 폐해에 대해 또다시 깊이 고민하게
되었다. 이러한 과정을 겪으면서 이 시대를 살아가는 한 시민이자
기독교인으로서 결국 4대강 사업을 막지 못함으로써 하느님의 소

4 양재성, "생명의 강을 죽이지 마라," 「기독교사상」 617 (2010), 15.
5 앞의 논문, 4.

중한 피조세계가 파괴되고 수많은 뭇 생명들이 사라지게 된 결과에
대한 깊은 죄책감이 본 논문의 연구 동기이다.

2) 연구 방법과 선행연구 자료

본 연구는 4대강 사업의 추진 과정과 이에 대한 문제제기와 비판
을 살펴보고, 생태학의 전개과정과 심층생태주의^{Deep Ecology}6의 요
지를 간략하게 정리한 다음 4대강 사업을 생태신학적으로 성찰하
는 순서로 전개하고자 한다. 여기서 4대강 사업에 대한 문제제기는
주로 시민단체와 학계의 4대강 사업의 타당성에 대한 환경공학적
비판, 환경보호 내지는 생명 존중의 친생태적 입장에서 사업의 환
경 파괴에 대한 비판 그리고 민주주의 원리에 입각하여 대규모 국
책사업의 의사결정 과정의 절차적 문제점을 지적하는 내용 등이다.
그리고 본 연구는 4대강 사업을 신학적으로 성찰하기 위해 심층생
태주의적 관점을 해석학적 틀로 사용한다. 노르웨이 과학철학자 아
느 네스^{Arne Naess}에 의해 제기된 심층생태주의는 모든 생명은 고유
한 가치를 지니고 있으며, 인간은 그것들을 해칠 권리가 없다는 생
명 평등주의를 주장한다. 이 사상은 인간 중심주의적 자연관을 비
판하면서 인간의 행위가 생태계에 미치는 파괴적 영향에 대해 심각

---

6 아느 네스가 제시한 용어 'Deep Ecology'는 '심층생태학(주의)' 혹은 '근본생태학(주의)'으
로 번역될 수 있으며 학자에 따라 선호가 다르다. 전자의 번역이 과거의 개량주의적 환경운
동을 '표층생태학'(shallow Ecology)이라 비판하면서 이와 대비시킨 번역이라고 한다면,
후자는 주창자가 제기하는 '근본적 사고의 전환'에 주목한 번역이며, 때로는 이 주장에 깃든
'근본주의적' 경향을 비판하는 입장에서 사용하기도 한다. 이 논문에서는 이러한 맥락을 고
려하여 '심층생태주의'란 용어를 사용하기로 한다.

하게 경고하기 때문에 4대강 사업을 비판적으로 검토하는데 유용한 관점을 제공한다.

본 연구 주제와 관련된 선행연구를 살펴보면 일반 학계에서 4대강 사업을 다룬 자료들은 단행본 및 논문이 상당수 출판되었고, 언론 자료를 포함하면 어마어마하게 많은 분량이 존재한다. 이중에서 특히 환경공학자로서 40년 이상 종사해온 김정욱의 저서『나는 반대한다: 4대강 토건공사에 대한 진실 보고서』는 관련 분야 지식의 전문성과 친환경적 관점 양 측면을 모두 충족하고 있는 매우 중요한 자료로 여겨진다.7 한편 이 주제와 관련하여 신학적 관점에서 4대강 사업을 다룬 논문 또는 자료는 제한적이다. 장윤재는 2011년 신학사상에 기고한 "강물아 흘러 바다로 가거라"라는 논문을 통해 물과 강의 수리학적 특성을 설명하고 4대강 사업에 대한 신학적 해석을 시도하였다.8 특히 이 글은 "전능하신(?) 인간과 끙끙앓는 하나님"이란 부제가 암시하듯이 강물에 대한 인간의 과도한 개입과 조작을 비판하면서 동시에 생명을 살리는 일에 무관심한 한국교회의 현실을 지적하고 있다. 또한 조현철의 "자연을 어떻게 볼 것인가: '4대강 살리기 사업'에 부치는 신학적 성찰"은 기독교의 전통적인 자연관에 대한 비판적인 관점에서 '4대강 살리기 사업'에 대한 신학적 성찰을 하고 있다.9 이 논문은 오늘날의 인간 중심주의에 근거한 자연관의 문제점을 지적하면서 개발정책에 대한 비판을 전개

---

7 김정욱,『나는 반대한다: 4대강 토건공사에 대한 진실 보고서』(서울: 느린걸음, 2010).
8 장윤재, "강물아 흘러 바다로 가거라," 「신학사상」153 (2011).
9 조현철, "자연을 어떻게 볼 것인가: '4대강 살리기 사업'에 부치는 신학적 성찰," 「신학사상」156 (2012).

하고 있다. 즉 과학기술의 발전으로 인하여 자연에 대한 인간의 개입으로서 자연의 개발은 자연 생태계에 심각한 영향을 끼치게 되었으며, 기독교 신학적 관점에서 자연 생태계는 하느님이 창조한 것인데, 생태 문제의 근본 원인은 피조물인 인간과 자연 사이의 관계에 있다고 주장한다. 저자는 오늘날 인간과 자연의 관계의 형성에 기여한 기계론적 세계관과 자연에 대한 인간 중심의 도구적 관점 그리고 과학적 낙관주의 등을 비판하면서, 오늘날 생태 문제를 제대로 다루기 위해서는 인간 중심이 아닌 하느님 중심의 세계관을 통하여 바람직한 인간과 자연의 관계를 재정립해야 한다고 주장한다. 한편 기독교사상 2010년 5월호는 4대강 문제를 특집으로 다루고 있는데, 4대강 사업에 대한 기독교계의 입장을 살펴볼 수 있는 자료들을 다수 포괄하고 있다. 이 가운데서 특히 기독교 환경운동을 앞장서서 이끌고 있는 양재성과 생태주의자인 최병성의 글이 주목해야할 중요한 자료이다. 전자는 "생명의 강을 죽이지 마라"[10]라는 제목으로 4대강 사업에 대한 기독교 및 종교계의 대응 활동에 대해 충실한 보고를 담고 있으며, 후자는 생태주의적 관점에서 "탄식소리가 흐르는 4대강이 교회에 던지는 도전"[11]이라는 제목으로 경청할만한 내용을 담고 있다.

---

10 양재성, "생명의 강을 죽이지 마라," 4-16.

11 최병성, "탄식소리가 흐르는 4대강이 교회에 던지는 도전," 「기독교사상」 617 (2010), 54-63.

2. 4대강 사업과 그 문제점

1) 4대강 사업의 추진과 전개 과정

4대강 사업은 2008년 하반기부터 이명박 정부가 추진한 소위 '한국형 뉴딜' 사업이다. 당시 이명박 정부는 이를 침체된 경제를 살려 일자리를 늘리는 동시에 국제적 이슈인 기후변화 문제에도 능동적으로 대처할 수 있는 일거양득의 친환경 저탄소 녹색 뉴딜 사업이라고 홍보하였다.[12] 이 가운데 4대강 즉, 한강, 낙동강, 금강, 영산강에 약 22조 원을 투입해 노후된 제방을 보강하여 홍수를 예방하고, 파괴된 하천 생태계를 복원하며, 크고 작은 규모의 보(洑)를 건설하여 수자원을 확보하고, 하천에 제방을 쌓고 그 위에 자전거 길을 조성하며, 보와 제방 주변에 친환경 수변공원을 만들어 레저생활을 가능하게 한다는 4대강 사업은 녹색 뉴딜 사업의 핵심적 사업이었다. 하지만 4대강 사업은 최근 감사원 조사를 통하여 밝혀졌듯이 원래 한반도 대운하 사업으로부터 시작되었다.[13] 한반도 대운하의 공론화는 1996년으로 거슬러 올라간다. 그해 7월 8일 당시 신한

---

12 녹색 뉴딜은 2009년 벽두부터 이명박 정부에서 야심차게 추진했던 경제 정책이다. 당시 기획재정부 발표에 따르면 4년간 총 50조원을 투입하여 침체된 경제를 활성화시킴으로써 약 96만개의 일자리를 만드는 것이 목적이었다. 김기훈, "녹색 뉴딜(저탄소 친환경 사업)에 50조 투입," 「조선일보」, 2009. 1. 7.

13 감사원이 4대강 사업을 대운하 전초 사업으로 보는 까닭은 강바닥을 5천 톤 급 배가 다닐 수 있도록 수심 6m로 준설하는 공사가 포함되었기 때문이다. 조백건 · 정한국, "수심 2~4m면 충분한데 6m까지 준설," 「조선일보」, 2013. 7. 11; 홍진수, "감사원 'MB, 4대강 수심 6m 되게 파라 지시'," 「경향신문」, 2013. 7. 10.

국당 국회의원이었던 이명박 의원은 경제 분야의 대정부질의에 나서 한강과 낙동강을 연결하는 운하를 건설할 것을 제안하였다. 그는 "한강과 낙동강을 가로막고 있는 조령산맥 해발 140m 고지에 20.5km의 터널을 뚫고 갑문과 리프트를 세워 두 강을 연결하여 총 연장 540km의 뱃길을 건설하면, 5천 톤의 바지^{Barge}선이 부산에서 서울 그리고 인천까지 운항할 수 있다"라고 제안하였다.[14] 그러나 이러한 구상은 얼마 후 건설교통부와 한국수자원공사의 자문을 거쳐 신한국당 당정회의에서 부결되었다. 그 이유는 배가 운항할 수 있는 수자원 확보가 어렵고, 물동량이 부족하다고 예상되며, 엄청난 사업비 조달이 불가능하기 때문에 현실성이 없다는 결론을 내렸다.[15] 그 후 서울시장으로 재직하면서 시행한 청계천 복원사업을 통해 자신감을 얻은 이명박 대통령 후보는 2007년 대선공약으로 "한반도 대운하 사업"을 발표했다. 그리고 대통령에 당선되어 이 사업을 2008년 2월 대통령으로 취임하면서 "한반도 국운융성의 길"이라고 대대적으로 홍보하면서 국정 핵심 과제로 추진하였다. 그럼에도 불구하고 전국의 대학교수 2천 명이 반대의사를 표명하고 설문조사를 통해서 국민의 70% 이상이 반대의견을 표시하자, 그해 6월 이 대통령은 "만일 국민이 반대한다면 한반도 대운하를 포기하겠다"는 성명을 발표하고 한반도대운하추진팀을 해체하고 관련 예산을 취소하였다. 그런데 12월이 되자 갑자기 국토해양부는 '4대강

---

14 이창현, "정부의 4대강 사업에 대한 윤리신학적 고찰," (광주가톨릭대학교 대학원 석사학위 논문, 2011), 4.
15 김성순, "4대강 사업의 문제점과 바람직한 정책방향," (국정감사 정책자료집, 서울, 2009), 6-7.

하천정비' 사업을 시행한다고 발표하더니, 거센 반대 여론에도 아랑곳하지 않고 2009년 7월에 "4대강 살리기 마스터플랜"을 발표하였고,[16] 그해 11월에 공식적으로 공사에 돌입하였다.[17] 이렇게 여러 차례 이름을 바꾸어 추진한 4대강 사업은 국토해양부의 발표에 따르면 수해 예방, 수자원 확보, 수질 개선, 복합 공간, 지역 발전을 목적으로 한다고 밝히고 있다.[18] 그런데 여기서 간과할 수 없는 중요한 문제는 건국 이래 최대의 국책사업임에도 불구하고 계속 사업의 주목적이 바뀌면서도 예산은 증가하면서 환경영향평가 등 정상적 법절차를 무시한 졸속으로 추진되었다는 점이다.

2) 4대강 사업의 문제점

(1) 한반도 대운하와 4대강 사업

먼저 학계와 시민단체들은 4대강 사업은 대운하 사업과 본질적으로 다르지 않다고 지적한다.[19] 이 대통령은 대운하 사업이 아니라고 하면서 배를 띄우는 것은 다음 정부에서 할 수 있다고 말하였는데 이는 곧 대운하 사업과 별반 다르지 않다는 것을 실토한 셈이라고 지적한다. 보를 쌓고 강둑을 높이고 강바닥을 준설하여 수심

---

16 정부는 2009년 6월 8일 총 222조 2천억원 예산의 '4대강 살리기 마스터플랜'을 최종 확정했다고 발표했다. 조현철, "자연을 어떻게 볼 것인가," 87.

17 김정욱, 『나는 반대한다』, 26-33.

18 조현철, "자연을 어떻게 볼 것인가," 87.

19 김정욱, 『나는 반대한다』, 26-30.

을 6미터 이상 확보한다는 것은 곧 장차 배가 다닐 수 있게 만들겠다는 복안이다. 다만 배가 드나드는 갑문만 설치하지 않는 점이 다를 것이다. 보를 쌓는다는 말이 일반인들에게는 정확히 무엇을 의미하는지 알기가 어려운데 실상 알기 쉽게 말하자면 댐을 쌓는 것이다. 높이 10미터가 넘는 보를 댐이라고 말하지 않고 굳이 보라고 말하는 것은 현 정부의 기만이라는 것이다.[20] 김정욱은 대운하 사업과 4대강 사업내용을 항목별로 비교한 표를 제시하면서 두 사업이 한강과 낙동강을 연결하는 것 빼고는 근본적으로 서로 동일하다고 주장하고 있다.[21] 무엇보다도 현재 4대강 사업은 정책 추진 과정에서 심각한 위법과 민주주의 질서를 파괴하면서 진행되고 있다. 최소한 4계절에 걸쳐서 조사되어야할 환경영향평가를 단 5개월 이내에 졸속으로 마쳤다. 사실 4대강 사업은 헌법, 환경법, 문화재관리법, 하천법, 지방법 등을 모두 위반하면서 초법적으로 추진되었다. 2009년 12월 8일 4대강 사업을 위한 예산이 국회 국토해양위원회에서 불법적으로 통과되었다. 당시 국토해양위원회 위원장(당시 한나라당 이병석 의원)은 4대강 관련 예산 8조 5천억을 상정함과 동시에 곧바로 이의제기와 반대 의견도 묵살하면서 일방적으로 가결을 선포했다. 어떤 회의에서나 의장이 안건을 상정한 다음에는 의결권을 가진 회의 구성원에게 반대 의견을 묻는 것은 민주주의의

---

20 앞의 책, 35. 김정욱은 지적하기를 정부는 16개의 보와 3개의 댐을 건설한다고 발표하면서 댐이 아니고 보라고 했는데, 한자로는 보(洑)가 영어로는 댐(dam)이라는 것이다. 그에 따르면 국제대형댐위원회는 높이 15m 이상이거나, 높이가 5~15m 댐 중 저수량이 3백만m³ 이상인 댐을 대형댐으로 규정하고 있는데 이 기준을 적용하면 4대강 사업은 사실 19개의 댐을 건설하는 것이라고 한다.
21 김정욱, "4대강 사업의 문제점과 진정한 강 살리기," 「환경과 생명」, 63 (2010). 163.

가장 기본적인 절차이다 그런데 당시 여당은 이러한 가장 민주주의의 기본조처 지키지 않고 날치기로 예산안을 통과시킨 것이다.

(2) 한반도 대운하와 홍수 문제

한반도 대운하가 가능하려면 무엇보다도 우선 배가 안전하게 운항할 수 있는 하천 수량이 확보되어야 하는데 우리나라 강들은 여름 홍수기를 제외하고는 대부분의 기간이 갈수기이므로 운하로 건설하기에 어려움이 많다. 우리나라는 6~8월 두 세달 동안의 강수량이 일 년 강수량의 절반 이상인데 비하여, 운하를 많이 보유하고 있는 프랑스나, 독일, 영국 같은 나라들은 홍수기가 없고 월 평균 강수량이 크게 차이나지 않는다.[22] 또한 강의 상류와 하류 사이의 표고 차이가 별로 나지 않는 유럽에 비해, 표고차가 크고 국토의 70% 이상이 산악인 우리나라에서 운하를 설치하려면 구불구불한 강물의 흐름을 펴고, 표고 차이가 나는 구간마다 갑문을 많이 설치해야 하는데 이는 건설 비용의 증가 및 기술적 어려움 그리고 갑문을 통과할 때마다 갑문 내에 물이 차고 빠지기를 기다려야 하기 때문에 운항 시간이 길어진다는 것을 뜻한다. 또한 운하 물동량 부족, 식수오염의 위험성, 140m 높이의 갑문 설치의 기술적 어려움과 위험성, 선박의 20km 이상 터널 통과 시 매연 문제, 유람선의 경우 관광객의 불쾌함의 문제 등이 예상된다.

운하를 건설하려면 댐(보)을 쌓아 물을 가두어야 하는데 문제는

---

22 김기석, "생명의 강을 지키자," 「영성생활」 39 (2009), 36-38.

우리나라의 강들은 갈수기와 홍수기 간의 수량의 차이가 세계적으로 최고 높은 수준이라는 점이다. 강우량이 여름에 집중하는 한반도 기후의 특성 때문이다. 한국의 연간 평균 강수량은 약 1,300mm인데, 6~8월 동안 700mm 이상 쏟아진다. 우리나라와 달리 서유럽의 경우에는 월별 강수량이 큰 차이가 나지 않는다. 갈수기와 홍수기 간 수량의 차이를 나타내는 수치를 '하상계수'라고 한다. 독일의 라인강이 1대 8인 것에 비해 한강은 자그마치 1대 393이다.[23] 유럽의 라인강이나 세느강, 혹은 템즈강에는 강물 바로 옆에 건물들이 서있고 찰랑찰랑한 수면과 비슷한 높이의 낭만적인 보행로가 있으나, 한강은 높은 강둑이 가로막고 있어 도보로 접근하기도 어렵고 인접한 건물과 멀리 떨어져 있다. 그 이유는 한강을 비롯한 우리나라의 강들이 세느강이나 템즈강보다 50여 배나 높은 하상계수 때문이다. 홍수기에 단기간에 엄청난 수량이 흘러가야 하고, 그렇지 않으면 범람하기 때문에 한강은 유럽의 강들과 달리 홍수기에 물이 흘러갈 수 있는 엄청난 공간이 제방 안쪽에 확보되어야 한다. 한강만이 아니고 낙동강, 영산강 금강도 마찬가지이다. 이런 점을 무시하고 4대강에 보를 쌓아 물 흐름을 막고 강둑을 쌓아 물을 가두어 두면 홍수 때에 엄청난 재앙을 불러올 수 있다.

정부는 4대강 사업을 홍보하기 위해 홍수 피해액을 크게 부풀려 발표하였다. 그런데 우리나라에서 홍수 피해의 95%가 4대강이 아닌 산간 지방과 지천에서 발생하였다. 반대로 4대강 사업은 홍수 예방이 아니라 홍수를 불러오는 사업이 될 것이다. 2013년 여름부

---

23 앞의 논문.

터 각종 언론은 4대강 공사의 일환으로 조성한 자전거 도로와 수변 공원 등에 홍수 피해가 심해서 지자체가 예산이 심각하게 압박을 받고 있다는 보도를 쏟아 내고 있다. 실제로 4대강 공사 후에 홍수 피해가 점점 더 커져서 2009년 이후 피해 복구 비용은 기하급수적으로 증가하고 있다. 4대강 사업으로 만든 시설물이 태풍과 집중호우에 취약해 '돈 먹는 하마'가 되어 지자체 예산을 고갈시키고 있는 것이다.[24]

(3) 수자원 확보 및 수질 개선의 타당성

정부는 우리나라도 2010년대 후반으로 가면 물 부족 국가로 분류된다는 자료를 제시하며 수자원을 확보해야 한다고 주장했다. 하지만 최병성은 이 주장의 유일한 근거는 미국의 민간단체 〈국제인구행동연구소〉(PAI)가 정한 기준으로서 우리나라 현실과 동떨어진 자료라고 반박한다.[25] 이 단체는 단순히 1인당 연간 물 사용 가능량이 1700㎥ 이상이면 물 풍족 국가, 1700~1000㎥까지는 물 부족 국가, 그 이하는 물 기근 국가로 분류하였다. 최병성은 우리나

---

24 박병률, "4대강 국감 자료: 홍수 피해, 4대강 사업 후 더 늘었다," 「경향신문」, 2013. 10. 14, http://media.daum.net/politics/assembly/newsview?newsid=20131014060209747. 2013년 10월 13일 국토교통부가 제출한 자료를 보면 4대강 사업이 시작된 2009년 이후 지난해까지 4대강 지역 홍수 피해 금액은 1조 2031억 원이었다. 4대강 사업 이전인 2008년 523억 원에 불과했던 홍수 피해 금액은 2009년에는 1404억 원, 2010년 1436억 원, 2011년 5024억 원 등으로 급증했다. 사업이 끝난 지난해는 큰 태풍이 없었음에도 4167억 원을 썼다. 사업 전인 2008년과 비교하면 연간 기준으로 최대 10배가량 많은 재정을 투입한 것이다.

25 최병성, 『강은 살아있다: 4대강 사업의 진실과 거짓』(서울: 황소걸음, 2010), 78-86.

라는 물 사용량이 1550m³이어서 그 기준에 따라 물 부족 국가로 분류되었지만 실질적으로 물이 부족 국가가 아니라는 근거를 다음과 같이 제시한다. 현재 우리나라 국민의 일인당 물 사용량은 독일에 비해 세배나 많고, 다른 유럽 국가에 비해 두 배 이상 많다는 것이다. 선진국과 같이 점차 일인당 생활용수 사용량을 줄여가야 할 필요성이 있다는 것이다. 다른 한편으로는 도시의 경우 취수량의 50%밖에 사용하지 못하고 있는데, 노후된 상수도관을 통해 누수되는 물이 40%나 되므로 이를 교체하면 물 부족 문제는 얼마든지 현재 상태로도 해결해 나갈 수 있다는 것이다. 또한 홍수 시에 물을 보관하여 갈수기 때 사용할 수 있는 물 저장고 등을 각급 공장이나 마을 등 각급 공동체 단위로 만들어 가면 어렵지 않게 해결해 나갈 수 있을 것이다. 우리나라에서 물 부족 현상이 발생하는 곳은 일부 산간 지방과 섬에서 발생하고 있는데 수자원 확보를 위해 4대강에 댐을 쌓는다는 것은 물 부족 현상과는 상관없는 공사라는 것이다.[26]

정부는 4대강의 수질 오염이 심각하기 때문에 보를 쌓아 물을 많이 가두어 수질을 정화시켜야 한다고 말했다. 그런데 고인 물은 썩는 다는 것은 너무도 기본적인 상식에 속한다. 보를 쌓아 물을 가두면 물 흐름은 느려지고 강바닥에는 계속 유기 침전물이 가라앉아 부패가 진행된다. 물속의 산소는 고갈되고 물은 썩게 된다. 4대강은 자연스럽게 흘러가면서 여울을 지나고, 갈대숲과 습지, 모래톱

---

26 2005년 1월 대통령 자문 지속가능발전위원회가 발간한 '지속가능한 물 관리정책'에 따르면 "물 부족 국가란 실체가 없는 왜곡된 선전일 뿐 우리의 물 사정을 대표하는 개념이 아니다"라고 보고하고 있다. 앞의 책, 80.

을 지나가며 살아있는 강이 되어 흐른다. 이 과정에서 수많은 뭇 생명을 길러내고 이 생명들이 물을 정화한다. 어항이나 정수기에 비유하자면 갈대숲과 습지는 필터에 해당되고 여울은 산소공급기와도 같다. 자연스러운 강 흐름에서 흘러들어온 유기물과 오염물질은 식물성 플랑크톤에 의해 흡수되고, 이어서 동물성 플랑크톤과 수생식물, 수중 곤충, 작은 물고기, 큰물고기, 조류와 큰 짐승들로 먹이사슬이 연결되어 생태계를 이룬다. 그렇기 때문에 어느 정도 오염된 물이 강물로 흘러와도 정화되는 것이다. 이런 자연정화 방식에 의해서 지금 우리나라의 4대강은 영산강만 제외하면 대부분 지역에서 2급수 이상의 좋은 수질을 유지하고 있다. 그런데 자연스러운 이 강들을 제방과 댐(보)으로 막으면, 강 주변에 살던 다양한 생명들이 대부분 사라지고 생물학적 종 다양성이 급격히 감소하게 된다. 죽은 강이 되는 것이다. 예컨대 모래톱에서 갯지렁이와 곤충을 잡아먹던 강가의 새들이 콘크리트 제방으로 경사진 강둑에서 어떻게 살아남을 수 있겠는가? 그런데 이 대통령은 기자들을 데리고 낙동강에 가서 강바닥의 흙을 한줌 쥐고는 강바닥이 썩었으니 빨리 4대강 사업을 해야 한다고 말하였다. 그가 손에 움켜쥔 것은 강가의 진흙(오니)이었다. 이것은 물론 썩은 흙이 아니라 미생물 덩어리로서 비록 육안으로는 보이지 않지만 강을 진정으로 살아있게 만드는 수많은 생명의 흙이었던 것이다.[27]

　수질 오염이 심한 지역은 강 유역의 폐수 정화시설을 확대하고,

---

27 박창근, "물 확보와 홍수예방, 수질개선 목적 다 근거 없어," 「녹색평론」112 (2010), 44-50.

유기농을 양성하여 개선해 나가는 것이 올바른 방향이다. 그런데 4대강 사업은 전국 최대의 팔당 유기농 단지를 내쫓으면서 추진하였다. 남한강과 북한강이 만나는 양수리 유역은 일찍이 생명 농업의 필요성을 느낀 농민들이 모여서 지난 수십 년간 생명을 죽이는 농사 대신 생명을 살리는 농사를 하고자 농약과 화학비료를 사용하지 않고 수많은 실패와 피땀 어린 도전 끝에 맨손으로 유기농법을 일구어낸 생명 농업의 산실이다. 그리하여 오늘날에는 백여 가구의 엄격한 인증을 통과한 유기농민들과 유통조직 그리고 소비자 조직이 '팔당생명연대'라는 이름으로 모여 있는 곳이다. 그런데 4대강 사업은 이들 유기농가의 강변 농토에 콘크리트 제방을 건설하고, 자전거 도로를 내겠다고 강변의 농토에서 농민들을 몰아내었다. 이들 농민들은 수십 년간 온 정성을 다해 일궈온 생명의 땅을 빼앗기지 않으려고 2009년 겨울에는 명동성당 앞에서 차가운 길바닥에 앉아 단식농성을 벌였고, 여름에는 뜨거운 아스팔트 길 위에서 전신을 엎드리는 삼보일배로 힘겨운 저항을 이어갔으나 소용이 없었다. 물신숭배의 성공 신화를 쫓는 이 시대의 한복판에서 묵묵히 생명의 밥상을 지켜온 이들의 노력이 폭풍 앞의 촛불처럼 꺼지고 말았다.

(4) 일자리 창출과 자전거도로

지역 균형 발전과 일자리 창출 효과도 정부의 홍보와 달리 문제가 많다. 건설토목 분야는 교육이나 다른 산업 분야에 비해 일자리 창출 효과가 아주 낮은 분야이며, 4대강 사업은 소위 '턴키' 방식으로 대기업들이 사업자로 지정 받음으로써 이 사업으로 가장 큰 수혜자는 지역의 중소 건설업체가 아니라 대기업들이 되었다. 저출산 문제 탁아, 공교육, 사회복지, 여성복지 등에 4대강 예산을 사용한다면 훨씬 더 많은 일자리 창출과 지역 발전을 이룰 수 있을 것이다. 마지막으로 자전거도로에 대해 생각해보자. 4대강줄기를 따라 자전거로 전국일주를 한다면 나름대로 기분 좋은 여행이 될 수도 있을 것이다. 그러나 자연스런 강은 산허리를 감싸고 흐른다. 강과 산이 맞닿아 있는 것이다. 기왕에 제방이 있는 곳에 자전거도로를 내는 것은 그리 무리한 일이 아니겠지만, 자전거도로를 내자고 산허리를 깎아 아름다운 산천 경계를 흉물로 만드는 것은 그야말로 비상식적인 사업이다. 자전거도로는 친생태적이고 나홀로 차량이 가득한 도심에서 보다 확대되어야 할 것이다.

(5) 찬반양론과 감사원 감사 결과

4대강 사업은 하천 생태계의 복잡한 상호관계로 인하여, 대규모 준설과 보 건설이 초래할 생태적 변형의 결과와 영향을 예측하기가 지극히 어렵기 때문에, 강에 대한 인간의 대규모 개입은 가능한 한 억제되어야 함에도 불구하고 형식적인 환경영향평가만 거친 채 강행하였다.[28] 조현철은 4대강 사업이 거의 완결된 시점에 발표한 자신의 논문에서 "찬반양론이 첨예하게 대립된 가운데 빠른 속도로

---

28 조현철, "자연을 어떻게 볼 것인가," 114.

진행된 이 사업 목표의 타당성과 관련해 어느 쪽의 견해가 옳은지는 결국 시간이 말해줄 것"이라며 확정적인 판단은 유보하였다.[29] 4대강 사업을 둘러싼 논쟁이 치열하던 당시 한국기독교총연합회 (한기총)은 2010년 5월 "4대강 사업 찬성 기도회"를 개최하였다. 이 자리에서 이광선 대표회장은 "이 사업이 고질적인 물 문제 해결과 지역 활성화에 기여할 것"이라며 "하지만 정부는 우려하는 국민의 소리에 귀를 기울이고 적극적인 소통과 친환경적인 공사 진행을 통해 국민적 신뢰를 확보한 국책사업으로 추진해야 한다"고 촉구했다. 또 "정치계를 비롯한 시민단체는 이 사업이 사회갈등을 조장하고 국민을 분열시키는 정쟁 도구로 사용되는 것을 즉각 중지해야 한다"고 지적했다.[30] 다른 한편 비슷한 시기인 2010년 3월 천주교는 정부의 4대강 공사에 대한 천주교의 입장을 결정하기 위해 22명의 주교가 참석한 설명회를 개최하였다. 정부에서는 4대강살리기 추진본부장, 국토해양부 차관 등 5명을 파견했고, 시민사회 측에서는 서울대의 김정욱 교수가 나왔다. 이날 양측의 토론을 지켜본 후 주교회의는 22명 전원 만장일치로 정부의 4대강 공사에 대한 반대 입장을 가결했다. 80년대 민주화 운동 이후 사회적 현안에 대해 발언을 삼가오던 천주교 주교회의가 이례적으로 명시적으로 정부 정책에 반대 성명을 발표하게 된 것이다.[31] 기독교환경운동연대를 비

---

29 앞의 논문, 95. 이 논문이 발표되고 다시 1년 반이 지난 지금 4대강 사업의 문제점이 속속 드러나고 있다. 여름철에는 녹조가 창궐하고 수질이 악화되어 수질개선 비용이 기하급수적으로 늘어가고 있다. 보에는 균열이 가고 역행침식으로 인해 보의 안정성이 위협받고 있다. 자전거길과 수변공원이 유실되어 홍수 피해액 역시 기하급수적으로 증가하고 있다.

30 함태경, "한기총, 4대강 살리기 사업에 대한 입장 발표,"「국민일보」, 2010. 5. 25.

롯한 많은 종교·사회 시민단체와 대다수 국민들의 반대에도 불구하고 강행되어 마침내 2011년 10월 22일 사실상 완공을 기념하는 축하행사를 전국적으로 개회하였다. 남한강 이포보에서 열린 축하행사에 참석한 이명박 대통령은 "대한민국 4대강이 생태계를 더 보강하고, 환경을 살리는 강으로 태어났다"고 선언하였다.[32] 이리하여 단군 이래 최대의 국책사업이라는 4대강 사업이 22조 원이라는 천문학적 예산을 투입하고 마무리가 되었다. 그러나 2013년 1월 17일 발표된 감사원의 감사 결과를 보면 설계 부실, 보 내구성 부족, 수질 악화, 과다한 유지비용, 수질, 홍수·가뭄 관리에서 복합적 문제가 확인됐고, 보洑 본체의 균열과 보 하단의 세굴洗掘 현상도 16개 보 대부분에서 확인된 것으로 드러나 총체적 부실공사임이 밝혀졌다.[33]

31 김정욱, 『나는 반대한다』, 2. 김정욱 교수는 발표를 마치며 떨리는 목소리로 "무참하게 파괴되는 4대강과 고통 받는 뭇 생명들을 생각하면 제 가슴 속에서는 피눈물이 흐릅니다. 어떻게 이렇게 생명을 천하게 여길 수 있습니까?" 40년 동안 환경공학과 환경운동에 헌신해온 김 교수의 눈에서도 눈물이 흘렀다.

32 하대석, "4대강 사업 사실상 완공⋯ 전국에서 기념행사," SBS TV, 2011. 10. 22.

33 감사원, "4대강 살리기 사업 주요시설물 품질 및 수질 관리실태," 감사결과 보도자료, 서울, 2013. 1. 17 배포.

3. 생태담론의 전개와 근본생태학

1) 생태담론의 전개

생태학^{ecology}이란 용어는 희랍어 '오이코스^{oikos}'와 '로고스^{logos}'
의 합성어로 1866년 독일 생물학자 에른스트 헥켈$^{Ernst\ Haeckel}$에 의
해 처음 사용되었다. 찰스 다윈의 열렬한 신봉자였던 그는 이 용어
를 "환경에 대한 생물의 상호관계를 연구하는 포괄적인 과학"으로
정의하였다.[34] 이렇게 시작된 생태학은 두 방향으로 전개되었는데
하나는 생물의 상호관계 및 환경과의 관계성을 연구하는 자연과학
의 한 분야로서 전개되었고, 다른 한 방향은 보다 인문학적 맥락에
서 인간과 생물을 포함한 자연과의 상호관계에 관심을 갖고 전개되
었다. 전자는 흔히 환경생물학이라고 하며 분자생물학과 더불어 현
대 생물학의 지형을 양분하고 있고, 후자는 사회비평 담론의 흐름
속에서 발전하여 1970년대에 이르러 생태 비평이라는 하나의 패러
다임을 형성하기에 이른다.[35] 문순홍은 급변하는 과학기술이 인간
과 사회에 미치는 영향에 주목한 자연과학과 철학, 사회과학의 실
천적 학자들이 학제간 연구를 통하여 새로운 패러다임의 전환을 주
장하면서 생태학적 담론을 형성했다고 설명한다. 이러한 일련의 학
자들과 저서들을 문순홍은 다음과 같이 열거한다. "레이첼 카슨은

---

34 Colin R. Townsend, Michael Begon, and John L. Harper/김종원 외 옮김, 『이것이 생
   태학이다』 (서울: 월드 사이언스, 2004), 4.
35 문순홍, "생태 패러다임, 생태 담론 그리고 생태 비평의 언어 전략," 『생태학의 담론』 (서울:
   아르케, 2006), 18-25.

『침묵의 봄』을, 과학사회학자였던 베리 코모너는『원은 닫혀야 한다』를, 과학 철학자 아느 네스는 '심층생태학'을, 물리학자인 카프라는『전환』을, 자연과학자였던 리프킨은『엔트로피』를, 러브록은 『가이아』를 출판함으로써 보다 근본적이고 전일적인 생태적 성찰이 가능하게 해주었다."[36]

　헤켈이 '생태학'이란 용어를 사용한 이래 지난 150년 간 생태학은 자연에 대한 인간의 과도한 지배와 착취를 반성하고, 생태계의 상호연결성 내지는 상호의존성의 특성을 밝혀온 과정이라 할 수 있다. 예수회 사제이며 생태신학자인 조현철은 생태적 세계관을 다음과 같이 세 가지 원리로 정의한다. 첫째, 상호연결성의 원리다. 생태적 세계관은 세상의 모든 개별 존재가 궁극적으로 서로 연관되어 있으며 의존하고 있음을 인식하고 인정한다. 둘째, 본질적 가치의 원리다. 생태적 세계관은 세상의 모든 개별 존재가 서로 연관되어 의존하고 있기 때문에, 아무리 보잘것없이 보이는 것이라도, 그 자체의 존재 이유와 역할, 다시 말해서, 본질적 가치를 지니고 있음을 인식하고 인정한다. 셋째, 포괄성의 원리다. 이 세상에 상호연결성과 본질적 가치의 두 원리가 적용되지 않는 영역과 개체는 없다. 따라서 생태적 세계관의 범위는 자연과 사회 모두를 포함하며 양쪽 모두에 적용된다.[37] 전현식은 이와 같은 인식에 근거한 생태학적 담론들을 '근본생태학'(심층생태학), '사회생태학' 그리고 '에코페미

---

36 앞의 책, 27.

37 조현철 "생태신학의 이해: 생태신학의 교의 신학적 체계 구성을 위하여," 「신학과 철학」 8 (2006), 198.

니즘' 등으로 분류하여 그 특징들을 설명한다.38 여기서는 특별히 4대강 사업의 반생태적 속성에 주목하여 심층생태주의를 중심으로 살펴보고자 한다.

2) 심층생태주의

노르웨이의 생태 철학자인 아느 네스는 당면한 생태계 위기를 해결하기 위한 담론으로서 심층생태주의Deep Ecology를 제시하였다. 그는 기존에 전개된 생태 담론이 결국 자연을 인간의 이익에 봉사하기 위해 도구적, 실용적, 공리적 관점에서 바라보았으며, 궁극적으로 인간 중심주의anthropo-centrism의 한계를 벗어나지 못하는 표층생태주의Shallow Ecology라고 규정하였다. 표층생태주의는 환경오염의 문제를 제한적이고 단편적이며 얕은 시각으로 바라보며, 피상적이고 임시방편적인 해결 수단을 제시하는데 불과하다고 지적하였다. 1960년대의 환경 개량주의는 환경 문제를 국지화하고 미시화해 주로 환경공학에 의존한 방식으로 당시의 관료, 법률가, 자연과학자들에 의해 선택되었다.39 예를 들면 파괴된 생태계에 대한 대응 방법으로 대규모 인력을 동원하여 산이나 들에서 쓰레기줍기운동 같은 자연보호캠페인을 전개한다든지, 공해를 배출하는 공장이 있으면 굴뚝을 높이 세워 주민들에게 직접적인 피해가 경감되도록 하는 방식이다. 마찬가지로 생태적 위기에 처한 하천을 복원해야

---

38 전현식, "교회건축의 생태신학적 이해," 「신학논단」 71 (2013), 341-346.
39 문순홍, "생태 패러다임, 생태 담론 그리고 생태 비평의 언어 전략," 50.

하는 과제를 앞두고 하천 생태계를 되살리는 근본적인 해결책 대신에 사람의 눈에 보기 좋게 만드는 하천 정비 사업 같은 피상적 해결책으로 접근하는 것이다.[40]

이와 달리 네스의 심층생태주의는 환경 파괴 및 생태 위기에 대한 포괄적이고 종교적이고 철학적인 차원에서 새로운 패러다임 혹은 세계관이 필요하다고 인식하고, 인간만을 중요시하기보다는 우리환경의 모든 구성 요소의 정체성을 인정하며, 생태계 내의 모든 구성요소와 개인들의 생명 중심적 평등성 인정한다.[41] 이러한 심층생태주의는 드볼[Bill Devall], 세션스[George Sessions], 스나이더[Gary Snyder], 폭스[Warwick Fox], 카프라[Fritjof Capra] 등에 의해 자연과 인간의 조화를 추구하는 동양사상과 북미 토착민의 자연관 그리고 서양의 비주류 영성 전통 등에서 생태적 감수성을 발견하면서 더욱 그 사상적 외연이 확대되고 영성적인 차원으로까지 깊이가 더해졌다. 이러한 심층생태주의의 원리를 요약하면, 첫째, 모든 생명은 인간의 입장에서 유용성과 무관하게 그 존재 자체로서 고유한 가치를 지니며, 둘째, 인간은 생존을 위한 필수불가결한 경우를 제외하고 생명의 다양성을 감소시킬 권리가 없으며, 셋째, 인간에 의한 자연계에 대한 과도한 간섭과 파괴로 인해 급속도로 악화되는 상황을 전환시

---

40 이런 점에서 청계천 물길 복원 사업은 표층생태학적 관점에 근거한 환경 개량주의의 대표적인 사례라 할 수 있다. 왜냐하면 도시 오염수로 죽은 하천을 복원하면서 생태계 스스로의 생명력에 의존하지 않고 무리한 토목공사로 문화재를 파괴하고 물길과 하천변을 완전히 인공적으로 조성하여 펌프로 한강물을 끌어들여 강제순환 방식으로 물을 흘려보내는 시스템으로 건설하였기 때문이다. 이런 점에서 많은 환경운동가들은 복원된 청계천은 '콘크리트 어항식 수로'일 뿐이라고 비판한다. 최병성,『강은 살아있다』, 45-49.

41 켄 그나나칸/이상복 옮김,『환경신학』(서울: 기독교연합신문사, 2006), 46-47.

킬 수 있는 근본적인 경제적, 기술적 정책의 변화가 요구되며, 넷째 물질적 풍요가 아닌 내면적 만족에 대한 인식의 중요성을 공유하고, 동·서양의 영성을 통한 삶의 변화와 실행이 필요하다는 것이다. 이는 곧 존재의 평등, 상호연관성 인정, 생태평등주의 지향하는 것이며, 신학적으로 표현하자면 창조 세계 안의 모든 피조물들이 하느님으로부터 축복받은 존재로서 그 고유한 가치를 인정하는 것이다. 이는 세계를 고립된 개체들의 단순한 총합으로 보는 대신 모든 생명들이 서로 그물처럼 연결되어 있는 상호의존적인 '생명의 망'으로 간주한다.[42] 이러한 관점은 오늘날 인류 생존을 위협하고 있는 문제들로 핵무기의 위협, 대기 오염, 각종 폐기물 및 화학물질 공해, 제3세계 빈곤, 에너지 고갈, 문화적 질병의 만연, 사회적 병리 현상 그리고 현대인의 자아 및 정체성 상실 등에 주목한다. 근본생태학은 이러한 현상들은 현대 문명이 쇠퇴하고 있음을 알리는 위기적 징후들이라고 진단한다. 그리고 이러한 위기는 기존의 경제적, 정치적 위기와는 근본적으로 다른 위기로서 새로운 패러다임이 필요하다고 주장한다.[43] 새로운 패러다임은 환원주의적 관점에서 실재를 중심으로 사고하는 뉴턴-데카르트의 기계론적 세계관으로부터 전체와 과정 그리고 관계성을 중시하는 전일적인 세계관으로의 전환을 요구하고 있다는 것이다.[44] 결론적으로 심층생태주의는 모든 생명의 상호의존성 및 연결성에 대한 인식론적 깨달음과, 인간이

42 전현식, "교회건축의 생태신학적 이해," 342-343.
43 문순홍, "생태 패러다임, 생태 담론 그리고 생태 비평의 언어 전략," 52.
44 프리초프 카프라/김재희 옮김, 『신과학과 영성의 시대』 (서울: 범양사, 1997), 10-15.

좁은 사유에 갇힌 고립된 존재가 아니라 자연과 일치를 이루는 가운데 참된 존재로 거듭나는 '확장된 자아'의 존재론으로 나아가며, 모든 생명이 동등한 삶의 권리를 인정하는 '생물권 평등주의'의 윤리를 지향한다.[45]

조현철은 4대강 사업이 거의 완결된 시점에 발표한 자신의 논문에서 4대강 사업을 통해 오늘날 우리가 기계론적 세계관으로 자연을 바라보고 있음이 여실히 드러났다고 지적하면서 그 특징을 다음과 같이 세 가지로 규정하였다. 첫째, 자연에 대한 인간 중심의 도구적 관점, 둘째, 자원으로서의 자연: 경제성장의 수단, 셋째, 과학적 낙관주의: 자연과학에 대한 신화적 인식이 그것이다.[46] 이 분석에 따르면 4대강 사업은 생명의 젖줄인 강과 그 강과 관련을 맺고 살아가는 수많은 생명의 안녕에는 아무런 관심이 없고 단지 소수 인간의 부의 축적의 수단으로 추진되었다는 점에서 심층생태주의 관점과 정면으로 충돌한다.

4. 4대강 사업에 대한 생태신학적 성찰

1) 강, 생명의 젖줄

기독교는 모든 생명의 근원은 창조주 하느님이라고 고백한다. 하느님께서는 인간을 포함한 모든 생명들의 터전이자 집^{oikos}으로

---

45 전현식, "교회건축의 생태신학적 이해," 343.
46 조현철, "생태신학의 이해: 생태신학의 교의 신학적 체계 구성을 위하여," 95-100.

지구를 선물로 주셨다. 하느님께서는 지구라는 행성이 생명을 내고 품기에 적당한 장소로 지으셨으며, 바다와 강과 대지에 창조의 숨결, 즉 성령을 불어넣으심으로써 수많은 생명들을 지어내셨다. 현대 생물학에 의하면 지구 생명의 역사는 약 36억 년 전에 하나의 자기복제자로 출현하여 생성과 멸종을 거치며 진화를 거듭하여 오늘날과 같은 모습을 지니게 되었다. 창조신앙과 생물학을 결합해서 설명하면, 생명의 근원은 하느님으로부터 왔으나, 그 생명을 자신의 몸 안에 품어 이 땅에 번성하게 한 생명의 자궁은 지구이다. 지구는 모든 생명을 잉태하고 양육한다. 즉 생명의 아버지는 하느님이요 어머니는 지구라고 말할 수 있다. 그런데 생명체들이 생명유지를 위해 가장 필요한 것은 물이다. 물이 없으면 생명체도 생겨날 수 없고, 목숨을 유지할 수도 없다. 천문학에서 '골디락스 영역'이 있다.[47] 태양계와 같이 하나의 항성을 공전하는 행성들의 공전궤도 가운데 물이 존재할 수 있는 적당한 온도를 유지하는 영역을 가리키는 말이다. 물을 가진 행성이 태양(항성)과 너무 가까이 있으면 모두 증발해서 없어지고, 반대로 너무 멀리 있으면 얼음 형태로만 존재하기 때문에 생명이 태어날 수가 없다.[48]

사람 몸의 70%는 수분이다. 인간에게 물은 곧 생명이다. 우리는

---

47 세스 쇼스탁, 알렉스 버넷/이명현 옮김, 『우주 생명 이야기』(서울: 다우, 2005), 32. 영국의 전래 동화인 '금발머리(골디락스) 소녀와 곰 세 마리'에서 따온 말로서 적당한 상태나 조건을 뜻한다.

48 칼 세이건/홍승수 옮김, 『코스모스』(서울: 사이언스 북스, 2004). 어떤 행성에 생명이 존재하려면 반드시 공전궤도가 '골디락스 영역'에 위치해야 한다. 나사(NASA)에서 외계 생명을 탐사할 때 가장 먼저 따져보는 조건은 물의 존재 여부이다. 물은 생명의 가장 기본적인 조건인 것이다.

음식 없이는 3~4주 버틸 수 있지만, 물 없이는 일주일도 살 수가 없다. 이러한 현상은 생명과 물의 밀접성을 잘 보여준다. 또한 대부분의 동물이 삶의 첫 단계를 물속에서 시작한다. 포유류는 자궁 속 양수 속에서, 파충류는 알 속에서 생명의 박동이 시작된다. 자궁이건 알이건 모두 액체 상태이다. 본시 태초에 생명이 처음 만들어질 때 물 속(바다)에서 시작되었기 때문에 그럴 것이다. 이런 점에서 대지를 적시는 강은 생명현상에 너무도 중요한 존재이다. 그러므로 한반도를 감싸 흐르는 한강 낙동강, 영산강, 금강은 이 땅에 살아가는 모든 생명의 젖줄이다. 인간이 이 땅에 살기 전 오래 전부터 산을 끼고 들판을 가로질러 흐르는 이 강들은 이 땅의 모든 생명체들이 삶을 영위할 수 있도록 보듬고 양육해왔다. 그런데 지금 생명의 젖줄인 이 강들과 그 주변 생태계가 4대강 사업으로 인해 물길이 가로막히고 습지가 사라지고 갈대밭이 강변이 콘크리트로 덮여 버렸다. 생태신학적 관점에서 강은 대지에 생명을 공급하는 생명의 젖줄이다. 창조의 영이신 성령이 계속된 창조를 이끌어가는 장소인 것이다. 그런데 4대강 사업은 바로 이러한 하느님의 창조의 공간을 인간의 자기중심적 사고에 근거하여 콘크리트 덩어리로 막고 직선으로 바꾸어 버렸다. 한강과 낙동강, 영산강과 금강은 우리에게 무엇인가? 우리 국민 수천만 명이 매일 마시는 물이 흐르는 생명의 강이다. 갈대숲이 사계절마다 풍광을 달리하고, 그 속에서는 수달과 고라니, 버들치와 동자개, 백로와 청둥오리가 살아가는 곳이다. 이 땅의 모든 생명들의 젖줄이다.

2) 인간, 교만한 피조물

고대 자연 종교에 영향 속에서 인간은 자연에 종속된 존재로 규정되었고, 이로 인해 고대 국가 권력과 종교권력이 결탁한 구조 속에서 인간의 기본권과 자유가 억압되었다.[49] 그러나 히브리 창조신앙을 통하여 하느님의 형상을 지닌 존엄한 존재로 거듭나게 한 창조신앙의 긍정적 기능은, 인간의 지나친 자연 지배와 생태계 파괴로 인해 그 부정적 측면을 드러내게 되었다. 20세기 후반에 접어들며 과학기술의 급격한 발전과 더불어 인간이 생태계로부터 과도한 자원 착취와 남용 그리고 환경오염으로 인해 생태계 파괴가 걷잡을 수 없을 지경으로 심각해지자, 린 화이트는 기독교의 창조신앙에 깃든 인간 중심주의가 오늘날 생태위기의 근원적인 원인을 제공했다고 주장하였다.[50] 생태신학의 이정표가 된 "생태계 위기의 역사적 뿌리"라는 논문을 통해 그는 창세기 1장 28절에 근거하여 기독교가 자연과 동물에 대한 인간의 무분별한 착취를 정당화했다고 지적하였다. 인간이 하느님의 형상에 따라 지음 받은 존재라는 성서 구절을 오직 인간만이 영적인 존재라고 해석함으로써, 자연과 다른 생명을 지닌 존재들로부터 인간을 분리시키는 이원론적 사고를 낳았다는 것이다. 이러한 반성은 곧 인간과 피조세계와의 관계를 새롭게 성찰하면서 하느님의 창조사역에서 피조세계의 소중함에 대

---

49 김은규, 『구약 속의 종교권력』 (서울: 동연, 2013), 60-83.
50 Lynn White, Jr. "The Historical Roots of the Ecological Crisis," *Science* 155 (1967), 1203-1207.

해 재인식하는 계기를 마련하였다. 위르겐 몰트만은 하느님의 자연에 대한 인식으로서 창조 행위는 주체와 객체를 분리할 수 없는 원자물리학, 특히 양자역학의 실험 사례에서 입증된 것처럼 자연 속으로 참여하는 인식이라고 주장하였다.[51] 몰트만의 생태학적 창조론에서 하느님은 성령으로서 '모든 생명을 사랑하는 분'이시며, 그 영은 모든 피조물 안에 거하신다. 그러므로 피조세계는 하느님과 분리된 장소가 아니며 오히려 창조의 영으로서 하느님이 머무시는 거룩한 공간으로 재인식된다. 그런데 전통적 서구의 인간 중심주의적 세계관에서는 인간은 자연을 하느님과 분리시키고, 자신을 하느님의 대리인으로 내세우는 교만을 드러내었다.

4대강 사업은 자연(강)을 바라보는 관점에 있어서 극단적인 인간 중심주의에 근거하여 추진되었다. 신학적 관점에서 볼 때 모든 자연은 하느님의 창조의 산물이다. 4대강 물줄기는 수십만 년 동안 한반도의 산을 돌고 들을 가로질러 흐르며 이 땅의 모든 생명들에게 생명을 공급하는 젖줄이다. 하느님의 창조 동산에 흐르는 생명의 강인 셈이다. 4대강 사업은 전적으로 자연과 생명의 존재를 그 자체로 인정하지 않고 단지 인간의 경제적 이익을 충족시키는 수단으로 간주하였다. 정부는 4대강 사업이 현대판 녹색 뉴딜 사업으로서 일자리가 창출되며, 자전거도로를 통해 레저 활동이 증가할 것이며, 친수구역 활용을 통해 부동산 가격의 상승효과를 기대하는 등 자연을 단지 경제 성장의 자원으로 간주하였다. 콘크리트 제방

---

51 위르겐 몰트만/김균진 옮김, 『창조 안에 계시는 하느님』(서울: 한국신학연구소, 1987), 16-17.

과 준설로 인해 사라질 수많은 생명에 대해서는 아랑곳하지 않았다. 이는 피조물로서의 본분을 망각하고 자신이 창조주의 위치를 대신하려는 인간의 교만함의 극치이다.

3) 생명, 피조된 공동창조자

1979년 영국의 과학자 제임스 러브록은 지구의 생명과 환경 전체를 살아있는 하나의 유기체로 볼 수 있다는 '가이아^{Gaia}' 가설을 제안하였다.[52] 그리스 신화에서 대지의 여신인 가이아가 많은 자녀를 낳아 풍성한 생명이 이 땅 위에 넘치게 했듯이, 지구의 박테리아를 비롯한 다양한 생물, 대기, 대양, 토양 등 모든 것이 서로 협력하여 마치 자기 조절 능력이 있는 것처럼 하나의 살아있는 시스템으로 작동하였다는 것이다. 러브록은 즉 지구를 생물과 무생물이 서로에게 영향을 미치는 생명체로 바라보면서 지구가 생물에 의해 조절되는 하나의 유기체임을 강조한다. 또한 여성생물학자 린 마굴리스를 비롯한 여러 생물학자들은 지구 생명이 상호협동과 공생을 통해 진화해왔다는 증거들을 설득력 있게 제시하고 있다.[53] 이에 따르면 지구 생명의 진화는 생물 간의 경쟁보다는 협동에 의해서 전개되었다는 것이다. 마굴리스는 이러한 협동과 공생의 대표적인 증거로 세포 안의 미토콘드리아를 제시하는데 이는 서로 다른 종류의

---

52 James Lovelock, *Gaia: A New Look at Life on Earth* (Oxford: Oxford University Press, 1979), 39.

53 린 마굴리스, 도리언 세이건/황현숙 옮김,『생명이란 무엇인가』(서울: 지호, 1999); 린 마굴리스/이한음 옮김,『공생자 행성』(서울: 사이언스북스, 2009).

박테리아가 하나로 결합하여 공생을 이룬 증거라고 제시한다.

　이러한 가이아 가설의 함축성을 적극 수용하여 로즈마리 류터는 여성생태학적 관점에서 가부장적 질서 하에 형성된 기독교 전통을 비판적으로 검토하고 자연과의 상호 관계 안에서 인간 상호 간의 비위계적 관계를 의미하는 치유 사회의 비전을 제시하였다.54 김균진은 가이아 가설이 자연환경과 그 안에 있는 모든 생명에 대한 인간의 경외심을 요구함으로써 유아독존적 인간의 존재로부터 생명 공동체로서 자연과 인간의 조화로운 삶으로의 각성을 제기할 수 있다고 보고 그 안에 담긴 생태신학적 의미를 높게 평가한다.55

　가이아 가설과 공생적 진화론이 지시하는 사실은 일찍이 헥켈이 생태학을 '환경에 대한 생물의 상호관계를 연구하는 포괄적인 학문' 으로 정의한 것처럼56 생명의 상호연결성과 상호의존성에 대한 강조이다. 생명은 서로 연결된 존재이며 의존하는 관계에 있으며 인간도 생명의 일부이므로 예외가 될 수 없는 것이다. 이는 다른 생명의 복잡성과 다양성, 고유성은 생명의 특성이다. 4대강 사업은 이러한 생명의 특성을 정반대로 거슬러 단순성과 획일성 그리고 균일성을 관철시킴으로써 생명의 상호연결성을 파괴하는 반생명적인 사업이 아닐 수 없다. 나아가 가이아 가설이 제기하는 지구 생명의 특성을 신학적으로 성찰해보면 결국 하느님의 창조는 이 세상을 초월한 존재로서 하느님 혼자 이루신 것이 아니라는 점을 깨닫게 된

---

54 로즈마리 래드퍼드 류터/전현식 옮김, 『가이아와 하느님: 지구 치유를 위한 생태 여성학』 (서울: 이화여자대학교 출판부, 2000).

55 김균진, 『자연환경에 대한 기독교 신학의 이해』(서울: 연세대학교 출판부, 2006), 284-287.

56 Townsend, 『이것이 생태학이다』, 4.

다. 이름 없는 박테리아를 비롯한 수많은 생명들이 하느님과 더불어 지구 환경을 지금과 같은 상태로 만들었다는 점에서 뭇 생명체들은 하느님의 계속된 창조사역에 능동적으로 참여하는 '피조된 공동창조자Created Co-creator'57이다. 그러므로 뭇 생명을 파괴하는 일은 단지 피조물을 죽이는 행위일 뿐만 아니라 동시에 하느님의 '공동 창조자'를 죽이는 인간의 신성모독 행위이다. 강과 그 강에 기대어 살아가는 수많은 생명들을 죽음으로 몰아넣은 4대강 사업은 곧 피조물이자 하느님의 창조사역에 참여하는 '공동 창조자'를 무참하게 짓밟은 인간의 극악한 행위라는 점에서 하느님의 아들 예수 그리스도를 처형한 범죄와 같은 또 하나의 십자가 사건이 아닐 수 없다. 십자가 사건에 관한 이야기는 죽음으로 마무리되지 않는다. 그 이야기의 끝은 부활에 관한 증언이다. 그렇다면 4대강 사업을 통해 죽은 한강, 금강, 낙동강, 영산강도 다시 생명의 강으로 부활되어야 한다.

---

57 '피조된 공동창조자'(Created Co-creator)라는 용어는 필립 헤프너(Philip Hefner)가 인간의 피조물과 창조적 주체를 동시에 표현하기 위해 사용하였다. 그는 이 개념을 통해 인간이 하느님에 의해 주도된 생물학적 진화과정을 통해 피조된 존재이면서도, 동시에 자유의지를 가지고 생명공학을 통하여 미래의 생명세계를 만들어가는 능력을 획득하여 하느님과 함께 창조에 참여하는 존재라는 양면적 속성을 묘사하였다. 필자는 이 개념을 가이아 가설에 적용하여 단지 인간만이 아니라 지구환경의 변화와 유지에 참여한 모든 생명체들이 하느님의 창조에 참여하는 '피조된 공동창조자'라고 해석한다. Philip Hefner, "Bio-cultural Evolution and the Created Co-Creator," *Science and Theology* (Colorado: Westview Press, 1998), 174-188.

5. 맺음말

어떻게 콘크리트로 뒤덮인 4대강을 생명의 강으로 부활시킬 것인가? 장윤재는 신학사상에 기고한 "강물아 흘러 바다로 가거라"는 논문에서 에스겔서 47장 1-12절과 요한계시록 21-22장에 나오는 '생명의 강'에 관한 환상을 언급하면서 "그 물이 4대강 살리기로 죽어가는 이 땅의 강물로 흘러 들어갈 수 있다면, 온 세상에는 하느님의 생명의 강이 유장하게 흐를 것"[58]이라고 주장하였다. 4대강이 생명의 강으로 회복되기를 바라는 간절한 소망을 묵시문학의 이야기 속에서 찾아 표현한 것이다. 하느님과 어린 양의 옥좌로부터 나와 강 양쪽 언덕에는 열두 가지의 열매가 열리는 생명나무가 자라고 그 나뭇잎은 만국의 백성을 치료하는 약이 되는 생명의 강을 다시 흐르게 해야 한다. 하느님의 백성들에게 풍성하고도 넘치는 생명의 잔치를 베풀어 줄 생명의 강으로서 4대강을 다시 회복시키고자하는 이러한 소망은 이제 묵시문학적 비전으로 머무르지 않고 보다 현실적인 전망으로 구체화되어야 할 것이다. 〈4대강복원범국민대책위원회〉는 4대강 문제의 진정한 해결책으로서 다음과 같은 조치를 취할 것을 제안하고 있다. 우선 정부는 환경단체, 민간전문가가 포함되는 〈4대강복원위원회〉를 구성하여서 현재의 문제점을 파악하고 복원을 위한 방안을 논의해야 하며, 수질악화와 생태계 파괴를 막기 위한 우선적 조치로서 4대강 보의 수문개방이 즉각 이루어져야 하고, 총체적 부실로 판명 난 4대강 사업에 대한 국정조

---

58 장윤재, "강물아 흘러 바다로 가거라," 111.

사와 청문회를 실시하여 엄정한 책임을 물어야 하고, 마지막으로 후속으로 추진되는 대형댐 건설, 지류지천 사업 등을 즉각 중단해야 한다고 주장한다.[59] 독일, 미국, 일본을 비롯한 여러 국가에서는 댐을 해체하고 강의 모습을 원래대로 되돌리는 강 복원 사업을 추진하고 있고, 그 결과 사라졌던 물고기가 돌아오고, 강변과 수중 생태계가 복원되는 꿈과 같은 일이 현실로 이루어지고 있다. 독일에서는 뮌헨을 가로지르는 이자르강을 복원하여 생태계를 회복하였고[60] 미국에서는 레드강을 복원하여 연어를 돌아오게 하였다.[61]

기독교는 부활의 종교이다. 그리스도를 장사지낸 무덤은 텅 비었고, 그분은 부활하셨다. 하느님의 피조 세계로서 자연 역시 부활의 능력을 내재하고 있다. 자연의 생태 복원력이 그것이다. 면밀한 검토와 환경영향평가를 거쳐 생명의 물길을 막고 있는 댐과 보를 해체하고 제방에 쏟아 부은 콘크리트를 단계적으로 제거해 나간다면 반드시 4대강은 생명의 강으로 부활할 것이다. 그날이 언제일지 모르지만 부활하신 그리스도를 고대하는 제자들의 심정으로 기도

---

59 4대강복원범국민대책위원회, 2013년 1월 18일 발표.

60 임혜지, "독일 이자르 강 복원의 현장 이야기," 「한겨레신문」, 2013. 12. 30, http://hook.hani.co.kr/archives/51297. 이 기고문에 따르면 "2000년 유럽연합(EU)은 '홍수가 증가한 주원인은 강의 직선화, 강기슭의 강화, 강바닥의 준설 때문'이라고 분명히 밝히며 2015년까지 유럽의 모든 강을 자연 상태 또는 자연에 가장 가까운 상태로 되돌리는 'EU 수자원관리 기본지침'을 발표했다"고 한다.

61 레드강은 미국 아이다호주 중부를 흐르는 강으로 왕연어의 중요한 산지이다. 1994년에 멸종위기 동식물 보호법에 의해 왕연어의 이동통로 확보 차원에서 복원을 시작하였으며, 2000년까지 4단계로 나누어 복원사업을 진행하였다. 이 복원사업의 주목적은 왕연어의 산란과 성장을 위한 좋은 서식처를 예전 상태로 복원하는 것으로 서식처의 다양성, 수생서식처, 수변식생의 복원 및 수질개선과 야생 생태계 회복 등의 목표로 진행되었다.

하며 소망한다면 반드시 4대강은 생명의 강으로 우리 품에 돌아와 찬란한 생명의 향연을 베풀어 줄 것이라 믿어 의심치 않는다.

참고문헌

감사원. "4대강 살리기 사업 주요시설물 품질 및 수질 관리실태." 감사결과 보도
　　　　자료, 서울, 2013. 1. 17 배포.
그나나칸, 켄/이상복 옮김. 『환경신학』. 서울: 기독교연합신문사, 2006.
김균진. 『자연환경에 대한 기독교 신학의 이해』. 서울: 연세대학교 출판부, 2006.
김기석. 『종의 기원 vs. 신의 기원』. 서울: 동연, 2009.
_____. "생명의 강을 지키자." 「영성생활」 39 (2009).
김기훈. "녹색 뉴딜(저탄소 친환경 사업)에 50조 투입." 「조선일보」. 2009. 1. 7.
김성순. "4대강 사업의 문제점과 바람직한 정책방향." 국정감사 정책자료집, 서
　　　　울, 2009.
김은규, 『구약 속의 종교권력』, 서울: 동연, 2013.
김정욱. 『나는 반대한다: 4대강 토건공사에 대한 진실 보고서』. 서울: 느린걸음,
　　　　2010.
_____. "4대강 사업의 문제점과 진정한 강 살리기." 「환경과 생명」 63 (2010).
라이프, 알베르트/노시내 옮김. "4대강 사업이 대한민국 하천환경에 미치는 영향
　　　　과 용어상의 문제점." 「기독교사상」 622 (2010).
마굴리스, 린/이한음 옮김. 『공생자 행성』. 서울: 사이언스북스, 2009.
마굴리스, 린, 도리언 세이건/황현숙 옮김. 『생명이란 무엇인가?』. 서울: 지호,
　　　　1999.
류터, 로즈마리 래드퍼드/전현식 옮김. 『가이아와 하느님: 지구 치유를 위한 생태
　　　　여성학』. 서울: 이화여자대학교 출판부, 2000.
몰트만, 위르겐, 김균진 역. 『창조 안에 계신 하느님: 생태학적 창조론』, 서울: 한
　　　　국신학연구소, 1987.
문순홍. "생태 패러다임, 생태 담론 그리고 생태 비평의 언어 전략." 『생태학의 담
　　　　론』. 서울: 아르케, 2006.
박병률. "4대강 국감 자료: 홍수 피해, 4대강 사업 후 더 늘었다." 「경향신문」.
　　　　2013. 10. 14, http://media.daum.net/politics/assembly/newsview?
　　　　newsid=20131014060209747.
박창근. "물 확보와 홍수예방, 수질개선 목적 다 근거 없어." 「녹색평론」 112 (2010).

_____. "녹색성장과 4대강 살리기 사업의 문제." 「경제와 사회」 83 (2009).

세이건, 칼/홍승수 옮김. 『코스모스』. 서울: 사이언스 북스, 2004.

쇼스탁, 세스, 알렉스 버넷/이명현 옮김. 『우주 생명 이야기』. 서울: 다우, 2005.

양재성. "생명의 강을 죽이지 마라." 「기독교사상」 617 (2010).

이창현. "정부의 4대강 사업에 대한 윤리신학적 고찰." 광주가톨릭대학교 대학원 석사학위 논문, 2011.

임혜지. "독일 이자르 강 복원의 현장 이야기," 「한겨레신문」. 2013. 12. 30, http://hook.hani.co.kr/archives/51297.

장윤재. "강물아 흘러 바다로 가거라." 「신학사상」 153 (2011).

전현식. "교회건축의 생태신학적 이해." 「신학논단」 71 (2013).

조백건, 정한국. "수심 2~4m면 충분한데 6m까지 준설." 「조선일보」. 2013. 7. 11.

조현철. "자연을 어떻게 볼 것인가: '4대강 살리기 사업'에 부치는 신학적 성찰." 「신학사상」 156 (2012).

_____. "생태신학의 이해: 생태신학의 교의 신학적 체계 구성을 위하여." 「신학과 철학」 8 (2006).

최병성. 『강은 살아있다: 4대강 사업의 진실과 거짓』, 서울: 황소걸음, 2010.

_____. "탄식소리가 흐르는 4대강이 교회에 던지는 도전", 「기독교사상」 617 (2010. 5).

카프라, 프리초프/김재희 옮김. 『신과학과 영성의 시대』. 서울: 범양사, 1997.

하대석. "4대강 사업 사실상 완공… 전국에서 기념행사." SBS TV. 2011. 10. 22.

함태경. "한기총, 4대강 살리기 사업에 대한 입장 발표." 「국민일보」. 2010. 5. 25.

홍진수. "감사원 'MB, 4대강 수심 6m 되게 파라 지시'." 「경향신문」. 2013. 7. 10.

Townsend, Colin R., Michael Begon, and John L. Harper/김종원, 김현우, 박용목, 조광진, 주기재, 최기룡, 한승욱 옮김. 『이것이 생태학이다』. 서울: 월드 사이언스, 2004.

Hefner, Philip. "Biocultural Evolution and the Created Co-Creator." *Science and Theology*. Colorado: Westview Press, 1998.

Lovelock, James E. *Gaia: A New Look at Life on Earth*. Oxford: Oxford University Press, 1979.

White, Jr., Lynn. "The Historical Roots of the Ecological Crisis." *Science* 155 (1967).

노랑나비와 들꽃으로 다시 오렴,
얘들아!

이야기의 시작

"엄마, 아빠! 수학여행 다녀올께요."
"그래, 우리 딸(아들), 수학여행 가서 친구들이랑 재미있게 놀고, 선생님 말씀 잘 듣고, 건강하게 다녀오렴."
"네, 걱정 마세요. 그럼 다녀오겠습니다."
…

…

이렇게 집을 나선 우리 아이들이 아빠와 엄마에게 돌아오지 못했다. 아이들의 재잘거림은 무쇠덩이 보다 더 무거운 침묵의 바닷물 속에 갇혀 버렸다. 착하고 잘 웃던 우리 아이들의 얼굴은 일초 일초가 억겁보다 더 긴 시간처럼 느껴지던 그 긴 시간, 수십여 일이 지나서야 차마 눈뜨고 볼 수 없을 만큼 참혹한 모습으로 팽목항의

콘크리트 바닥에 뉘어져 엄마, 아빠와 대면할 수 있었다. 세상에, 수학여행 간 아이와 부모가 이런 식으로 만나는 일이 어디 있단 말인가? 그러나 이토록 참담한 만남조차도 아직도 저 바닷물 속에서 올라오지 못한 아이들의 부모들에게는 간절한 부러움의 대상이라니 도대체 이런 기막힌 상황을 무어라 말할 수 있는가?

과연 우리의 아이들은 어디로 갔을까? 정녕 우리는 아이들의 얼굴을 영영 볼 수 없단 말인가? 아이들을 삼켜버린 무심한 바닷물을 바라보며 발만 동동 구르다가 절박한 심정으로 아이를 잃은 엄마, 아빠들은 기도한다. 아니 기도라기보다 피를 토하는 심정으로 절규한다.

전능하신 하느님! 도대체 왜 우리 아이를 데려가셨나요? 생명의 예수님! 주님은 죽었던 나사로를 다시 살려 주시고 우리에게 영원한 생명을 약속하신 분이십니다. 이 세상 무엇과도 바꿀 수 없는, 단 하나밖에 없는 소중한 우리의 아이를 죽음에서 건져내어 다시 살릴 수 있습니까? 하느님, 왜 침묵만 지키고 계신가요? 무어라고 대답 좀 해 주세요.

무력한 하느님

세월호 참사로 사랑하는 자식을 잃은 부모와 유가족들에게 '하느님의 전능성'은 어떻게 이해될 수 있을까? 하느님은 세상을 창조하시고 섭리로 이끌어가는 전능하신 분이라는데, 도대체 어떻게 이런 비극이 일어나도록 허락하셨단 말인가? 내 자신보다도 더 소중한 아이들을 잃는 고통을 겪으면서 우리는 '전능하신 하느님'에게 따지지 않을 수가 없다. 세월호 참사를 겪으면서 우리 마음속에 지울 수 없는 '하느님의 전능성'에 대한 항의에 대해 과연 성서는 무어라고 대답할 것인가?

> 그는 하느님의 모습을 지니셨으나, 하느님과 동등함을 당연하게 생각하지 않으시고, 오히려 자기를 비워서 종의 모습을 취하시고, 사람과 같이 되셨습니다. 그는 사람의 모양으로 나타나셔서, 자기를 낮추시고, 죽기까지 순종하셨으니, 곧 십자가에 죽기까지 하셨습니다(빌립보서 2장 6-8절).

이 성서 구절은 사람들이 막연히 알고 있던 '하느님의 전능성'에 대해 다시 한번 돌이켜 생각하게 한다. 대개 우리는 하느님은 전지전능하시므로 능히 못할 일이 없는 분이라고 생각하기 쉽다. 전능하신 하느님은 저 하늘 높은 곳, 천사들이 호위하는 가운데 신비로운 구름에 둘러싸인 보좌에 위엄을 떨치며 앉아 계신 분으로 떠오른다. 이러한 하느님의 모습은 시편에서도 노래하듯이 한번 입을 열면 천둥소리가 울리며 눈빛을 발하면 번개가 치며 산과 바다를 뒤엎으시는 능력자의 형상이다. 그러나 빌립보서는 하느님의 모습에 대해 전혀 다른 이야기를 전하고 있다. 그것은 곧 "예수님은 하느님과 동등한 존재이시나 스스로 자신을 낮추어 종의 모습을 취하여 사람이 되었고, 순종하여 마침내 십자가에 달려 죽으셨다"는 고백이다. 이를 신학에서는 '케노시스^{kenosis}'라는 개념으로 설명한다. '케노시스'란 하느님과 같은 존재이신 예수께서 스스로 자신을 낮추어 사람이 되어 이 세상에 오신 성육신 사건의 본질을 표현하는 개념으로서 '신성 포기', '자기 비하', 또는 '자기 겸손'이란 뜻이다. 이 '케노시스'의 뜻에 비추어 보면 하느님은 언제 어디서든 무엇이나 마음대로 할 수 있는 전능하신 분이 아니다. 그 분의 전능성은 나약함과 고통과 죽음까지 포함한다. 이 세상과 사람을 구원하기 위하여 자신의 지위를 포기하고 힘없는 한 인간이 되어 이 세상에서 가장 견디기 어려운 십자가형의 고통을 받고 창에 찔려 죽임을 당한 경험을 포함하는 전능성이다.

기독교는 유대교에서 나왔다. 유대교와 기독교와 이슬람교는 뿌리가 같다. 그 뿌리란 전능하신 창조주를 유일한 하느님으로 믿는 신앙이다. 그런데 유대교 및 이슬람교와 기독교의 가장 큰 차이는 바로 예수님에 대한 믿음이다. 지금으로부터 2천 년 전 팔레스타인 땅 나사렛에 태어난 한 인간, 예수를 온전한 하느님으로 믿고, 그분의 삶 속에 하느님의 뜻과 사랑이 완전하게 드러났다고 고백하는 것이 바로 기독교이다. 유대교 관점에서 볼 때 역사적 존재인 한 인간이 전능하신 하느님이라는 주장은 그야말로 신성모독이 아닐 수 없다. 그러나 기독교 신학에서 하느님의 전능성은 그분이 전지전능한 능력을 소유하고 발휘해서가 아니라, 그것을 버리는 자기 비움과 스스로 낮아지는 겸손을 통해 완성되는 전능성이다.

고통당하신 하느님

예수의 생애는 결코 영광스럽지 않았다. 그의 삶은 승리의 나팔 소리로 막을 내린 것이 아니라, 사람들이 보는 앞에 채찍을 맞고 벌 거벗긴 채 십자가에 달리어 가장 고통스럽고 치욕스러운 모습으로 숨을 거두었다. 그런데 이분이 바로 전능하신 하느님이시다. 이러 한 하느님의 모습은 전능하신 하느님에 대한 일반 대중의 기대와는 전혀 다른 모습이지만, 사실 오래 전에 이미 구약시대의 예언자들 에 의해 이미 예언된 내용이다.

주님의 능력이 누구에게 나타났느냐? 그는 주님 앞에서, 마치 연한 순 과 같이, 마른 땅에서 나온 싹과 같이 자라서, 그에게는 고운 모양도 없고, 훌륭한 풍채도 없으니, 우리가 보기에 흠모할 만한 아름다운 모 습이 없다. 그는 사람들에게 멸시를 받고, 버림을 받고, 고통을 많이 겪었다…. 그는 굴욕을 당하고 고문을 당하였으나, 아무 말도 하지 않 았다. 마치 도살장으로 끌려가는 어린 양처럼, 마치 털 깎는 사람 앞에 서 잠잠한 암양처럼, 끌려가기만 할 뿐, 아무 말도 하지 않았다(이사야 53장 1-7절).

일찍이 이사야 예언자는 이스라엘을 구원할 메시아는 영광스러 운 왕의 풍채가 아니라 유월절 어린 양처럼 연약한 모습으로 우리 앞에 나타나신다고 예언하였다. 예수 그리스도를 통하여 온전히 계 시된 하느님은 압도적인 권능으로 이 세상에 현존하는 악의 세력을 심판하는 방식이 아니라, 자신이 연약한 존재가 되어 세상의 악으로 인해 발생되는 고통을 온 몸으로 짊어짐으로써 궁극적으로 악을 극복하는 길을 보여주셨다.

고통 받는 하느님에 대한 생생한 이야기가 있다. 엘리 위젤^{Eliezer} ^{Wiesel}, 1986년도 노벨 문학상을 수상한 유대인 작가이다. 세계 제2차 대전 중에 나치에게 끌려가 홀로코스트에서 구사일생으로 살아난 위젤은 수용소에서 자신의 부모와 누이가 죽임을 당하는 것을 지켜보아야 하는 극심한 고통을 겪었다. 그러나 그가 가족의 죽음 이상으로 더 충격적이었던 사건은 어린 소년의 처형 장면이었다. 탈출을 시도했다가 붙잡혀 온 불행한 이 소년은 수많은 유대인들이 보는 앞에서 본보기로 교수형에 처해졌다. 수용소의 간수들은 잔인한 자신들의 악마성을 이 무고한 열세 살짜리 어린 소년의 목숨을 유린하면서 드러냈다. 사람들은 목에 밧줄이 걸린 채로 허공에 매달려 몸부림치는 어린 소년의 모습을 보아야 했다. 아직 목숨이 붙어 있는 채 혀를 내밀고 숨을 헐떡이는 소년의 눈동자와 마주친 엘리 위젤은 피눈물을 쏟으며 절규하였다.

하느님, 도대체 당신은 어디에 계십니까? 어째서 이토록 우리에게 극심한 벌을 내리시나요? 왜 우리의 고통을 외면하는 겁니까?

그런데 그때 그는 어디선가 들려오는 목소리를 듣게 된다.

위젤아, 나도 저 소년과 함께 교수대에 매달려 고통 받고 있단다.

오랜 시간이 흐른 뒤 죽음의 행렬에서 극적으로 살아난 엘리 위젤은 파리에서 프랑수아 모리악^Francois Mauriac을 만나 자신의 체험을 말해주자 모리악은 위젤에게 이렇게 대답했다고 한다.

당신 자신도 소년과 함께 교수대에 매달려있다고 대답한 그분은 바로 십자가에 못 박혀 죽으신 예수 그리스도라고 나는 믿고 싶소. 우리를 대신해 고통 받으신 하느님은 지금도 이 세상에서 연약한 사람들이 겪고 있는 고통 가운데 함께 하시는 분이라오.

기독교에서 말하는 구원은 고통을 심판하거나 회피함으로써가 아니라, 고통을 끌어안음으로써 이룩되는 구원이다. 하느님은 고통과 동행하시고, 스스로 고통을 당하셨기에 이 세상의 고통을 이해하고 위로할 수 있는 분이다. 하느님은 우리의 고통을 결코 외면하지 않는다. 스스로 낮아져 연약한 사람이 되어 이 세상에 오신 하느님은 몸소 온갖 고통을 다 받으심으로써 우리의 고통을 이해하시며 이 세상에서 고통 받는 사람들의 동반자가 되셨다.

십자가 사건과 세월호의 고통

예수를 메시아로 믿고 따르던 제자들은 예수께서 예루살렘을 올라갈 때 나름대로 속내를 품고 동행하였다. 그것은 세속적인 기대였다. 메시아인 스승이 왕궁과 성전이 있는 예루살렘에 올라가 영광스러운 자리를 차지할 때 자신들에게도 상당한 지분이 주어질 것이라는 기대였다. 그러나 어이없게도 예수는 체포되었고 모욕적인 재판을 받았고 십자가에 달려 고통스럽게 죽고 말았다. 십자가에 달린 예수는 단지 육체적 고통으로만 괴로워한 것이 아니다. 어쩌면 아버지 하느님께 버림받았다는 절망감이 더 그를 괴로움에 몰아넣었는지도 모른다. "나의 하느님, 나의 하느님, 어찌하여 나를 버리셨습니까?"라고 외치며 숨을 거둔 예수의 마지막 순간은 그야말로 비참했다.

제자들은 이러한 사태를 도무지 이해할 수 없었다. 도대체 왜 우리의 스승 예수는 그토록 무기력했는가? 뚜렷하게 잘못한 일도 없는데 왜 제대로 항변도 하지 못하고 묵묵히 사형판결을 받아야 했는가? 왜 가시관을 쓰고 채찍질 당하고 십자가를 짊어지는 굴욕을 당해야 했는가? 왜 십자가에 매달려 울부짖다가 죽음을 맞이할 수밖에 없었는가? 이럴 바에야 처음부터 예루살렘에 오지 말지, 환영해주는 군중들도 많은 갈릴리를 떠나 굳이 우리들을 이끌고 이곳에 와서 그야말로 헛된 죽음을 당해야 했는가? 이러한 이해할 수 없는 질문들과 더불어 제자들을 더욱 괴롭힌 것은 자신들조차 스승과의 약속을 팽개치고 도망쳤다는 자책감이었다. 예수님을 사랑한다며 언제나 함께 하리라고 대답했지만, 막상 재판정에서 병정들의 창칼을 보자 두려움에 떨며 자신은 예수의 제자가 아니라고 거짓말을 하고 도망칠 수밖에 없었다. 예수께서 겪으신 십자가의 고통과 절망, 그리고 자신들의 비겁함에 대한 자책으로 제자들은 매 순간이 억겁처럼 길게 느껴지는 괴로운 시간을 보내고 있었다. 이러한 절망의 시간에 제자들에게 믿을 수 없는 놀라운 소식이 전해졌다. 그것은 예수께서 다시 살아나셨다는 소식이었다. 과연 십자가에 달려 죽은 예수는 무덤에 갇혀있지 않았다. 그는 무덤 문을 열고 부활하심으로써 고통에서 영원한 생명으로 이르는 길을 열어주셨다. 제자들은 절망에서 새로운 희망을 찾았고 두려움을 떨치고 예수를 증언하기 시작했다. 죽음 너머에서 영원한 생명을 깨닫게 되었다.

어른들을 믿었기에, 착한 아이들이었기에, "가만히 있으라!"는 말만 믿고서 선실에 남아 있다가 세월호의 육중한 쇳덩이 갑판 아래에 갇혀 4월의 차가운 바닷물 속으로 잠겨버렸다. 그 거대한 배가 어두운 바다 속으로 침몰하던 그 순간 우리의 아이들은 얼마나 무서웠을까? 죽음의 물살이 아직은 가녀린 아이들의 숨을 삼켜버릴 때 아이들은 얼마나 고통스러웠을까? 꽃보다도 아름답고 별보다도 총총한 이 아이들을 사지에 빠뜨리고도 유유히 휴대폰을 챙겨 세월호를 빠져나간 선장과 선원들은 도대체 왜 아이들을 버린 것일까? 구조가 본업인 해경들은 왜 배 안에 남아있는 생존자들을 외면한 채 돌아갔을까? 배가 침몰한 후 왜 정부는 단 한명도 구조하지 못했는가? 왜 대통령은 자신의 목숨보다 소중한 아이를 잃고 가슴에 큰 구멍이 나서 살아갈 힘을 잃은 부모들을 만나주지 않는가? 도대체 세월호 참사의 책임은 누가 지는 것인가? 세월호 참사의 근본적인 책임을 유병언이라는 사람에게 돌리더니 어이없게도 그자는 의문투성이의 시신으로 발견되고 말았다. 이젠 누구에게 책임을 물어야할지도 알 수 없는 이 부조리한 상황을 어떻게 납득할 수 있는가? 왜 일 년이 다되도록 진상규명은 전혀 이뤄지지 않고 사건의 실체는 점점 더 안개 속으로 빠져드는 것인가? 왜 어떤 사람들은 세월호 유족들에게 경기침체의 책임을 씌우고 이제 좀 그만 하라고 압박하는가? 자신의 목숨보다 더 소중한 아이를 잃은 부모의 고통은 그 무엇으로도 치유되지 않는데, 어디에서도 해결책을 찾을 수 없으니 답답해서 가슴이 터질 것 같은 이 막막한 현실을 어떻게 받아들이고 일상으로 되돌아갈 수 있단 말인가? 슬픔에 잠겨 단식하는 유족들 앞에서 치킨과 피자를 100판 배달시켜 소위 '폭식투쟁'이란 짓을 하면서 조롱하는 자들과 어떻게 같은 하늘을 이고 살아간단 말인가? 세월호 참사로 소중한 자녀 혹은 식구를 잃은 유가족들은 지난 한 해 동안 이러한 고통과 번민을 겪으며 밤낮을 보냈다. 이제 그만 접으라는 사회 일각의 차가운 눈초리를 의식하며 매 순간 밀려오는 좌절감에 몸과 마음을 가누기 어려운 나날들이었다.

십자가에 달려 죽으신 예수께서는 무덤에서 부활하여 영원한 생명을 약속하셨다고 한다. 그렇다면 우리의 아이들은 어떻게 되는 것인가? 과연 우리 아이들은 죽지 않고 다시 살아날 수 있는가? 그렇다면 어떻게 해야 우리 아이들을 다시 만날 수 있는 것인가?

노랑나비와 들꽃으로 되살아나는 아이들

필자는 작년 가을, 〈세월호 참사를 기억하며 걷는 생명평화 순례〉에 짧은 일정이나마 참여하였다. 진도 팽목항에서 서울 광화문까지 기도를 올리며 걷는 이 순례에 많은 성공회 성직자들과 교우들이 동참하였다. 매일 아침 길을 떠나기 전에 생명평화 순례자들은 함께 모여 기도를 올렸다. 기도의 마지막 순서는 항상 진도 앞바다에서 예쁜 꿈을 접어야했던 아이들과 희생자들의 이름을 부르는 것이었다. 순례를 제안한 신부는 공책에다가 희생자들의 이름을 또박또박 손글씨로 적어 품에 지니고 매일 아침 한 장에 적힌 이름을 불렀다. 세월호에 갇혀, 아니 이 시대의 어둠에 갇혀 그만 검푸른 바닷물 속으로 사라져버린 단원고 아이들과 희생자들의 이름이 한 명씩, 한 명씩 불려졌다. 이름이 불리워짐으로 인해 순례자들은 가슴 속에서 희생된 아이들이 다시 부활함을 느꼈다. 아이들이 순례자들에게 말하는 목소리가 들렸다. 비록 "우리들은 사랑하는 부모님 곁을 떠날 수밖에 없지만 자신들을 가두었던 이 시대의 어둠을 반드시 밝혀 달라고, 맑고 푸르른 꿈을 차가운 물속으로 끌고 들어가 질식시킨 저 부패와 무관심의 사슬을 끊어 달라!"고 절규하였다.

순례단의 선두에는 "세월호 참사를 기억하며 걷는 생명평화 도보순례"라는 노란 깃발이 앞장섰다. 순례자들이 걷는 가을의 길섶에는 많은 들꽃들이 피어있었다. 개망초와 구절초가 피어있고, 싸리꽃과 왕고들빼기꽃이 웃고 있었다. 감국과 산국이 각각 진한 노랑색을 서로 견주었고, 쑥부쟁이와 벌개미취가 조용히 자태를 뽐내었다. 동산 위로 아침 해가 솟아 가을 햇살이 비치기 시작하자 나뭇가지마다 걸린 거미줄에는 이슬방울이 영롱하게 빛나기 시작했다. 그 아래로 냇물은 졸졸거리며 흘러가고 있었다. 어른들의 잘못으로 한 순간에 그 푸른 나래를 접어야 했던 아이들을 생각하며 한 걸음 한 걸음 옮기는 순례자의 눈에는 이제 이 모든 생명들 속에서 아이들의 모습이 느껴졌다. 아이들의 웃음소리와 재잘거림과 자유로운 몸짓들이 떠올랐다. 못다 핀 아이들의 꿈과 생명이 이 뭇 생명들 속에 함께 있는 듯이 느껴졌다. 그런데 갑자기 어디선가 노란색 나비 하나가 나풀나풀 날아오더니 필자가 들고 가는 순례단 깃발 앞에서 춤추며 날아가기 시작했다. 순례행렬은 자동차들이 쌩쌩 달리는 6차선 차도와 넓게 펼쳐진 들판 사이로 난 좁은 인도를 따라 걷는 중인데, 신기하게도 나비는 차도로도 들판으로도 날아가지 않고 마치 강아지가 주인을 앞장서 가듯이 순례행렬 앞에서 계속 날아가는 것이었다. 이러한 동행은 잠시 동안 우연히 일어난 것이 아니라, 신기하게도 오랫동안 수백 미터 구간에 걸쳐 이어졌다. 필자에게 이 일은 하나의 계시처럼 느껴졌다. 노랑나비는 순례 깃발 앞에서 필자의 발길을 이끌다가 작은 화훼단지가 나오자 꽃들을 향해 날아갔고, 순례단은 그곳에서 고단한 다리를 펴고 쉼을 가졌다. 꽃을 가꾸는 화훼단지 여주인이 마당으로 나와서 예고 없이 들이닥친 순례단을 친절하게 맞이해 주시고 마음으로 동참한다고 격려해 주셨다.

이후에도 노랑나비의 모습이 뇌리에서 떠나지 않아 다음날 인터넷으로 검색해보니 그 나비는 '남방노랑나비'였다. 보통 배추흰나

비보다는 조금 작은데, 노란색 날개 끝에 검은 줄이 가늘게 나있다. 그 무늬는 순례단이 들고 가는 깃발의 색깔과 똑같은 것이었다. 우연이라 하기에는 너무도 신비스러운 사건이었다.

　침몰하는 세월호에서 아이들이 마지막까지 주고받았던 이야기들과 영상을 보면서 눈물을 흘렸던 것이 엊그제 같은데 어느덧 일 년이 흘렀다는 사실이 믿어지지 않는다. 100일이 가고 200일이 지나 300일이 다가오도록 진상규명을 비롯해 무엇 하나 제대로 아이들을 위해 해준 것이 없는데 우리의 기억은 벌써 희미해지는 것이 아닌지 자책이 들기도 한다. 아이들과 유가족이 더 이상 희생자가 아니라, 마치 경기침체의 주범처럼 손가락질 받는 이 기막힌 이 시대 속에서 하루하루를 부끄럽게 호흡하면서 살아가고 있다. 처음에는 지나가는 어린 아이들만 보아도 눈시울이 뜨거워지고 가슴이 먹먹했는데, 어느덧 무덤덤해지고 있는 우리 자신의 모습을 발견하곤 한다.

　그러나 순례길에 나타나 앞장서서 날아가는 노랑나비를 통해서 어떤 계시 같은 깨달음을 얻었다. 그것은 세월호에 탔던 아이들의 영혼이 완전히 우리 곁을 떠난 것이 아니라 언제 어디서나 우리와 함께 있다는 깨달음이다. 이 땅에 존재하는 모든 생명 속에 아이들의 숨결이 깃들어 있음을 느끼고 싶다. 그 어떤 말로도 위로할 수 없는 유가족들에게 감히 그 아이들이 영원토록 우리와 함께 있다는 생명의 메시지를 전하고 싶다. 하지만 이 위로의 메시지는 결코 이 시대의 어둠을 향한 분노를 누그러뜨리는 것이 돼서는 안 될 것이다. 이 부패한 사슬을 묵인하는 거짓 용서와 혼동돼서도 절대로 안 된다. 우리는 한편으로는 아이들이 우리 곁에 함께 살아 있음을 느끼면서, 다른 한편으로는 아이들을 죽음으로 내몬 어둠의 세력과 부패한 무리들을 물리치고 이 세상 모든 아이들이 구김살 없이 활짝 웃을 수 있는 세상을 만들자는 다짐이어야 할 것이다.

하느님의 영은 온 세상에 가득하니 그것은 곧 생명의 영이요, 기운이다. 영원하신 하느님 품에 안긴 아이들의 영혼은 이제 이 세상에 충만한 생명으로 돌아와 풀과 꽃과 나비와 새들의 생명 속에서 다시 살아나니, 이들 뭇 생명 속에서 하느님의 영을 만나고 동시에 아이들의 모습을 발견하자. 그리고 이 뭇 생명을 공경함으로써 이 세상에 남은 우리들이 아이들의 못다 산 삶을 살아내고, 하느님의 영을 모시자. 그리고 나아가 이 생명을 죽음으로 몰아넣는 반생명적인 제도와 탐욕을 악으로 규정하고 맞서 싸워 아이들의 생명을 지켜내자.

생명의 정치 · 은총의 경제 · 개혁하는 교회

묵은 땅을 갈아엎고 정의를 심어라. 사랑의 열매를 거두리라. 지금은
이 야훼를 찾을 때, 이 야훼가 너희를 찾아와 복을 내리리라(호세아
10: 12).

민족과 교회의 역사를 회고하며

2016년 11월, 주말마다 전국 방방곡곡 수백만의 촛불로 시민혁
명을 이룩해가는 시기에 제 65차 한국기독교교회협의 총회에 참석
하신 여러분께 하느님의 은혜가 함께 하시길 빕니다. 새 하늘과 새
땅을 대망하는 평화적인 촛불의 물결로 어둠의 권세를 밀어내며 한
발 한 발 전진하는 우리는 반드시 이 시대의 바빌론과 같은 청와대
의 권세를 무너뜨리고, 세계사에 자랑할 만한 역사적인 시민혁명을
완수할 것입니다. 이 역사적인 순간을 맞이하면서 절망과 희망이
교차되었던 민족의 역사를 돌이켜보고자 합니다.

잔혹했던 일제 강점하에서 우리 믿음의 선조들은 조국의 독립을 위해 하느님께 간절히 기도했습니다. 하느님을 향한 순결한 믿음을 바탕으로 빼앗긴 이 나라를 되찾겠다는 일념으로 국내와 해외 어디를 가나 곳곳마다 교회를 세우고 간절히 기도했습니다. 수많은 애국자들이 풍찬노숙을 마다하지 않고 목숨을 바쳐 마침내 해방을 맞이했습니다. 그런데 안타깝게도 남한과 북한 각각 외세를 등에 업은 분단세력과 공산주의자들에 의해 민족분단과 동족상잔의 비극을 겪어야 했습니다. 특히 해방 후 일제의 잔재를 청산하지 못한 일은 오늘날까지 원죄처럼 남아 우리의 발목을 잡고 있습니다. 1960년 이승만 독재 정권에 항거한 수많은 학생들의 고귀한 희생으로 민주주의를 되찾았건만, 얼마가지 못하고 일본군 장교 출신인 박정희를 내세운 한 무리의 정치군인들의 군홧발에 짓밟혀 버리고 말았습니다. 그로부터 18년이란 긴 시간은 한편으로는 독재로 인해 민주주의가 훼손되는 시기였고, 다른 한편으로는 자본집약적 경제개발을 통해 단군 이래 처음으로 배고픔을 해결했던 두 얼굴을 지닌 역사였습니다. 이 시기가 지닌 양면성에 대한 엇갈린 시각은 오늘날까지 대한민국을 편 가르는 주요한 요인으로 작동하고 있습니다.

1980년 5월, 이 땅의 국민들은 민주주의의 찬란한 부활을 꿈꾸며 아름다운 서울의 봄을 맞이했지만, 광주민주화운동을 무자비하게 진압한 신군부의 총검 아래 우리는 다시 칠흑 같은 어둠을 맞이해야만 했습니다. 하지만 1987년 6월, 역사 가운데 살아계신 하느님의 공의를 믿는 우리들의 부단한 예언자적 외침과 민주주의의 제단에 기꺼이 꽃다운 목숨을 바친 청년, 학생들의 희생으로 인해 마침내 민주주의를 되찾았습니다. 그리하여 우리는 민주주의와 경제 성장을 동시에 성취한 대한민국을 만들었습니다. 물론 미완의 민주주의였고 재벌 중심의 불공평한 경제구조였지만, 그래도 우리가 맨손으로 이룩한 우리나라 대한민국이기에 이를 자랑스럽게 여기며, 무수한 역경 속에서도 이 민족을 다시 일으켜 주신 하느님께 감사드릴 수 있었습니다.

생명의 정치

87년 민주화 이후 어언 한 세대가 흐른 2016년, 우리 눈앞에서 대한민국의 민주주의가 송두리째 무너지는 현실이 발생했습니다. 북핵 위기 및 개성공단 폐쇄 등 한반도를 둘러싼 급변하는 국제 정세와 고조되는 경제위기의 징후로 가뜩이나 불안한 이 시기에, 권력욕에 눈먼 대통령을 앞세우고 어둠 속에서 움직이는 악의 손길은 국정을 농단하고, 국가를 사유화했습니다. 기독교인인 우리들은 무엇보다도 사이비 종교의 뿌리에서 나온 악의 손길에 의해 이 나라가 완전히 장악되었다는 사실에 경악을 금치 못합니다. 최태민이라는 사교의 교주로부터 뻗어 나온 악의 손길은, 오래 전부터 정상적인 판단력이 전혀 없는 독재자의 딸을 대통령으로 만들겠다는 계획을 오래 전에 세우고, 어둠 속에서 은밀하게 진행해왔습니다. 그동안 박대통령은 그들이 입혀준 옷을 입고, 그들의 장단에 맞춰 춤을 추며, 대한민국을 사유화하는데 앞장섰던 것입니다.

사실 애당초 박근혜는 대통령직에서 물러나야 했습니다. 2013년에는 국가정보원이 대선 기간 동안 댓글부대를 운영하여 대대적인 여론조작을 했다는 국기문란 사실이 드러났습니다. 2014년 4월 16일, 300명 넘는 국민들의 목숨이 촌각을 다투는 7시간 동안, 박근혜는 국민의 생명을 보호해야 하는 대통령으로서의 직무를 전혀 수행하지 않았습니다. 2015년에는 역사교과서 국정화 추진, 굴욕적인 한일 위안부 합의 그리고 금년에는 개성공단을 폐쇄하고, 사드 배치 등을 강행해왔습니다. 올해 '국경 없는 기자회'(RSF)가 발표한 한국의 언론자유 지수에 따르면 전체 180개 국가 가운데 70위로 평가했습니다. 이는 87년 민주화 이후 이 나라의 언론자유가 최악의 상황으로 전락했음을 말해줍니다. 이 사건들 하나하나가 모두 탄핵 사유에 해당할 만큼 중대한 실정이었습니다.

이제 하느님의 말씀에 따라 묵은 땅을 갈아엎고 정의를 세울 때입니다. 이 땅에 하느님의 정의를 세우기 위해 "대한민국은 민주주의공화국이며, 모든 권력은 국민으로부터 나온다"는 헌법의 정신부터 재확립해야 합니다. 이 사회 곳곳에 뿌리를 내리고 있는 친일과 독재의 기득권 세력, 특혜와 불공정한 시스템을 통해 독점을 확장하는 재벌위주 경제구조, 비판의 붓을 꺾고 불의한 권력에 아부하는 언론, 권력의 하수인 노릇을 하는 정치 검찰, 방위산업 비리와 외세의 눈치를 먼저 보는 군대가 바로 이 나라의 묵은 땅입니다. 묵은 땅을 갈아엎고 정의를 세우는 일은 곧 정치, 경제, 언론, 검찰, 국방을 개혁하는 일입니다. 이것은 크게 보면 시민혁명을 통해 민족의 정기를 새롭게 세우는 거대한 변혁입니다.

묵은 땅을 갈아엎고 정의를 다시 세우는 일은 젊은이들에게 '헬조선'이 아닌 생명과 희망이 있는 나라를 만들기 위해서입니다. 오늘날 대한민국은 OECD 최고의 자살율과 최저의 출산율 국가입니다. 매일 40명의 생명이 스스로 목숨을 끊는 나라, 새로운 생명을 축복하지 않는 나라, 젊은이들이 결혼을 하지 않으려는 나라입니다. 과거 아무리 못살던 시절이라도 청춘남녀들이 결혼을 포기하지는 않았습니다. 선남선녀가 만나 살림을 차리고 자식을 낳고 더 나은 미래를 꿈꾸며 오순도순 살아가는 것이 자연스러운 삶의 순리이며, 하느님께서 우리에게 내려주신 축복입니다. 그런데 오늘날 많은 젊은이들이 직업을 포기하고 결혼을 포기하고 자녀 출산을 포기하고 있습니다. 새로운 생명의 잉태를 꿈꾸지 않는 이 시대는 가혹한 죽음의 시대입니다. 생명을 주시는 하느님의 축복을 말살하는 시대입니다.

우리는 생명의 정치, 살림의 정치를 바로 세워야 합니다. 생명을 주시는 하느님의 축복이 풍성히 넘치는 정치가 펼쳐지도록 앞장서야 합니다. 생명의 정치는 무엇입니까? 공부하고 싶은 이들에게는 학교를 다닐 수 있도록 해주고, 일하고 싶은 이들에게는 일자리를 만들어주고, 집이 필요한 이들에게는 열심히 저축하면 살 집을 마련할 수 있다는 희망을 주는 정치, 남북 간의 군사적 대치를 풀고 민족의 화해와 통일, 그리고 공동 번영의 길을 개척하는 정치, 강대국들의 틈새에서 자주적인 외교로 동북아시아에 평화를 도모하는 정치가 바로 생명의 정치입니다. 이제 우리는 2017년 이러한 생명의 정치가 이 땅 위에 펼쳐지기를 간절히 기도합니다. 이 겨울이 지나가고 새봄이 오면 이 나라에 하느님의 정의로운 통치, 예수 그리스도의 평화, 성령님의 생명이 흘러넘치는 새로운 질서가 수립되기를 고대합니다. 새 하늘과 새 땅이 도래를 대망하며 등불을 들고 기다릴 때입니다.

은총의 경제

요즘 젊은이들 사이에 가장 많이 유행하는 단어는 '금수저, 흙수저'라는 말입니다. 부와 가난이 대물림되는 대한민국을 가리키는 단어입니다. 이 단어에는 아무리 노력해도 가난을 극복할 수 없다는 좌절감이 깊게 묻어 있습니다. 부모의 재력에 의해 인생이 결정되는 사회에 대한 자조어린 체념이 담겨 있습니다. 부의 양극화는 날로 심화되고 있습니다. 소득 상위 계층의 수입은 점점 늘어나고, 소득 하위 계층의 소득은 점점 줄어들고 있습니다. "부모 돈 많은 것도 능력"이라고 대놓고 말하는 세상이 되었습니다. 이러다보니 가난한 사람들은 그냥 포기하는 편이 낫다고 생각하게 되었습니다. 양극화의 틈새에서 점차 허물어져 가는 중산층들도 희망을 잃어가고 있습니다. 이러한 나라가 바로 우리가 만들려고 꿈꾸어 온 세상입니까? 어쩌다가 우리는 이러한 지경에 이르게 된 것입니까?

성서는 하느님께서 이 세상을 창조하시고 온갖 종류의 곡식과 과일 열매를 인간에게 먹을 양식으로 주셨다고 기록하고 있습니다 (창세 1:29). 인간이 먹고 살 수 있는 것은 곧 하느님께서 선물로 주셨기 때문입니다. 성서에 나타난 경제관은 은총의 경제입니다. "우리는 모두 그분에게서 넘치는 은총을 받고 또 받았다"(요한 1: 16).

은총이란 하느님의 자비로우신 속성을 드러내는 것으로서 아무런 대가를 바라지 않고 인간에게 거저 내려주시는 것입니다. 그렇기 때문에 하느님께서는 당신의 선물을 골고루 나누어 주십니다. 하느님의 은총으로 의식주를 해결하게 된 우리들은 저절로 하느님께 감사하는 마음을 바치게 됩니다. 그리고 나아가 하느님께로부터 받은 은총의 선물을 이웃들과 함께 나누게 됩니다. "내가 너희를 사랑한 것처럼 너희도 서로 사랑하여라"(요한 12:12). 이러한 구조를 살펴보면 성서적 경제관은 은총의 경제이며, 하느님께로부터 시작된 은총이 인간에게 주어질 때, 하느님께 감사의 봉헌을 바치게 되고, 그 다음에는 하느님의 뜻에 따라 이웃과의 사랑의 나눔으로 나아가게 됩니다.

인류학자들의 연구에 따르면 주술의 세계에서도 신의 소유물로 여겨지는 곡식과 열매, 혹은 사냥감을 인간이 취했을 때, 신의 호의에 대한 답례로 신에게 공물이나 희생제의를 바친다고 합니다. 그런데 이 공물의 의미는 신의 간섭과 지배로부터 벗어나는데 목적이 있다는 것입니다. 주술의 세계에서 희생제의를 올리는 최종 목적은 신을 달래거나 통제하는데 있습니다. 신의 선물인 수확물에 남아있던 신의 정령을 신에게 되돌아가도록 공물을 바침으로써, 신의 흔적이 더 이상 인간의 영역에 남아 있지 못하게 하는 절차인 것입니다. 결국 인간이 취한 수확물에 대한 신의 영향력을 배제하는 수단으로 희생제의를 바치는 것입니다.

오늘날 교회의 경제관은 어떻습니까? 신자들이 자본주의 시장에서 돈을 벌어 교회에 헌금으로 바칠 때, 교회는 이것을 하느님의 은총에 대해 감사하며 이웃 사랑을 실천하는 계기로 삼고 있습니까, 아니면 주술의 세계에서 그러하듯이 자본주의 시장에 대한 하느님의 간섭을 배제하면서 인간의 수확물을 정당화하는 절차에 가깝습니까? 오늘날 한국교회는 헌금에 담긴 하느님의 은총과 이웃 사랑의 명령을 얼마나 실천하고 있습니까? 우리는 하느님께 봉헌을 바치는 형식을 통해, 혹시라도 '금관의 예수'처럼 예수님을 금관 안에 가두어 놓으려는 불순한 의도는 없는지 스스로 살펴보아야 합니다.

오늘날 양심적인 다수의 학자들은 약육강식의 정글과도 같은 자본주의 체제가 근본적인 위기에 봉착했다고 경고하고 있습니다. 노동과 자본을 분리시킨 금융자본주의는 복잡한 수학 공식을 통해 고안된 괴상한 파생상품을 통해 실질적인 생산 활동이나 부가가치 창출에 아무런 기여도 없이 어마어마한 이윤을 만들어내는 괴물입니다. 금융시장의 복잡한 시스템을 만들고 편차를 이용해 사적 이윤은 실컷 취한 다음에, 손실이 발생하면 국가와 공공영역으로 전가하는 부도덕한 일이 지속적으로 발생하고 있습니다. 그 막대한 손실을 떠안는 사람들은 결국 노동자, 소상공인, 가난한 시민들입니다.

'은총의 경제'라는 개념은 거시적으로는 피조 세계를 하느님의 선물로 바라보기 때문에 모든 생태계의 평화와 안녕에 관심을 갖게 합니다. 하느님의 은총을 함께 나눌 이웃에는 단지 인간뿐만이 아니라 모든 뭇 생명들도 포함됩니다. 노아의 방주에 초대받은 생명들처럼 우리는 함께 위기를 극복하고 살아남아야 합니다. 가난한 하느님의 백성들과 힘없는 생명들이 함께 손잡고 보듬으면서 다가오는 자본주의 파국의 위기, 생태계 파괴, 기후변화로 인한 재앙의 시대를 견디어야 합니다. 그리하여 마침내 홍수 끝에 펼쳐질 찬란한 무지개를 함께 바라볼 것입니다.

개혁하는 교회

2017년은 종교개혁 500주년의 해입니다. 마틴 루터는 면죄부 등 타락한 교회의 관습과 변질된 성직의 권위에 갇혀있던 낡은 교회를 목도하면서 참된 신앙과 교회에 대한 질문을 제기하였습니다. 마침내 1517년 그는 '오직 성경으로Sola Scriptura', '오직 믿음으로Sola Fide', 그리고 '오직 은총으로Sola Gratia'를 외치며 종교개혁의 횃불을 높이 들었습니다. 루터의 종교개혁은 단지 교회의 개혁만이 아니라, 기독교 왕국의 시대였기 때문에 당연히 사회의 개혁을 포함하였습니다. 그것은 중세의 어두컴컴한 몽매를 깨치고 새로운 시대를 밝히는 횃불이었습니다.

한 세기 전 이 민족이 고난을 겪던 시기에 가느다란 희망의 불빛이었던 교회가 오늘날에는 엄청난 교세를 자랑하지만 다른 한편으로는 세상의 손가락질을 받고 있습니다. 왜 그렇게 되었을까요? 루터의 종교개혁을 통해 중세교회가 거듭난 것처럼 이제 한국교회도 개혁을 통해 새로운 모습으로 태어나야 합니다.

첫째, 한국교회는 그동안의 분열을 반성하고 이 지상의 모든 교회가 그리스도 안에서 한 지체임을 고백하는 일치의 모습을 보여야 합니다. 그동안의 시간이 분열과 갈등의 역사였다면, 이제부터는 일치와 화합의 역사를 만들어가야 합니다. 나아가 이웃 종교와도 손을 잡고 아름다운 하모니를 이루는 모습을 보여야 합니다.

둘째, '오직 성경으로만'이라는 구호를 내세워 시대의 상식과 타협을 거부하는 근본주의 내지는 문자주의적 해석을 경계해야 합니다. 성경은 거룩한 하느님의 말씀을 기록한 책임은 틀림없지만 그 역사적, 문화적 맥락을 고려하고 오늘날의 윤리적 가치와 과학적 지식에 비추어 통전적으로 해석되어야 합니다.

셋째, '오직 믿음으로'만을 강조하면서 복음 말씀의 사회적 실천을 게을리 해 온 모습을 반성해야 합니다. 진실한 믿음은 하느님 나라를 세워가는 성실한 실천을 수반합니다. 신앙의 동기에 의해서 불의한 사회구조를 변혁시키는 정의로운 활동에 능동적으로 참여하고, 양극화로 고통 받는 가난한 이웃을 위해 사랑의 나눔을 실천해야 합니다. 특히 남북한 화해와 평화통일, 기후변화 저지 및 생태계 보전을 위한 활동에 시민단체와 연대해야 합니다.

넷째, 성직자와 평신도, 남성과 여성, 어른과 아이 사이에 존재하는 차별적 불평등한 구조를 개선하고 수평적인 공동체로 거듭나야 합니다. 특히 오늘날 한국교회에서 발견되는 과도한 성직주의나 장로들의 권력은 하느님의 은총에 바탕을 두었던 루터의 '만인사제설'을 무색하게 합니다. 아울러 언론보도를 통해 자주 터져 나오는 목회자들의 윤리적 일탈은 교회를 세상 사람들의 조롱거리로 만들고 있습니다. 또한 예수님 당시에 소외된 이웃들을 품으셨던 그리스도를 본받아 여러 종류의 소수자 문제에 대하여 포용하는 모습을 보여야 할 것입니다.

다섯째, 기복신앙과 성장 위주의 목회 전략은 많은 문제를 낳고 있습니다. 과거 면죄부의 판매가 종교개혁의 도화선이 되었음에도 불구하고, 오늘날 한국교회는 헌금과 하느님을 축복을 동일시하며 하느님의 은총을 인간 욕망을 충족시키기 위한 하위 도구로 떨어뜨리고 있습니다. 많은 교회들의 목표가 동일하게 교인수 및 헌금액 증가 그리고 교회물(物) 확장으로 수렴되고 있습니다. 세상을 향해 교회의 진정한 존재의 의미를 증거해 보라는 요청에 적절한 답을 제시해야 하는 처지에 놓여 있습니다.

나오는 말

지금 대한민국은 시민혁명의 순간을 맞이하고 있습니다. 거대한 함성이 청와대를 에워싸고 있습니다. 권세 있는 자를 두려움에 떨게 하는 함성입니다. 촛불의 물결이 온 나라에 넘실거리고 있습니다. 어둠의 세력을 물리치고 새 하늘과 새 땅을 대망하는 촛불입니다. 우리는 이 놀라운 변화의 물결이 바로 하느님께서 이끄시는 위대한 역사이심을 믿습니다. 전국 방방곡곡에 울려 퍼지는 함성은 그동안 침묵하셨던 하느님께서 마침내 토해내시는 우레 소리이며, 저 광화문을 뒤덮은 촛불의 물결은 그동안 결코 일어나서는 안 될 갖가지 참사에도 그저 눈감고만 계셨던 하느님의 눈동자입니다.

내일의 역사에 기록될 2016년의 위대한 시민혁명을 보면서, 이제 우리는 이 땅의 교회를 향한 하느님의 뜻이 무엇인지 헤아려야 합니다. 무엇보다도 먼저 나라가 이 지경이 되도록 이 땅의 기독교인들이 그동안 무엇을 했는지 회개해야 합니다. "이게 나라냐!"고 온 국민이 외치고 있는데, 우리 기독교인들은 이토록 나라가 망가지도록 무엇을 하고 있었는지 돌이켜볼 때입니다.

그동안 슬픈 일들이 많이 일어났고, 우리는 그저 무기력했습니다. 우리들이 침묵하고 외면하고 주저앉았던 날들을 떠올리며 우리의 나약함을 고백합니다. 그런데 우리가 포기했던 그 시간에 이 땅의 여러 교회에서는 무조건 절대 권력에 아부하는 편파적인 기도소리가 울려 퍼졌습니다. 권세 있는 자를 내치시고 보잘 것 없는 이를 세우시는 하느님의 섭리와는 정반대로, 권세 있는 자들에게는 축복을 빌어주고 보잘 것 없는 이들을 내치는 메시지를 강단에서 전파하였습니다. 세월호 유가족들의 억울한 심정을 감싸주기는커녕, 오히려 이 나라의 경제를 망치고 보상금을 더 타내기 위해 떼쓰는 사람들로 매도했습니다. 하느님의 참된 말씀을 전하지 않고 이와 같은 거짓된 언설로 강단을 어지럽힌 자들은 바로 삯꾼 목자들입니다. 이들은 삯꾼 목자가 양들을 이리떼에게 넘기듯이, 잘못된 메시지로 순박한 신자들의 눈과 귀를 가려 사악한 권세를 구별하지 못하도록 하였고, 결국 대한민국이 사탄의 손아귀에 놀아나는 부끄러운 나라로 전락하도록 이끌었습니다.

저 옛날(기원전 8세기) 이스라엘 왕국에서도 그러한 일이 일어났습니다. 왕과 사제들이 야훼 하느님을 배신하고 우상숭배에 빠져 백성들을 멸망의 길로 이끌고 있을 때에, 호세아 선지자는 결연히 외쳤습니다. "묵은 땅을 갈아엎고 정의를 심어라. 사랑의 열매를 거두리라. 지금은 이 야훼를 찾을 때, 이 야훼가 너희를 찾아와 복을 내리리라"(호세아 10: 12).

이제 우리도 묵은 땅을 갈아엎을 때입니다. 우리의 묵은 땅은 무엇입니까? 절망과 죽음의 정치, 욕망과 독점의 경제 그리고 타락한 교회가 바로 이 시대에 우리들이 갈아 엎어야할 묵은 땅입니다. 이제 우리도 이 땅에 정의를 심고 사랑의 열매를 맺을 거둘 때입니다. 생명을 살리는 정치, 하느님의 은총을 나누는 경제를 실천할 때입니다. 그러한 일을 위해 무엇보다 먼저 교회를 개혁해야 하는 때입니다. 이는 하느님께서 우리에게 주시는 사명입니다. 이 거룩한 사명을 실천하는 우리에게 하느님께서는 이렇게 말씀하십니다.

이스라엘은 나를 배신하였다가 병들었으나, 나는 그 병든 마음을 고쳐주고 사랑하여 주리라. 이제 내 노여움은 다 풀렸다. 내가 이스라엘 위에 이슬처럼 내리면 이스라엘은 나리꽃처럼 피어나고 버드나무처럼 뿌리를 뻗으리라. 햇순이 새록새록 돋아 감람나무처럼 멋지고 레바논 숲처럼 향기로우리라(호세 14: 5-7).

종의 기원 vs. 신의 기원 〈개정증보판〉

2009년 10월 19일 초판 1쇄 발행
2018년 9월 7일 개정증보판 1쇄 발행

지은이 | 김기석
펴낸이 | 김영호
펴낸곳 | 도서출판 동연
등 록 | 제1-1383호(1992. 6. 12)
주 소 | 서울시 마포구 월드컵로 163-3
전 화 | (02)335-2630
전 송 | (02)335-2640
이메일 | yh4321@gmail.com

ISBN 978-89-6447-420-4 03200